Werner Bergengruen

Von Riga nach anderswo

Werner Bergengruen
Von Riga nach anderswo oder Stationen eines Lebens
Bücher Reisen Begegnungen

Herausgegeben und mit einleitenden Texten von N. Luise Hackelsberger

Arche

Frontispiz: Werner Bergengruen, 1960.

Umschlag: Max Bartholl
Satz: Uhl + Massopust, Aalen
Druck und Bindung: Wilhelm Röck, Weinsberg
Gedruckt auf »Alster Werkdruck«
holzfrei, geglättet, chlorfrei, pH-neutral, alterungsbeständig
Steinbeis Temming Papier GmbH, Glückstadt
Printed in Germany
ISBN 3-7160-2148-2

Inhalt

»Die verfluchten zwölf Jahre«

In der Schweiz, im Nachkriegsdeutschland und wieder in Italien

Werner Bergengruen
Knurriculum vitae
Das ist
Widerwillig verfaßter Lebenslauf

Ein paar für mich wichtige Jahreszahlen stelle ich im folgenden zusammen.

1892

wurde ich geboren, und zwar in Riga, das damals noch zum russischen Kaiserreich gehörte und sich, kleine Friktionen abgerechnet, im allgemeinen wohl dabei befand. Wie Jean Paul zu Wunsiedel, sage ich zu Riga: »Ich bin gern in dir geboren.« Meine Geburt ereignete sich nach dem alten Stil, das heißt: nach dem in Rußland damals noch geltenden Julianischen Kalender. Eine energische Tante meiner Mutter, die bereits meinen Vater als Knaben zum Gegenstand ihrer Pädagogik gemacht hatte und seitdem von der Bergengruenschen Zerstörungssucht wie vom Athanasianischen Glaubensbekenntnis sprach, nahm gelegentlich meiner ersten Deutschlandreise die Umrechnung des Datums in die von der übrigen Welt gebrauchte gregorianische Zeitzählung vor. Hierbei verzählte sie sich um einen Tag, denn die Rechenkunst war bei uns zu Lande wenig geachtet und wenig geübt – meist verließ man sich auf Schätzungen. Ich beging später den Fehler, den Irrtum zu korrigieren, indessen nicht mit der Energie jener Großtante, und der Umstand, daß sich in amtlichen Papieren von nun an zwei verschiedene Geburtsdaten fanden, hat mir manches behördliche Mißtrauen eingetragen. Als ich die Geburt eines meiner Kinder auf dem Charlottenburger Standesamt anmeldete, sagte ein strenger Mann: »*Wann* ist das Kind geboren? Sie wissen ja nicht einmal, wann *Sie* geboren sind!« Ich nahm die Zurechtweisung hin, denn wie könnte ein vor dem Schalter Stehender einem hinter dem Schalter Sitzenden eine Geschichte erzählen wollen, die mit »Meine Großtante ...« anfängt?

1919
verheiratete ich mich.

1908
sah ich mich zum erstenmal gedruckt – mit Gedichten in einer provinziellen Zeitung, deren Einfluß und Verbreitung ich zu überschätzen geneigt war.

1922
wurde in der *Frankfurter Zeitung* mein erster Roman veröffentlicht.*

1923
erschienen meine beiden ersten Bücher; jener Roman und ein Band Novellen.** Beide sind mit Recht vergriffen, verbrannt, vergessen.

1937
wurde ich aus der Reichsschrifttumskammer ausgeschlossen, »da Sie nicht geeignet sind, durch schriftstellerische Veröffentlichungen am Aufbau der deutschen Kultur mitzuarbeiten«.

1942
wurde mein in der Nähe von München gelegenes Haus zerstört. Darauf siedelte ich nach Tirol über. Von dort gelangte ich vier Jahre später in die Schweiz.

1913
kam ich zum ersten, glücklicherweise nicht zum einzi-

* *Das Gesetz des Atum*
** *Rosen am Galgenholz*

gen Mal in meinem Leben in das Land südlich der Alpen. Ich hoffe, noch oft hinzukommen.

1948/49

lebte ich in Rom, unweit der alten Stadtmauer in der Gegend zwischen dem Kolosseum und dem Lateran. Über diese Stadt, zu der mich eine nie zu sättigende Sehnsucht zieht, habe ich ein Buch geschrieben.*

1958

bezog ich ein selbsterbautes Haus. Es steht, wie Post- und Einwohnermeldeamt bestätigen, in, richtiger gesagt aber bei Baden-Baden, zu Füßen des Merkurberges. Seit ich 1922 die uralte Römerstadt Trier kennenlernte, habe ich mir immer die Nachbarschaft eines Berges mit antikem Götternamen gewünscht. Aus dem Bauschutt hat sich ein passabler Garten entwickeln lassen. Im nämlichen Jahr schloß ich ein rund hundertsemestriges Universitätsstudium mit der Münchner Doktorpromotion ab ... Im selben Jahr begann ich, einem noch während des Zweiten Weltkrieges in meinem tirolischen Refugium gefaßten Vorsatz getreu, vom letzten Rittmeister und den Seinen zu erzählen. Das hat mich manches Jahr in Anspruch genommen.

1962

habe ich mein achtes Enkelkind registriert. L'art d'être Grand-père – die einzige Kunst, die man nicht zu erlernen braucht, sondern ausgebildet in sich vorfindet, sobald man in den Fall kommt, ihrer zu bedürfen. Auch gibt es keine, die den Ausübenden inniger beglückte. Ich hoffe kein Pfuscher zu sein.

1902 bis einstweilen 1962:

Gerne lege ich Patiencen. Freilich sehe ich in ihnen kein

* *Römisches Erinnerungsbuch*

Orakel, sondern benutze sie als Erholung und Konzentrationsübung zugleich.

1962

Nach ungefähr sechzehn telefonlos verbrachten Jahren fühlte ich, zu Füßen des Gottes Merkur lebend, in dessen Ressort ja das Telefon gehört, mich genötigt, ein Fernsprechteilnehmer zu werden. Doch habe ich die Aufnahme meiner Nummer ins Telefonbuch zu verhüten gewußt. Ich kann nicht verheimlichen, daß ich die Erfindung der Post für verhängnisvoll halte. Trotzdem gebe ich mir Mühe, meine Korrespondenz, obzwar seufzend, wenigstens notdürftig zu bewältigen. Denn, ein Feigling von Natur, habe ich immer noch nicht den Mut gefunden, eine göttliche Maxime des verehrten Rudolf Alexander Schröder zu der meinigen zu machen. Sie lautet: »Wer von mir einen Brief erwartet, ist mein Todfeind.«

Am Ersten Weltkrieg nahm ich auf deutscher Seite teil. Nachher gehörte ich zur Stoßtruppe der Baltischen Landeswehr, die in meiner Heimat gegen die Rote Armee im Felde stand. Ich war Kornett, denn so hieß bei uns die Offiziers-Charge vor dem Rittmeister. Heute kennt man diesen Titel nur noch von Rilke her, der über Liebe und Tod des Kornetts Christoph Rilke ein Buch geschrieben hat. Über Liebe und Tod des Kornetts Werner Bergengruen zu schreiben, wäre verfrüht. Allen, die sich anheischig machten, meine Biographie zusammenzustellen oder meine Autobiographie zu verlegen, habe ich bisher zu anderen Sujets geraten. Memoiren zu verfassen mag ich mich – als ein mündlicher Mensch – nicht entschließen. Alles, was an meinen Erlebnissen irgendeine Wichtigkeit hatte, steht, wie mir scheint, wiewohl transformiert, in meinen Büchern. Das rein Private aber bleibe in der

PRIVATSCHATULLE. Als Surrogat für die nicht geschriebene Selbstbiographie dient mir die Ausfüllung von Fragebögen, zu der ich unzählige Male von mißgünstig, gleichgültig oder gar wohlwollend gesonnenen Behörden, bisweilen auch von wißbegierigen Doktoranden genötigt worden bin.

Obige Bemerkungen stellen das Maximum dessen dar, was ich mir an Äußerungen über meine persönliche Daseinssphäre entreißen zu lassen beabsichtige.

Vielleicht wird mir nach meinem Tode

19..?*

die Freiheit gewährt, hin und wieder ein wenig spuken zu gehen. In diesem Fall bin ich erbötig, etwaigen Begegnern – vorausgesetzt, daß sie fähig sind, mich wahrzunehmen – dosierte Auskünfte zu erteilen. 1962

* Gestorben am 4. September 1964

Werner Bergengruen
in Rußland, 1917.

Der Nomade

Werner Bergengruen wurde am 16. September 1892 im russischen Riga geboren. Im gleichen Jahr hielt im fernen Reich der Kaiser und König von Preußen, Wilhelm II., eine spektakuläre Rede anläßlich des Brandenburgischen Provinziallandtages, die mit den Worten schloß: »... zu Großem sind Wir noch bestimmt, und herrlichen Tagen führe Ich euch noch entgegen.«

Tatsächlich hatten die Regierungsjahre des Friedenskaisers Erfolge gebracht, und der Fortschrittsglaube, mit dem man sein Wirken begleitete, hatte auch die deutsche Oberschicht im damaligen Baltikum, den drei Ostseeprovinzen Estland, Kurland und Livland, erfaßt. Mit Bewunderung sah man die Zeichen des sich mehrenden Wohlstands in Deutschland und verfolgte den allmählichen Übergang von der Agrar- zur Industriegesellschaft mit Spannung, um so mehr, als im eigenen Land, das unter russischer Oberhoheit stand, die Bedrohung durch den Panslawismus, der jeden deutschen Einfluß zu unterbinden suchte, täglich zunahm.

Schon vor der ersten russischen Revolution 1905 wurde an den deutschen Schulen des Baltikums Russisch als Unterrichtssprache eingeführt. Viele Familien der deutschsprachigen Oberschicht schickten ihre Söhne daraufhin ins Reich, um ihnen eine deutsche Schulbildung zu vermitteln. Auch der praktische Arzt Dr. med. Paul Bergengruen sandte seine beiden Ältesten, Wolf und Werner, damals 12 und 10 Jahre alt, 1903 auf das renommierte Katharinäum nach Lübeck. Für Werner Bergengruen eine leidvolle Erfahrung, die »geliebte Heimat« einem nicht nachvollziehbaren, abstrakten Vaterlandsbegriff opfern zu müssen.

1909 brach dann die ganze Familie Bergengruen ins »Reich« auf: Der Vater, gewillt, sich eine neue Existenz aufzubauen, wollte an einer Universität im Reich sein deutsches Staatsexamen ablegen, um weiterhin hier praktizieren zu können.

Man bezog ein uraltes verwinkeltes Fachwerkhaus in der Marburger Kugelgasse, und die drei Söhne gingen aufs Marburger Gymnasium. Der Pennäler Werner fiel besonders auf: Auf seinem spitzen Hinterkopf saß eine verbeulte, ursprünglich rote, jetzt rosa verschossene Schülermütze. Die stark kurzsichtigen hellblauen Augen mit dem Kneifer blickten hochmütig, ein hoher Stehkragen, spitze Schuhe gaben ein Bild eher ärmlicher Eleganz und Unnahbarkeit. Werner konnte Nächte durchzechen, ohne daß man ihm etwas anmerkte. Er brach meist gegen Morgen auf, stelzte kerzengerade davon und meinte abschließend: »So, nun bin ich betrunken!«

Zu Hause trug Werner Bergengruen einen seidenen Schlafrock, ein Beutestück des Vaters, der im russisch-japanischen Krieg 1904/05 Feldarzt gewesen war, rauchte eine Wasserpfeife oder selbstgedrehte russische Zigaretten, deren Asche in einen silbernen Serviettenring abgeklopft wurde. Die Schule sah ihn selten. Tagsüber verfaßte er romantische Gedichte und bot sie in schwungvoller Handschrift den Redaktionen der hessischen Blätter an.

1910 konnte der Vater eine Praxis in Bad Kissingen eröffnen, Sohn Werner blieb als Pensionär in der Familie der Agnes Günther zurück, Verfasserin des damals vielgelesenen Romans Die Heilige und der Narr, deren Söhne mit Bergengruen zur Schule gingen.

Nach dem notdürftig bestandenen Abitur begann eine feuchtfröhliche Studenten- und Burschenschafterzeit.

1914, bei Kriegsausbruch, meldete sich Bergengruen zur Kavallerie, damals schon ein Anachronismus, die sich allmählich in andere Formationen auflöste. Über vier Jahre war Bergengruen an der Ostfront, beide Brüder fielen in Polen. Das rasch bestandene Dolmetscherexamen in Russisch und Lettisch ließ ihn bei den Stäben aufrücken, auf einen Posten, der *allerdings auch gefährlich war. Um die beginnende zweite russische Revolution 1917 ins Rollen zu bringen und damit das Ende des Krieges im Osten zu beschleunigen, setzte man junge russisch sprechende Balten in die Granatlöcher zwischen den feindlichen Schützengräben, um russische Muschkoten anzulocken. Diese wurden dann mit Hilfe von Schnaps und Zigaretten zu revolutionärer Gesinnung stimuliert. Im Generalstab versprach man sich dadurch eine Demoralisierung der russischen Truppen.*

Nach der deutschen Besetzung der Ukraine im Januar 1918 wurde Bergengruen beim deutschen Auswärtigen Amt in Kiew beschäftigt. Er blieb auch, als im Frühjahr 1919 die Bolschewiken Kiew einnahmen, und kehrte erst im Sommer nach Deutschland zurück: enttäuscht, desillusioniert und empört über zahlreiche bolschewistische Morde an Verwandten und Freunden im Baltikum. So meldete er sich bei der Baltischen Landeswehr, einer Art Freischärlerkorps, die sich zum Ziel gesetzt hatte, die baltische Heimat von den Bolschewiken zu befreien. »Romantische Tollköpfe« nannten die einen sie, »Befreier« die deutschen Rigenser, als die baltischen Stoßtruppen tatsächlich am 22. Mai 1919 Riga einnehmen konnten. Die wilden Gesellen im grauen Rock ohne Abzeichen trugen an ihren Schirmmützen das Zeichen des Deutschordens, der vormals ihr Land kolonisiert hatte, das schwarze Kreuz auf weißem Grund. Aber auch unter ihnen wurde allmählich die Frage immer lauter, was denn die Balten eigentlich in Rußland zu suchen hatten. »Es war ein sonderbares Kriegführen«, schreibt der Zeitgenosse Siegfried von Vegesack, »hier in den weglosen Mooren, den undurchdringlichen Wäldern: Eine Front gab es nicht, oft waren die kleinen Abteilungen kilometerweit voneinander getrennt. Es kam vor, daß man sich tief in den Rücken des Feindes verirrte oder daß versprengte rote Truppen einen *plötzlich von hinten anfielen . . . Verlassen konnte man sich auf niemand –.«**

Ein Nachkrieg war es für die, die vom baltischen Heimweh nicht loskamen. Nach der Einnahme von Riga drohte eine neue Gefahr: Die Esten rückten von Norden her an und forderten Autonomie. Englische und amerikanische Militärmissionen schickten ihre Vertreter, um die Balten, dieses »kleinste Heer der Welt«, in Augenschein zu nehmen, das von der lächerlichen Idee besessen war, dies Land, das längst russisch geworden war, zu behalten. Der englische Bevollmächtigte verhandelte mit den Esten, stellte sich auf ihre Seite und gab ihnen englische Geschütze. Im Juni 1919 erhielt Estland die Verfassung einer demokratischen Republik, im August 1920 wurde im Friedensvertrag von Riga Lettlands Autonomie durch die Russen anerkannt.

Während eines zweiwöchigen Urlaubs hatte Bergengruen 1919 die Medizinstudentin Charlotte Hensel in Marburg geheiratet, eine Urenkelin der Fanny Mendelssohn, der Ehefrau des Berliner Malers Wilhelm Hensel. Ein buntes Nomadenleben der jungen Bergengruens begann: Mit zwei großen Koffern, vollgepackt mit Büchern, Manuskripten und wenigen Kleidern reiste man zwischen Tilsit, Memel, Berlin, Marburg und Danzig hin und her, wo inzwischen Dr. med. Paul Bergengruen eine Hals-Nasen-Ohren-Kassenpraxis aufgemacht hatte. Geld war nicht vorhanden, die Inflation galoppierte, und das Honorar für den Vorabdruck des ersten fertiggestellten Romans Das Gesetz des Atum *in der* Frankfurter Zeitung *wandelte sich durch eine Zahlungsverzögerung von Millionen in Milliarden um, die wertlos waren.*

1923 endlich lagen die ersten beiden Bücher gebunden auf

* In: *Baltische Tragödie*, S. 521 ff., 1934. Neuausgabe: Heilbronn: Salzer 1952

dem Tisch: für den 31jährigen Bergengruen ein sichtbares Zeichen eigener Produktivität. Als im selben Jahr die Rentenmark eingeführt wurde, besaß das Ehepaar alles in allem genau 156 Mark, in vier Monaten wurde ein Kind erwartet. Da nahm Bergengruen zum ersten und einzigen Mal im Leben eine Anstellung an: Mitarbeit an einem großen Informationsblatt für Ostfragen in Berlin.*

*Er litt alsbald unter dem Zwang der Bürostunden, kam zu keiner eigenen Arbeit mehr und kündigte wenige Monate später, als die Tochter eben geboren war. Größere Übersetzungsaufträge aus dem Russischen** brachten in den nächsten Jahren Honorare, so daß man sich leidlich über Wasser halten konnte. Ein schmales Bändchen Lyrik wurde in der* Rabenpresse *veröffentlicht, ein erstes Novellenbuch folgte.****

Nach einem längeren Aufenthalt in Berlin reiste man weiter von Verwandten zu Freunden, von Freunden zu Verwandten, das Kind während der Eisenbahnfahrten in der Hängematte von Gepäcknetz zu Gepäcknetz geknüpft: Nomaden, Emigranten, Unbehauste unterwegs.

Den Sommer 1925 über war man bei Verwandten im Hessischen zu Gast, in Lindenfels im Odenwald, unweit der Burgruine Rodenstein. Die dort noch immer lebendigen Sagen vom Schnellertsberg, vom Wilden Heer, vom Herrn von Rodenstein faszinierten Bergengruen so, daß er das rodensteinische Spukland ein halbes Jahr lang durchstreifte, in Bibliotheken stöberte und sich von Bauern und Waldarbeitern erzählen ließ, was sie dazu wußten. In einem Zuge schrieb er nieder, was er erfahren

* *Das Gesetz des Atum*, Roman; *Rosen am Galgenholz*, Novellen

** Turgenjew, *Väter und Söhne;* Dostojewski, *Schuld und Sühne;* Tolstoi, *Hadschi Murad, Die Kosaken, Krieg und Frieden*

*** *Der Wanderbaum* (1924); *Schimmelreuter hat mich gossen* (1923).

hatte: Das Buch Rodenstein *erschien 1927 und wurde ein Erfolg.*

Riga, 1899.

Die Bezeichnung »Balten«

Die Bezeichnung »Balten«, von der alten Benennung »Mare Balticum« für Ostsee abgeleitet, hat in den letztvergangenen Jahren nicht bei uns, wohl aber in der übrigen Welt einen vollkommenen Bedeutungswandel erfahren. Sie ist erst neueren Datums und etwa in den dreißiger bis vierziger Jahren des 19. Jahrhunderts aufgekommen. Sie meinte ausschließlich die deutschen, vorwiegend der Oberschicht angehörenden Bewohner der drei russischen Ostseeprovinzen Livland, Estland und Kurland, während die beiden anderen Nationalitäten, auf die es in diesem Zusammenhang ankommt, nämlich die Esten und Letten, bei ihren eigenen Namen genannt wurden. Dies hatte seinen Sinn, denn Esten und Letten waren zwei nicht nur von den Deutschen, sondern auch voneinander durchaus verschiedene Völker mit scharf gesonderten Sprachen. Die Esten bewohnten Estland und das nördliche Livland, die Letten Südlivland und Kurland.

Die Balten zerfielen in Livländer, Estländer und Kurländer, welche drei Bezeichnungen ebenfalls nur für die deutschen Bewohner der drei Provinzen gebraucht wurden, so wie ja auch in Finnland die Urbevölkerung als Finnen, die schwedische Oberschicht aber als Finnländer bezeichnet wurde.

Nach dem Sturz des russischen Kaiserreichs verloren die Balten die bis dahin durch die Jahrhunderte behauptete Vorherrschaft in ihren drei Provinzen. Aus diesen bildeten sich zwei Nationalstaaten, in denen die Balten sich in die Rolle von Minderheitsstämmen gedrängt sahen. Das waren die beiden Republiken Estland und Lettland. Den ethnographischen Verhältnissen entsprechend setzte sich das neue Estland aus dem alten Estland und dem estnisch besiedelten Nordlivland zusammen, während das von Letten bewohnte Südlivland mit Kurland die Republik Lettland ausmachte. Man begann jetzt von den baltischen Randstaaten zu sprechen, und zu den beiden genannten wurde nun auch die angrenzende, ebenfalls neu entstandene Republik Litauen hinzugerechnet, deren Territorium bis dahin mit den drei alten baltischen Provinzen nichts zu tun gehabt hatte, vielmehr in jeder Hinsicht durch seine Nachbarschaft zu Polen bestimmt worden war.

Die Jahre 1918 und 1919 haben unser altes Baltikum mit seinen drei historischen Provinzen Livland, Estland und Kurland zu Trümmern geschlagen. Der Landbesitz, der Wohlstand, die Privilegien, die uralte Vormachtstellung – das alles wurde uns genommen. Aber ärger als dies war doch, daß wir, die bisher ein Gebilde sui generis gewesen waren, zu Auslandsdeutschen, Volksdeutschen, Grenzdeutschen degradiert wurden. Dieser Begriff war uns bis dahin fremd gewesen; wir hatten nur die undeutliche Vorstellung gehabt, daß ein paar hurrapatriotische Vereine in Deutschland und Österreich, deren guter Gesinnung man nicht einmal sicher sein konnte – und unter Gesinnung verstanden wir Altmodische das Festhalten an den überlieferten Ordnungen mit ihren monarchischen Spitzen –, etwa die Siebenbürger Sachsen mit solchen Namen bezeichneten. Von jener Wende an gehörten auch wir in die Kategorie. Wir waren arm und unterstützungsbedürftig geworden. Ohne Berliner Subsidiengelder hätten nicht einmal die Bettelgehälter für die Lehrkräfte an unseren deutschsprachigen Schulen aufgebracht werden können.

Das Dritte Reich verbot uns die Bezeichnungen »Balten« und »baltisch«; wir durften nur noch »Baltendeutsche« heißen, nach der Analogie des künstlich geschaffenen abscheulichen Wortes »Sudetendeutsche«, so wie die Österreicher »Ostmärker« zu heißen hatten. (Als Ostmark hatte bisher ohne genauere geographische Festlegung das an Polen grenzende Gebiet schlechthin gegolten; die an den Böhmerwald stoßenden bayerischen Landstriche waren sogar »bayerische Ostmark« genannt worden, freilich nur im pathetischen Papierdeutsch, denn die Umgangssprache hat sich hartnäckig geweigert, das Wort »Ostmark« aufzunehmen.) Das Wort »Baltendeutsche« war überdies ein törichter Pleonasmus, denn unter Balten hatte man bisher ausschließlich die deutschen Einwohner unserer drei Provinzen verstanden. 1961

»Der Saal«: Das Wohnzimmer im elterlichen Haus in Riga, Kalkstraße 12. Links: Die Mutter mit Werner Bergengruen. Rechts: Der Vater mit dem Bruder Wolf Bergengruen. Winter 1895.

Das Haus, in dem ich geboren wurde

Das Haus, in dem ich geboren wurde und meine erste Kindheit verlebte, stand mitten in der engen Altstadt von Riga. Es war ein riesiges düsteres Steingebäude der barocken Zeit und hatte sich ehemals im Besitz der Familie Poorten befunden, der eine meiner Urgroßmütter angehörte. Jetzt enthielt es Mietwohnungen mit geräumigen Zimmern. Das Poortensche Wappen verwitterte über dem Eingang.

Als Riga im Herbst 1917 von deutschen Truppen besetzt worden war, erbat und erhielt ich einen kurzen Urlaub zum Besuch meiner Vaterstadt. Die Eisenbahnbrücke hatte noch nicht wiederhergestellt werden können, und so stieg ich mitten in der Nacht auf dem linken Dünaufer in Thorensberg aus dem Zuge und ging zu Fuß in die Stadt. Es war mir wunderlich zumut, als ich im Mondlicht durch die stillen Straßen ging, um mir ein Quartier zu suchen, denn zu so später Stunde mochte ich nicht bei Verwandten anklopfen. Zuerst trieb es mich, das alte Haus wiederzusehen. Ich suchte und irrte und konnte mich doch nicht irren! Aber es war alles vergeblich, und mit einiger Wehmut erfuhr ich am Morgen, daß es zu Anfang des Krieges abgerissen worden war. Heute steht ein Kino an seiner Stelle . . .

1939

Werner Bergengruen bei der Heuernte
in Olai (Livland), 1907.

Kindheit am Wasser

Olai liegt zwischen Riga und Mitau und trägt seinen Namen zu Ehren des heiligen Königs, der im heidnischen Skandinavien den Glauben der Kirche bekannte. Olai mag manchem von der Kriegszeit her im Gedächtnis haften. In meinem Gedächtnis haftet es seit einem glücklichen Sommer, der nun schon ein Vierteljahrhundert zurückliegt.

Es hatte einen schneereichen Winter und einen regenreichen Frühling gegeben, und so waren die Misse und die Eckau, zwei von Hause aus gutmütige und geduldige Flüsse, zu Strömen geschwollen und hatten das weite Wiesenland, das gleich hinter dem Garten begann, für Monate überschwemmt. In der Tat mögen einige Quadratwerst unter Wasser gestanden haben, uns jedoch schienen es Meilen und Abermeilen zu sein, und so sehe ich in meiner Erinnerung noch heute eine unermeßliche Seefläche, von der wir glaubten, sie müsse bis Riga reichen, ja, mit dem Weltmeer in eine geheimnisvolle Verbindung geraten sein. Es war nicht gerade wahrscheinlich, aber doch durchaus möglich, daß eines Morgens zwei riesige Krokodilseier am Ufer lagen oder daß man einen jungen Haifisch mit Ruderschlägen zur Strecke brachte. Hart am Wasser stand eine uralte Weide, und es hat sicherlich nie eine schönere gegeben. Die war hohl und war unsere Schatzkammer und unser Arsenal, darin gab es Waffen und Indianerbücher und Schießbaumwolle und eine Sammlung zerbrochener Hufeisen und ein Glas mit eingemachten Schellbeeren, und wenn mein Bruder und ich uns böse waren, dann beschuldigte einer den anderen, heimlich genascht zu haben, und wir hatten uns doch zugeschworen, sie bis zum Johannisfest unangetastet zu lassen. Neben der Weide lagen zwei alte Boote, und sie waren so defekt, daß Frau Montessori und die ganze Reformpädagogik in Ohnmacht gefallen wären, wenn sie uns damit hätten in See stechen sehen. Aber wir machten weite Entdeckerfahrten und lieferten uns Seeschlachten, mein Bruder und ich waren die Admirale, und die Bauernjungen mußten die Ruderskla-ven machen.

Nach der Ernte begannen die Manöver, das Geschützfeuer grollte den ganzen Tag, und am Abend schwammen drei Kosakenschwadronen durch das Wasser und biwakierten auf den Stoppelfeldern, die an den Garten stießen. Ein Leutnant mit einem braunen Schnurrbärtchen und sehr sanften Augen nahm uns zu sich in sein Zelt, und wir durften bei ihm glühendheißen Tee mit Rum oder Rotwein trinken und so viel Zucker hineintun, wie wir mochten. Ich nahm sieben Stück auf das Glas, mein Bruder als der Ältere aber acht. Als wir am nächsten Morgen wiederkamen, durften wir auf den Kosakenpferden reiten, und ein hübscher kleiner Unteroffizier fragte mich lachend, nach welcher Seite das Kammerfenster unserer Köchin ginge. Plötzlich stieß mein Bruder mich an: am Feldrain hockte ein Kosak und löffelte unser Schellbeerglas aus. Wir wurden beide rot vor Schrecken, aber wie auf Verabredung verzogen wir keine Miene und gingen kalt vorüber. Wir hatten Kriegsleute zu Freunden und Kosakenpferde zu Reittieren, was gingen uns noch gezuckerte Schellbeeren an? »Gehört das Ihnen, junger Herr?« fragte der Wachtmeister und wies lächelnd auf einen Flitzbogen und auf ein grellbuntes Indianerbuch am Boden. »Nein«, antwortete ich streng, und mein Bruder bemerkte mit weltmännischer Sicherheit: »Das gehört wahrscheinlich irgendwelchen Kindern.« Und ohne Wimpernzucken, zwei Siouxkrieger am Marterpfahl, sahen wir zu, wie der fernhintreffende Bogen und die Geschichte vom Goldschatz der Irokesen zum Feueranmachen verwandt wurden.

Als wir vom Mittagessen kamen, waren die Kosaken fort. Die Weidenhöhlung war leer. Selbst die Hufeisen fehlten, ein Kosak mochte sie für ein paar Kopeken beim Schmied verkauft haben. Es war uns so jämmerlich entblößt zumute wie nie zuvor. Wir wußten ganz genau, daß uns nie wieder im Leben etwas freuen würde. Aber keiner wagte dem andern seinen Kummer einzugestehen, und so konnte er sich nicht anders äußern als in Gereiztheit und Streitsucht, bis der große Gedanke jener romantischen Schurkerei geboren wurde, die uns am Leben rächen und uns jenen Ausgleich zwischen Unrechtleiden und Unrechttun schaffen sollte, dessen unsere gekränkten Herzen zu bedürfen meinten.

Wir gingen also zu Tali und erklärten, sie spazierenrudern zu wollen. Tali errötete vor Freude, bewegte zuckend die Lippen und kam mit. Tali, die eigentlich Natalie hieß, war ein armes, taubstummes und bleichsüchtiges Stadtmädchen, und meine Mutter hatte sie für den Sommer kommen lassen, um sie ein bißchen herauszufüttern. Meine Mutter hatte immer eine Anzahl derartiger Protegés, deren Meriten meist darin bestanden, daß sie weitläufig mit irgendwelchen früheren Dienstboten von uns verwandt waren. Tali strahlte, als wir auf dem Wasser waren. Sicher war eine solche Fahrt seit langem ihr Traum gewesen, aber in ihrer maßlosen Schüchternheit hatte sie nie gewagt, der Verwirklichung des Traumes nachzuhelfen. »Tali«, sagte mein Bruder ernsthaft, »hast du Robinson gelesen?« Tali schüttelte demütig den Kopf. »Schade«, meinte ich ungerührt, »dann mußt du es eben so lernen.«

Wir ruderten aus Leibeskräften, und nach einer Viertelstunde waren wir an der Insel. Die Insel war eine Hügelkuppe von vier Schritten im Durchmesser. Es gab dort Gras und einen Wacholderbusch, sonst nichts. Wir stiegen aus. Tali sah uns mit demütiger Frage an. Wir nickten zuversichtlich, und nun hüpfte sie mit langgestreckten storchartigen Bewegungen an Land. Im gleichen Augenblick sprangen wir ins Boot, stießen ab und schrien triumphierend: »Tali, du bist ausgesetzt!« Wir hörten hinter uns ein paar dumpfe, klagende Kehllaute, sahen uns aber nicht um. Das kam in allen Seeräubergeschichten vor, daß ab und zu jemand auf einer wüsten Insel ausgesetzt wurde. Da hieß es hart sein.

Wir hatten Tali gern, wenn wir sie auch manchmal neckten, und hielten es, obwohl wir das gegeneinander nicht aussprechen mochten, für selbstverständlich, daß wir sie nach einer halben Stunde erlösen würden. Allein zu Hause fanden wir Besuch aus der Stadt vor, es gab dieses und jenes, und Tali war vergessen. Erst als es schon auf den Abend ging, hörten wir zufällig, wie unsere Mutter die Köchin nach Tali fragte. Wir sahen uns erschrocken an, rannten stumm ans Ufer und ruderten hastig davon. Es begann zu dämmern, grauenvolle Schreckbilder malten uns Talis Schicksal: Haifische, Seeräuber, Springfluten, Meerungeheuer. Wir, wir waren ihre Mörder, nie wieder würden wir eine frohe Stunde haben. »Sie ist noch da, sie ist noch da!« schrie plötzlich mein Bruder. »Tali! Tali!« Jetzt erkannte ich sie auch. Das arme Geschöpf, dem jeder Hilferuf versagt war, hatte sich in seiner Verlassenheit und Angst die dicken grauwollenen Strümpfe ausgezogen und sie unermüdlich als Notwimpel flattern lassen. Ihr Gesicht war naß von Tränen.

»Na, komm nur mit, Tali«, sagten wir mit erzwungener Flottheit. »So eine Geschichte, um ein Haar hätten wir dich vergessen.«

Tali sah uns lange an, es war ein Blick zornloser Klage und leidenden Unverstehens. Wir fuhren schweigend zurück. Zu Hause beschenkten wir sie: sie bekam einen Ball, drei Zigaretten, ein rot und grün gemustertes Lineal, eine Handvoll Rosinen, die wir mit Herzklopfen aus der Speisekammer holten, und eine bunte Ansichtskarte, auf der Präsident Krüger von Transvaal dem General Dewet eine Zigarre anbot. Diese Gegenstände nahm sie mit großer Sachlichkeit entgegen und verstaute sie sehr sorgfältig in ihrer Schublade.

Mein Bruder und ich sprachen miteinander nie von diesem Ereignis, aber noch lange danach habe ich einen anklagenden Schauer in mir aufsteigen gefühlt, wenn mir in unserem Lesebuch der Ausdruck »die stumme und leidende Kreatur« begegnete.

Jetzt sind die beiden Boote und die alte Weide wohl schon lange vermorscht. Der große Krieg ist über Olai hingegangen und hat von den hölzernen Gebäuden, um die unsere Spiele und Leidenschaften, unsere Begierden und Ahnungen flatterten, kein einziges stehen lassen. Tali ist Wäscherin in Riga, der Leutnant mit den schönen, sanften Augen und der lustige Unteroffizier mögen bei Gorlice oder Tannenberg verscharrt sein, und mein Bruder liegt in Polen begraben. Aber das große Wasser, das uns unendlich dünkte, rauscht noch heute in mancher Nacht durch meine Träume, und vielleicht kommt noch einmal ein Frühjahr, da es steigt und schwillt wie damals und nur die Hügelkuppen als einsame Inseln aufragen läßt.

Die drei Brüder Bergengruen, 1905:
Olaf, Werner und Wolf.

Mein erstes Gedicht

Meine Erinnerung reicht nicht bis in die Zeit zurück, in der ich mich noch nicht damit unterhalten hätte, mir Geschichten auszudenken und sie zu erzählen, ohne Rücksicht darauf, ob man sie hören wollte oder nicht. Ich erzählte sie Eltern, Geschwistern, Dienstboten und zu Besuch kommenden Verwandten. Erst mögen es rechte Neandertalergeschichten gewesen sein, später floß allerlei aus der Literatur ein. Unter Literatur will ich hier vor allem das verstehen, was man uns vorlas und was ich zu variieren suchte. Aber was man so sagt: richtig dichten, nämlich wo alles sich hinten reimt, darauf war ich noch nicht verfallen.

Als ich sechs Jahre alt war, verbrachten wir den Sommer bei meinem Großvater auf dem Lande. Weitab vom Herrenhause, dort wo sich der Park in Wiesengelände verlor, hatte er meinem um anderthalb Jahre älteren Bruder und mir aus Latten eine Hütte bauen lassen, die wir völlig als unser Eigentum betrachten durften. Sie hatte die Form gewisser notwendiger, aber meist nicht näher bezeichneter Lokalitäten, wie sie in manchen alten ländlichen Haushaltungen seitab des Wohngebäudes, oft sogar jenseits des Hofes oder Gartens stehen und an kalten Wintertagen der Schrecken städtischer Gäste sind. Unsere Hütte mag solche Räumlichkeiten an Größe nur um weniges übertroffen haben, uns indessen schien sie allen Ansprüchen Genüge zu tun. Auf dem flachen Dach flatterte eine Fahne, es gab ein Glasfenster, bunte Jahrmarktstapeten, ein Spielsachenschränkchen und sonst noch einiges an zwergenhaftem Mobiliar, und wir schleppten zu weiterer Ausstattung unbedenklich hinein, was sich nur finden und verwerten lassen wollte. Ja, wir sahen es als eine bizarre Laune der schwer durchschaubaren Erwachsenen an, daß man uns zu Mahlzeiten und Nachtruhe im großen Hause zu erscheinen nötigte.

Auch die nähere Umgebung der Hütte empfanden wir als uns gehörig und bezeichneten sie kurz als »das Reich«. Es gab dort einen großen Kastanienbaum und ein paar kleine Beete, zu deren Pflege man uns systemlos anhielt und über deren unendlich kummervolle Erzeugnisse wir frei verfügen durften. Es war unser Bestreben, unsere Besitzungen zu arrondieren und unter allerlei Vorwänden fortwährend kleine Territorialgewinne zu machen. Kinder sind Imperialisten.

Eines Tages fanden wir unweit der Reichsgrenzen eine tote Maus. In diesem Alter sieht ein Kind, das noch nicht durch läppische Fibelverse verdorben ist, in einem toten Körper weder etwas Furcht- oder Ekelerregendes noch auch den geringsten Anlaß zur Sentimentalität. Die Maus war tot – gut. Die einzige Konsequenz dieses Sachverhalts konnte die sein, daß sich die Notwendigkeit einer Beerdigung ergab. Eine Beerdigung aber setzt einen Friedhof voraus, und da man einen Friedhof nicht in unmittelbarer Nähe seines Wohnhauses anlegt, so eröffnete sich uns die beglückende Notwendigkeit, die Reichsgrenzen abermals um ein Stück vorzutreiben.

Wir hoben also einen Rasenstreifen von einigen Schritten Durchmesser aus und verbanden ihn durch einen schmalen Pfad mit unserem Stammlande. Rings um den Friedhof wurden Baumzweige in die Erde gesteckt, aus zwei trockenen Kiefernästchen ein Kreuz gefertigt. Blumenschmuck lag bereit.

Nun wurden die Trauergäste beschafft. Sie bestanden aus unserem jüngsten Bruder, der sich zu dem ganzen

Vorgang noch nicht zu äußern vermochte, aus dem Kindermädchen sowie aus Mihle und Mátild, unseren Spielgefährtinnen und Herzensdamen, deren Vater der Gärtner meines Großvaters war. Es gelang mir, die Rolle des Geistlichen an mich zu bringen und meinen Bruder in die des Totengräbers zu drängen. Sie erschien ihm ohnehin als die begehrenswertere, und er hatte bereits die Gärtnerstöchter vermocht, ihm anstelle unseres spielzeughaften Gartengeräts eine Schaufel aus den Beständen ihres Vaters auszuliefern.

Ein wenig wußte ich schon, wie es bei Bestattungen zugeht. Unser Kindermädchen hatte uns manchmal auf die städtischen Friedhöfe und an die Gräber von Anverwandten geführt, und zweimal waren wir auch schon zu Begräbnissen innerhalb der Familie mitgenommen worden.

Ich wußte, daß der Geistliche der erste Mann auf dem Friedhof ist, und ich wollte alles tun, den Ansprüchen dieser Stellung zu genügen. Es war mir klar, daß ich eine Leichenrede zu halten haben würde. Ich war sehr aufgeregt.

Die Leidtragenden standen erwartungsvoll umher. Womit sollte ich beginnen? Ich bat um einen Aufschub, ich verkroch mich im Gebüsch und durchforschte hier so lange mein Inventar an Gedanken, Redewendungen und Metaphern, bis mein Bruder ungeduldig wurde und mir androhte, die Bestattung ohne geistlichen Beistand von sich aus vorzunehmen.

Ich rannte hin, die kleine Leiche lag schon im Grabe, und mein Bruder machte ernsthafte und männliche Bewegungen mit der schweren Schaufel, die er wahrscheinlich nur mühsam hat regieren können. Dennoch wünschte ich mich jetzt in seine Stelle, wie in erwachsenen Jahren wohl ein jeder Mann meines Gewerbes sich mitunter in die Stelle der Tätigen, der etwas Sichtbares vor sich Bringenden gewünscht hat.

Ohne zu wissen, wie ich fortfahren sollte, begann ich mit den Worten, die ich mir in meinem Gebüsch zurechtgelegt hatte. Aber Gott griff ein. Mit einer noch nie gekosteten Seligkeit fühlte ich etwas Unvermutetes, etwas ganz und gar Neues über meine Lippen kommen.

Meine Leistung machte auf niemanden einen Eindruck von ähnlich überwältigender Großartigkeit wie auf mich. Sie ging unauffällig vorbei. Niemand ahnte, was mir geschah, und nur Mihle und Mátild hörten mir bewundernd zu; das war umso schmeichelhafter, als die beiden lettischen Mädchen kein Wort Deutsch verstanden.

Was ich vorbrachte, das waren Verse. Sie reimten sich. Sie reimten sich genau so schön wie die Verse in den Gebeten, die man mit uns betete, in den Liedern, die man mit uns sang. Und ich, ich hatte sie selber gemacht.

Nur der Anfang meiner Dichtung ist mir im Gedächtnis geblieben. Er lautete:

> Hier ruht die Maus von Meuselwitz.
> Sie ward getroffen von dem Blitz.

Ich muß bemerken, daß ich weder von der Existenz des Landes Thüringen noch von der des thüringischen Städtchens Meuselwitz wußte, wenngleich ich die freilich nicht naheliegende Möglichkeit, ein Erwachsener könne den Ort einmal vor meinen Ohren genannt haben, nicht ausschließen mag. Doch will mir eher scheinen, es sei ein etymologischer Antrieb, gepaart mit dem unwiderstehlichen Schimmer des Wortes »Witz«, bestimmend gewesen. Daß ich aber die Maus als Opfer eines Blitzschlages hinstellte, das geschah nicht nur dem Reim zuliebe, sondern es hatte wenige Tage zuvor in der Tat ein Gewitter gegeben. Dazu war ich auch des Glaubens, daß die erste Leiche unseres jungen Friedhofs aus Gründen poetischer Gerechtigkeit nicht durch einen gemeinen, sondern durch einen schauerlich erhabenen Tod zur Leiche geworden sein mußte...

Ich habe ihn damals als etwas Außerordentliches empfunden und dennoch nicht als etwas, das nun bestimmt wäre, in meinem Leben Epoche zu machen; solche Gedanken kommen ja einem Kinde nicht. Und wenn ich mich später mit Berufsplänen beschäftigte, dann hatten sie noch lange Zeit nichts mit Versen zu tun. Da träumte ich von Forstwesen und Jagd, vom Theater, von Generalsuniformen, die ja damals noch pittoresker waren als heutzutage, orientalischen Sprachen, Forschungsexpeditionen, die sich mir mit Abenteuerfahrten im Stil des Karl May verbanden, von zoologischen und geschichtlichen Studien. Nicht zuletzt wollte ich Besitzer einer Insel werden und hatte mir eine ganze Anzahl von Inseln zu späterem Erwerb vorgemerkt; meist übrigens waren es nicht ozeanische, sondern fast heimische Eilande. Lange Zeit galt mein träumerisches Augenmerk der Insel Osweja und dem Dorf gleichen Namens. Ich kann nicht erwarten, daß Sie mit diesen unbedeutenden Örtlichkeiten vertraut sind, ja, überhaupt den Namen des Oswejasees schon gehört haben. Ich kenne ihn auch nur von der Landkarte, er liegt im Gouvernement Witebsk, nordöstlich von Dünaburg, und wenn in der Geographiestunde die Atlanten aufgeschlagen wurden, dann starrte ich verzückt auf ihn, statt, wie es verlangt wurde, bis zu Alpenpässen oder Mercators Projektion weiterzublättern, und malte mir aus, wie ich die

Bauernburschen zu Matrosen meiner Privatkriegsflotte ausheben würde.

Ich zog keine Konsequenzen aus dem an meinem Mäusegrab mir Widerfahrenen. Heute allerdings bin ich, vielleicht albernerweise, geneigt, in ihm eine Entscheidung fürs Leben zu erblicken, sozusagen ein Verlöbnis oder ein Gelübde. Ich könnte auch sagen, ich hätte mich damals zur Aufnahme in einen Orden gemeldet oder unnachfragend Handgeld von einer unbekannten Legion genommen.

Meine erste Dichtung entzückte mich dermaßen, daß ich sie den ganzen Tag über rezitierte, mir selbst oder anderen, bis sie irgendein Erwachsener endlich ohne mein Wissen zu Papier brachte, was sie übrigens vor dem Schicksal des Vergessenwerdens nicht zu bewahren vermochte. Allein, aller Begeisterung zum Trotz kam ich nicht auf den Gedanken, dieser Vorgang des Dichtens sei nun ohne weiteres wiederholbar. Er blieb mir durchaus an das reale Geschehnis gebunden, und allenfalls neue Bestattungen hätten ihn erneut notwendig machen können. Die aber unterblieben – ob aus Mangel an Mäusen oder an Blitzen, will ich nicht entscheiden.

Ich konnte noch nicht schreiben, denn so früh wie anderswo fing man in unserer glücklichen Heimat mit der Federfuchserei nicht an. Und das war gut so, denn es ist gar nicht abzusehen, was alles geschehen wäre, wenn ich die zweideutige, verführerische Kunst des Umgangs mit Feder und Tinte schon damals beherrscht hätte. So aber blieb mein erstes Gedicht für lange Zeit auch mein einziges, nämlich für zwei Jahre, und zwei Jahre haben im ersten Lebensjahrzehnt das Gewicht von zwei Menschenaltern.

1962

Werner Bergengruen mit einem Schulfreund
in Lübeck 1903.

Die schwerste Verletzung meines Lebens

Als die schwerste Verletzung meines Lebens habe ich die Herausreißung aus meiner natürlichen Welt und die mir gewaltsam und unverständlich vorkommende Verpflanzung nach Deutschland empfunden. Sie erschien mir als eine Deportation. Ich war außerstande, die Gründe gelten zu lassen, von denen mein Vater geleitet wurde, und zu jung, als daß ich den Vorgang im Licht eines amor fati hätte sehen können. Ich begriff nicht, wie meine doch so liebevollen Eltern mich dem brennenden Heimweh ausliefern konnten, und niemand vermochte mir zu erklären, warum einem abstrakten Vaterlandsbegriff die konkrete, so geliebte Heimat geopfert werden mußte. Daß meine Brüder und ich vor dem Schicksal, in russische Schulen gehen zu müssen, bewahrt werden und für diese mit dem Verlust der Heimat zu bezahlende Bewahrung noch dankbar sein sollten, wurde uns unablässig vorgehalten. Aber auf meine oft wiederholte Frage, warum denn die russischen Schulen, in die doch alle unsere Kameraden und Altersgenossen gehen würden, für uns so schrecklich sein sollten, bekam ich nie eine bündige Antwort; und ebensowenig auf die andere Frage, warum wir denn nicht endlich heimkehren durften, nachdem im Jahre 1905 die deutsche Unterrichtssprache in den baltischen Provinzen wieder zugelassen worden war.

Mitunter hieß es auch, wir sollten davor bewahrt werden, in der russischen Armee dienen zu müssen. Aber ich konnte nie vergessen, daß mein angestammter Kaiser Romanow hieß und nicht Hohenzollern; und mein älterer Bruder sagte 1914: »Ich werde meine Pflicht tun, aber für mein Vaterland kämpfe ich nicht.«

Während des Krieges sagte mein Vater einmal, jetzt

müsse ich doch zugeben, daß er mit unserer Verpflanzung das Rechte getan habe, es wäre doch fürchterlich, wenn ich in der russischen Armee gegen Deutschland zu kämpfen hätte. Ich erwiderte mit einem bösen, meinen Vater verletzenden Wort, das mir heute noch leid tut. Ich sagte: »Worin besteht der Unterschied? Bei den Preußen bin ich Leutnant, bei den Russen wäre ich schon Rittmeister.«

1959

In Lübeck

Zu den hübschen Erinnerungen meiner Gymnasialzeit gehört das sommerliche Schulfest des Lübecker Katharineums. Die ganze Schule, etwa achthundert Köpfe stark, zog frühmorgens zu Fuß nach Israelsdorf, einem vor dem Burgtor mitten im Buchenwalde gelegenen Ausflugsort. Dort blies zuerst ein Posaunenchor feierlich: »Lobe den Herrn.« Dann wurde die Festordnung verlesen. Einer ihrer markantesten Sätze lautete: »Jeder Schüler des Katharineums hat an diesem Tage ein munteres Wesen und jugendliche Fröhlichkeit zur Schau zu tragen.« Für das ein wenig Verunglückte dieser wohlgemeinten Formulierung hatte ich bereits damals ein Gefühl.

Den ganzen Tag über waren die Lehrer von überraschender Jovialität und redeten uns in nichts herein. Wir Jüngeren vergnügten uns im Walde mit allerlei meist kriegerisch gefärbten Spielen. Das Wichtigste aber waren die Wettkämpfe des Nachmittags. Die Primaner hatten ihr Pentathlon, ihren Fünfkampf – Hochsprung, Weitsprung, Wettlauf, Gerwerfen und Ringen – ein Vorgang, der die ganze, auf ihre »hohe Schule« stolze Stadt interessierte, obwohl das Zeitalter des Sports noch nicht eigentlich angebrochen war. Für die anderen Klassen gab es ein Preisschießen, das für mich den Höhepunkt des Tages ausmachte; die Kleineren schossen, wie vor Jahrhunderten, mit der Armbrust nach dem hoch auf einer Stange schwebenden hölzernen Vogel, die Größeren mit Luftgewehren nach der Scheibe, und zwar hatte jede Klasse ihr eigenes Wettschießen. Im Jahre 1903, als ich zum ersten Mal am Schulfest teilnahm, gewann ich den zweiten Preis. Geschossen wurde so lange, bis der ganze, aus einzelnen

Stücken kunstvoll, aber locker zusammengesetzte Vogel am Boden lag. Jeder Treffer wurde danach bewertet, welchen Teil des Vogels – Kopf, Schwanz, Flügel, Rumpf – er heruntergeholt hatte. Unser Ordinarius forderte mich auf, abgesehen von den auf eigene Rechnung abzugebenden Schüssen auch noch stellvertretend für den erkrankten und am Schulfest nicht teilnehmenden Klassenprimus zu schießen. Dies war Carl Gustav Leverkühn, der später im Ersten Weltkrieg gefallen ist. Er war der Sohn eines Amtsrichters, eines in mancher Hinsicht besonderen Mannes mit literarischen Interessen und Ambitionen, dessen Name in Thomas Manns *Doktor Faustus* fortlebt. Thomas Mann erfand bekanntlich keine Familiennamen, sondern benutzte recht ungeniert realiter existierende, die ihm geeignet erschienen, was manchen Protest hervorgerufen hat. Für Leverkühn den Jüngeren habe ich den ersten Preis geschossen.

Am späteren Nachmittag kamen viele Leute aus der Stadt, insbesondere Familien mit Töchtern. Wer schon Tanzstunde gehabt hatte, tanzte unermüdlich im großen Saal des Restaurants, während wir Kleineren uns selbst überlassen blieben.

Gegen Abend fand die Preisverteilung statt. Zuerst kamen die Fünfkampfsieger, deren Namen hernach in der Zeitung standen. Schon wochenlang hatten die Chancen der einzelnen Bewerber ein Stadtgespräch gebildet. Dann war endlich die Stunde der Schützenkönige da.

Ich weiß nicht mehr, was für einen Gegenstand ich dem abwesenden Leverkühn verschafft habe; was ich selbst erhielt, ist mir unvergeßlich. Es war ein Schreibzeug mit zwei Tintenfässern und einer länglichen Schale für Federhalter und Bleistifte, eine grüne Keramik von dem Aussehen, an dem man in diesem noch erfahrungsarmen Lebensalter den Malachit zu erkennen meint. Ich habe diese Prämie noch bis in meine Studentenzeit hinein benutzt.

Die Schützentrophäen hatte eine aus Primanern bestehende Kommission auszusuchen, einzukaufen und mit Begleitversen zu versehen, die bei der feierlichen Überreichung öffentlich verlesen wurden. Die Empfänger standen wie eine geschlossene Körperschaft bereit und wurden namentlich, einer nach dem anderen, auf die Tribüne heraufgerufen. Es war für mich das erste Mal, daß ich vor einer Art Öffentlichkeit zu stehen hatte.

Mein Schreibzeug war vermutlich eine Spende des sehr ansehnlichen Schreib- und Papierwarengeschäfts Deuster, denn der Sohn des Inhabers gehörte zu dieser Primanerkommission, und er war es auch, der mir die Gabe einzuhändigen hatte. Ich kannte ihn vom Sehen, man hatte mich auf dem Schulhof auf ihn aufmerksam gemacht und gesagt: »Kuck dir den an, der ist katholisch!« Doch fand ich das nicht schlimm, eher interessant und romantisch. Übrigens hatte ich ein Jahr später bei ihm Nachhilfestunden im Rechnen, und das war nur dadurch möglich, daß die Tante, die meine Schicksale behütete, über seine konfessionelle Anomalie nicht unterrichtet war; sie hätte mich nie der Möglichkeit papistischer Beeinflussung ausgesetzt.

Die Verse, mit denen der katholische Deuster die Übergabe des Schreibzeugs begleitete, habe ich noch im Gedächtnis. Sie lauteten:

»Schreiben wär ein schönes Ding,
wenn es nur nicht so schwierig ging!
So denkt gar mancher, doch nicht du;
denn du hast ja das Zeug dazu.«

Diese Worte mußten mir schmeicheln und mein rauschhaftes Hochgefühl steigern. Ich war geneigt, ihnen den Charakter einer Verheißung zuzuerkennen. Denn ein wenig fühlte ich mich damals doch schon als ein angehender Schreiber und Dichter, obgleich ich im Schreiben schlechte Noten zu haben pflegte. Und daß diese Verheißung mir aus dem Munde eines Primaners entgegenklang, das gab ihr Weihe und autoritative Kraft. Ein Primaner erschien mir als ein Mann, der bereits eine große Laufbahn hinter sich gebracht hatte. 1957

Werner Bergengruen in Reval, Winter 1931.

Die Stadt der Toten
Auszug aus: *Der Tod von Reval*

Mein Lieber, setze dich zu mir. Die Flasche steht auf dem Tisch. Es ist Herbst, es ist Dämmerzeit, draußen schreien die Krähen, draußen schreien die Winde. Hörst du nicht die armen Seelen im Fegfeuer stöhnen?

Ich möchte dir ein paar Geschichten erzählen: Geschichten aus einer alten Stadt hoch droben im Norden, hoch droben im Osten, einer Stadt am Meer. Aber es sind nicht Geschichten von dieser Stadt: es sind Geschichten von ihren Toten.

Alle alten Städte sind Nekropolen. Dies wenigstens haben sie voraus vor den jungen, den überwachen, den hurtig zur Höhe gewachsenen: das Volk ihrer Toten ist unzählbar. Eine alte Stadt mag Menschen haben, so viel sie will; was ist die Menge derer, die sie bewohnen, vor der Menge derer, die sie bewohnt haben? Die in Häusern leben und über Straßen gehen, das sind ja die Wenigen; die Vielen aber wohnen in den grauen Kirchen und Gruftkapellen der Stadt unter den schweren, gemeißelten Grabplatten, unter dem Rasen der Friedhöfe vor ihren Toren, unter dem Steinpflaster ihrer Kirchenplätze. Die Lebenden sind ein Augenblick gleich der Gegenwart; die Toten aber sind die Unendlichkeit der Zeit und sind die Beständigen. Heute ist ihnen wie gestern und morgen, den Unterschied der Jahre kennen sie nicht, und sie sind in einer großen Gelassenheit.

Die Stadt, von welcher ich dir erzählen will, hat eine sonderbare Sage. Nämlich von dem Domberge als von dem ersten Keim der Stadt Reval wußten die Ureinwohner des Landes von jeher zu überliefern, die Riesin Linda habe den mächtigen Kalksteinfelsen aufgerichtet als ein Grabmal für ihren Geliebten, den starken Kalew. Und so steht ein Grab am Anfang dieser Stadt.

Auf einem halb verwitterten, dunkel übermoosten Revaler Grabstein las ich die Worte, mit Mühe zu entziffern: »Parva domus, magna quies – klein das Haus, groß die Ruhe.« Der Gräber sind viele in den Kirchen und auf den Friedhöfen von Reval. Da sind merkwürdige Grabstätten und Totensteine in einer großen Fülle, kunstvolle Monumente, kostbare Epitaphe. Da liegt jene Frau, deren Gesang das Herz eines Leipziger Studenten ergriff und die seither den Menschen der Goethezeit als Vorbild der Mignon galt; da liegt der Graf Matthias Thurn, an welchem ein großer und totenreicher Krieg sich entzündete. Da liegen allerlei fürstliche Personen, allerlei berühmte Kriegsleute; Seehelden und Weltumsegler liegen in Reval begraben. Und es ist in Reval auch eine kleine Straße, welche den Namen Spukgasse führt noch am heutigen Tage.

Die Nikolaikirche bewahrt ein mittelalterliches Totentanzgemälde, und es sind niederdeutsche Verse voll einer großartigen Unerbittlichkeit, welche die Malereien begleiten:

»To dessem danße rope ik alghemene:
pawes, kaiser unde alle creaturen,
arme, ryke, grote und klene!«

Und es steht hier auch das Wort geschrieben:

»Se ik vore efte achter my,
ik vole den dot my alle tyt by.«

Geschlechter um Geschlechter haben diese Malereien und diese Verse vor Augen gehabt. Und vielleicht magst du auch die Geschehnisse, von denen ich dir berichten möchte, als eine wunderliche Ergänzung jener Malereien annehmen.

Aber das ist keine Stadt der Schwermut, und es sind auch nicht Geschichten der Schwermut, die ich dir erzählen will. Jeder Tod hat ja sein Gelächter. Und es ist keine Unehrerbietung, wenn wir uns auch unsern Scherz mit ihm machen; denn er will uns ja vertraut werden, und auch wir sollen ihm keine Fremdlinge sein. Und da wir zu einem vertraulichen Umgang selbst mit der Gottheit als mit der Gewalthaberin über Leben und Tod aufgefordert werden, unbeschadet ihrer Majestät – wie sollte ein vertraulicher Umgang nicht auch mit dem Tode stattfinden können, unbeschadet seiner Schauer und seiner Strenge?

Aber verhält es sich denn so, magst du mir einwerfen, daß eine Stadt mit dem Tode eine engere Nachbarschaft soll halten können als eine andere? Denn der Tod hat doch einerlei Beschaffenheit in Reval und in Rom, in La Trappe und in Gent. Vielleicht, so meinst du, eigne der alten Stadt Reval eine graue und nordische Düsternis, und von dieser habe ich mich verführen lassen, Reval in eine auszeichnende Verbindung zum Tode zu setzen und in diesem Betracht allerlei Vorfällen ein Augenmerk und ein Gedenken zuzukehren.

Ach nein; ein solcher Charakter, wenn denn von ihm gesprochen werden dürfte, hätte allenfalls auf einen Landfremden wirken können, nicht aber auf mich, der ich als ein Nachbar dieser Stadt zur Welt gekommen bin. Allein darin will ich dir recht geben, daß man vielleicht ein Nordländer sein muß, gewohnt an lange Winternächte und an kurze Getränke, um eine solchermaßen unbefangene Nachbarschaft mit dem Tode halten zu können und es selber nicht einmal gewahr zu werden. In den hellen, heißen Ländern, in denen der Wein gekeltert und getrunken wird, hat auch der Tod ein anderes Gesicht. Sie kennen keine Dämmerung und keinen Übergang: Tag und Nacht, Licht und Dunkel, Leben und Tod sind hart voneinander gesondert. Das süße Licht strömt klar über alle Erscheinungen hin und gibt ihnen scharfe Umrisse. Der Tod ist ein schwarzes und schauervolles Loch; niemand mag an ihn denken. Und die Abgeschiedenen sind tot.

Aber dort im Norden, dort oben im Osten, dort oben am Meer, dort wird der schwere kräftige Branntwein getrunken. Dort sind die Dämmerungen zu Hause und die Nebelwolken und Schneegestöber, und im hohen Sommer geht die Abendröte mählich hinüber in den roten Morgenschein. Und mitten in allem Leben sind die Toten gegenwärtig.

Heute ist ihr Tag. Heute treten die Menschen an die Gräber, in Trauer, in Beschämung oder in Gehorsam gegen ein Herkommen; und vielleicht manche in Furcht.

Wir aber wollen uns nicht vor dem Tode fürchten, sondern getrost nach seiner Vertraulichkeit trachten.

Abschied

Es ist spät geworden, und die Flasche ist leer. Groß steht die Nacht vor den Fenstern. Der Wind hat die letzten Blätter von den Zweigen gerissen. Die Kälte tropft silberfarben nieder durch die kahlen Äste. Der Wind ist still geworden, die Wolken hat er davongetrieben. Der Orion funkelt.

In der Stadt, von der ich dir erzählt habe, liegt wohl schon der Schnee. Die nadelscharfen Spitzen der schlanken Türme, die altväterischen Giebel und Dächer, die grauen Festungswerke sind weiß wie Salz. Die Ecken füllen sich aus, die Mauervorsprünge, die schroff abgesetzten Treppengiebel glätten sich, der dicke weiße Schnee nimmt allen Konturen die Schärfe. Alles rundet sich, alles wird weich. Die Menschen holen ihre Pelze hervor, die Schlittenglocken klingen. Es ist, als dämpfe der Schnee alle Laute. Sind es denn Schlittenglocken? Ist es Totengeläut? Vielleicht klingen auch Gläser aneinander oder winzige Narrenschellen.

Es ist vieles anders geworden in Reval wie in den ganzen Lande zwischen der Narowa und dem Memelstrom. Uns aber, die wir keine Scheu haben, unser Herz an die vergangenen und unterlegenen Dinge zu hängen – da ja den gegenwärtigen und siegreichen ohnehin so viele Neigungen sich zuwenden –, uns ist es ein Trost, daß noch immer die alten Linden um St. Nikolai stehen und die alten Eichen um die Grabmäler von Ziegelskoppel; daß noch immer die Revaler Türme sich zu den Wolken heben und zu den unverletzten Gestirnen; daß die alten Grabstätten noch da sind, die Kreuze und die Obelisken, und immer noch unter ihnen die Gebeine der gleichen Toten liegen.

Immer ist es noch das gleiche unzählbare Volk, und alle, alle werden sich zu ihm gesellen: die Erben der alten Herrschaft, die hurtigen Neuerer und die nach ihnen kommen; alle, alle werden sie in die Erde gelangen wie du und ich.

Der Tod ist ein großer Trost. Er macht, daß niemand sich zu fürchten braucht. Wir werden einmal unseren Tod sterben, ein jeder in seiner Art und zu seiner Stunde;

darum darf unser Herz nicht schwer sein. Wer in Reval war, der wird den Tod nicht mehr fürchten mögen. Und wir wollen den Tod liebhaben, gleichwie wir die Stadt liebhaben.

Und nun magst du mir einwenden, es habe alles, was ich zu Anfang von der Revaler Nachbarschaft des Lebens und des Todes sagte, seine Richtigkeit nicht, sondern es behaupte seinen Platz nur in den Dämmergespinsten eines Herzens, das ja allen wunderlichen Grillen sich offenhalte.

Vielleicht hast du recht. Allein ich will ja lieber an solche Dämmergespinste glauben als an Gesetzesbücher und Tabellen, an Berechnungen und Proklamationen. Ich bin ein Narr, und du, der du mir hast zuhören und mit mir trinken mögen, du wirst meiner Narrheit einiges zugute halten, obzwar, fürchte ich, nicht übermäßig viel. Hierin verfahre, wie es dir gefällt; ich will nicht trachten, dich zu überreden. Mir aber wirst du erlauben, bei dem Meinigen zu bleiben, selbst wenn ich keine andere Rechtfertigung haben sollte als diese, daß durch manche Jahrhunderte hin eine Reihe meiner Vorfahren in Revaler Kirchen und auf Revaler Friedhöfen die Ruhe erlangt hat; vielleicht kann keine bündigere Rechtfertigung gedacht werden.

Und nun lasse mich die letzten Tropfen der Flasche hinaussprengen in die Nacht als ein Opfer für die noch Unruhigen, ein Gedächtnis für die, welche zu ihrer Ruhe gekommen sind.

Requiem aeternam dona eis, Domine. Et lux perpetua luceat eis.

Die Stadtmauer von Reval mit den sieben Türmen, um 1890.

Marburg an der Lahn, Weg zum Schloß.

Werner Bergengruen
als Philosophie-Student, 1913.

Alte Stadt der Jugend

Die weite, von der Lahn durchflossene Ebene um Gießen empfängt ihre Akzente von einigen hochgelegenen Burgruinen. Die flache und wenig augenmerkswerte Lage der Stadt selbst hat es ihr verwehrt, eine äußerlich wahrnehmbare Physiognomie auszubilden. Keineswegs indessen ist sie ohne Charakter, sie ist urhessisch, und ich glaube nicht, daß es viele Orte ihres Umfanges gibt, die sich in einer solchen landsmännischen Eindeutigkeit haben erhalten können. Dies gilt nicht zuletzt von der Studentenschaft, die von jeher sich zum größten Teil aus Landeskindern zusammensetzte und vielfach im Rufe einer Wildheit und süddeutschen Ungezwungenheit stand. Ein alter Studentenvers, der auch zweier Universitäten des gesamthessischen Raumes gedenkt, lautet:

»In Marburg leb ich nach dem Staat,
in Gießen purschikos und fröhlich,
in Herborn als eyn Candidat,
in Rinteln mehr als eynmal selig.«

Nun, wir haben auch in Marburg burschikos und fröhlich und mehr als einmal selig gelebt.

Mir, der ich in Marburg längere und für mich bedeutsame Zeiten verbracht habe, mir fällt es nicht leicht, dieser einstmals geliebten Stadt gegenüberzutreten und von ihr zu sprechen. Ich bin in das Alter geraten, in welchem man der eigenen Jugend entrückt ist, ohne ihr schon mit ganzer Unbefangenheit zuschauen zu dürfen wie einem durchaus Vergangenen und Geschichte Gewordenen. Da hat es sein Verfängliches, wieder einzukehren in eine Stadt der Jugend, wenn es nicht zugleich die Stadt der Heimat und

Vorfahren ist. Es ist eine Einkehr nicht bei der Vergangenheit, sondern bei der Vergänglichkeit. Von denen, die hier mit mir jung gewesen sind in allen Torheiten, allen Vorwegnahmen, allen Wildheiten und Hingebungen solcher Jahre, von denen liegen die meisten in Flandern, Frankreich und Polen begraben. Und es mag mir nachgesehen werden, wenn Marburg mir bisweilen erscheinen will als ein riesiges, mit aller Herrlichkeit verschwenderisch geschmücktes Ehrenmal über den zerfetzten Leibern einer gläubigen Jugend.

Diese bergige, verzauberte Stadt ist ungewandelt, immer noch ein unausschöpfbarer Brunnen jeglicher Augenfreude. Das Spiel der Vertikalen mit den Horizontalen fügt sich bei jedem Schritt zu immer neuen und in aller Altvertrautheit immer wieder überraschenden Bildern zusammen. Wo Neues aufgekommen ist, da blieb es außerhalb der eigentlichen Stadt. Ein törichter Sachlichkeitsvandalismus hat unlängst die gewaltige Berankung des Schlosses entfernt, die zur Herbstzeit so blutrot leuchtete, man sah sie mehrere Wanderstunden weit. Und er hat das grüne, gartenartige Revier, das den Vorhof des Schlosses ausmachte, zu einem Steinplatz von öder Kahlheit umgeschaffen; das geheimnisvoll umwucherte Wasserbecken ist dabei verschwunden, es hatte die wehmütige Betörung eines Volksliedes, dessen uralte Worte nicht mehr ganz enträtselt werden können. Vielleicht sind solche Volkslieder zum Verklingen bestimmt; dem, der sie noch hat hören dürfen, wird ihre Magie unverloren im Herzen bleiben.

Außer diesen nehme ich keine Änderungen wahr. Die Straßen sind still, wie sie es immer in den Universitätsferien sind. Die Brunnen fließen, die Hessenmädchen kommen zum Markt in ihren bunten Trachten, die Jugendhaftigkeit der alten Stadt ist so mächtig wie je. Diese Universität hat ein blutjunger Fürst gegründet, selber noch studentischen Alters. Und noch stärker schwebt dieser Hauch von Vorfrühling, dieser Duft einer zauberhaften Verfrühung um seine Ahnfrau und ihre Kirche. Die Landgräfin Elisabeth kommt vierjährig aus ihrer ungarischen Heimat an den thüringischen Hof des ihr zum Bräutigam bestimmten Kindes. Sie heiratet mit vierzehn Jahren, mit zwanzig ist sie Witwe, mit vierundzwanzig stirbt sie, und vier Jahre nach ihrem Tode ist sie bereits zur Ehre der Altäre erhoben. Dies Jugendhafte, dies knospenmäßig und zart Verhüllte spricht auch aus dem Baugeist der Kirche, die über ihren Gebeinen errichtet wurde. Die anmutigste, die meistverehrte aller deutschen Heiligen war Mutter mehrerer Kinder, in der Empfindung der Menschen aber steht sie in einer jungen und ewigen Mädchenhaftigkeit. Sie und ihr Nachkomme Philipp der Großmütige sind die eigentlichen Urheber der Stadt Marburg, zwei junge Menschen, welche die beiden Pole aller Leidenschaft bezeichnen: die eine früh dem gotischen Himmel zugewandt, der andere ein nutznießender Lobpreiser der kräftigen Erde des sechzehnten Jahrhunderts.

Mit den Eltern und der Schwester Marlene bei Kriegsausbruch, 1914.

Kaiser Wilhelm II. zieht am 6. September 1917 in Riga ein.

Nach der Räumung der russischen und polnischen Gebiete

Nach der Räumung der russischen und polnischen Gebiete durch die Deutschen im Jahre 1918 konnte man in den Ortschaften häufig unsern so charakteristischen deutschen Stahlhelm sehen, und zwar vorzugsweise in zwei Verwendungen. Einmal benutzten ihn die Bauern als Nachtgeschirr für ihre Kinder, und zweitens diente er als Kohlenbecken, über denen die Marktfrauen sich die Hände wärmten. Der Anblick hatte für meine Empfindung damals etwas Verletzendes, obwohl ich zugleich für den Eindruck der hier wirksamen Kontrastkomik nicht unempfänglich war.

Aber je mehr ich in späteren Jahren daran zurückdachte, umso mehr fühlte ich in dem Vorgang etwas Tröstliches: das Leben ging weiter, und das Geräuschvoll-Exzeptionelle wurde ohne weiteren Lärm in den Verlauf des Daseins eingegliedert. Ob Kriege notwendig sind oder nicht, das hat noch niemand herausgebracht. Aber daran, daß kleine Kinder ihr Wasser lassen und Marktweiber sich im Winter die Hände wärmen müssen, daran hat es noch nie einen Zweifel gegeben.

1945

Werner Bergengruen in Lindenfels
im Odenwald, 1925.

Im rodensteinischen Spukland

Es ist schön, in Bensheim einkehren zu dürfen als in einem Vereinigungspunkt des gegensätzlich Scheinenden. Ebene und Gebirge kommen einander entgegen. Jenes saubere Behagen der Neuzeit, das dem Reisenden so erquicklich sein kann, bindet sich mit dem unverwüsteten Reiz der alten Jahrhunderte, ohne daß um des einen willen auf das andere verzichtet sein müßte. Kleine, brückenreiche Wasserläufe teilen anmutig die Stadt; barock und malerisch stehen Johann von Nepomuk und Franz Xaver auf der steinernen Mittelbrücke; alte Giebel- und Erkerhäuser, klösterliche Niederlassungen und ehemalige Ritterhöfe geben dem Auge wohltuende Ruhepunkte. Den sonderbarsten aller Anblicke gewährt das im Jugendstil errichtete Rathaus. Ich, der ich ja im Odenwalde eine liebe Weile hindurch mein gutes Zuhause gehabt habe, ich bin oft in Bensheim gewesen; fast nie habe ich es aber mir versagen mögen, eine Weile zu den majestätisch gerollten Wülsten dieses monströsen Baues hinaufzustarren. Etwas vom Zauber des kompromißlos Vollkommenen liegt ja auch über dem vollendet Schauder- und Fratzenhaften. Sicherlich ist man einst in Bensheim sehr stolz auf dieses Rathaus gewesen, wir können uns schwer in diese Zeit zurückdenken, und jede menschenfresserische Südseeornamentik dünkt uns verständlicher und näher als diese Formen, die kaum ein Menschenalter hinter uns liegen.

Die Flußtäler des westlichen Odenwaldes wie das malerisch gewundene Mühltal am nördlichen Bergstraßengebiet, das von der Weschnitz gebildete Birkenauer Tal im Süden und das Schönberger Tal in der Mitte, alle haben eine Eigentümlichkeit: unmittelbar bevor sie sich in der gelassenen Rheinebene auflösen, verengern sie sich noch einmal, winden sich, verstärken ihr Gefäll, und so entstehen Landschaftsbilder von wunderbar wechselvollem Reiz. Das vom Lauterbach durchflossene Schönberger Tal, das bei Bensheim aus dem Berglande tritt, wähle ich zum Aufstieg in den Odenwald. Wie grüne Kaskaden stürzen die Efeuwellen von den Wänden, links hebt sich das Erbachische Schloß Schönberg, behaglich und langwierig strecken sich die Ortschaften im engen Tal. Hier ist einige Industrie zu Hause, Textilgewerbe und Steinbearbeitung, gerade soviel, daß sie den Menschen nährt, ohne der Landschaft wehe zu tun. Das Tal beginnt sich zu erweitern, es zeigt das echte, liebe Odenwaldbild: Berge mit Laubwald und Wiesenhängen, Felder in Streifen, von Obst- und Nußbäumen durchsetzt, geschlängelte Wiesenbäche, deren Lauf abenteuerlich verschnörkelte Erlen und Pappeln begleiten. In Reichenbach liegt auf dem Platz an der Fahrstraße ein altrömisches Säulenstück, im Mittelalter hat es als Pranger gedient. Ich nehme es als Willkommsgruß des nahen, oft durchstreiften Felsenmeeres, aus dem es stammt, einer mächtigen Steinhäufung hoch oben im grünen Bergwald; dort haben die Römer Bausteine gebrochen, noch heute liegen unvollendete römische Steinmetzarbeiten gigantenhaft unter den Buchen.

Drei bis vier Fußstunden oberhalb von Bensheim liegt Lindenfels. Das ist jedesmal wie ein freudiges Erschrekken, wenn man dies winzige, herzwarme Städtchen mit dem waldigen Burgberg und den weiten Talhängen auftauchen sieht. Hier bin ich eine Zeitlang daheim gewesen, und ich wollte, ich dürfte es noch einmal sein. Dieser vordere Odenwald, dessen Mittelpunkt Lindenfels ausmacht, ist mir von jeher als ein Inbild deutscher Landschaft erschienen. Berg und Wald, Tal und Wiese, Hügelkuppen und Forellenbäche, Dörfchen und Einzelhöfe, Burgen und Kirchtürme, das alles umfaßt ein Blick; es ist wie der Hintergrund eines altdeutschen Heiligen- oder Kreuzigungsbildes, dessen Maler einen gedrängten Auszug seiner Heimat stellvertretend für die ganze Erde setzt. Der Rhein ist nicht fern; an den Tagen jener unnatürlichen Himmelsklarheit, die hierzulande eine regnerische Witterung ansagt, sieht man bis auf die bläuliche Bergkette der Haardt. Kurpfälzische, hessische, fränkische Gebiete stoßen zusammen, der Wellenschlag aller Reichsgeschicke brandete bis hierher.

Kaum ein deutscher Boden hat ein so reiches und wildwachsendes Rankenwerk der Sagen hervorbringen dürfen wie dieser. Und sie sind nicht vertrocknet in den Herbarien gelehrter Sammler, sie leben heute noch in den Wäldern, in den Dörfern, im Efeubehang der Ruinen. Hier liegen Schätze vergraben unter der Erde, von feurigen Hunden gehütet; hier springt der Höhmann dem verspäteten Waldgänger atempressend auf den Rücken; Schlangen nisten in den Kellern, Kobolde in den Vorratskammern, wilde Weibchen in den Gesteinshöhlen; kopflose Männer verrücken des Nachts die Grenzsteine. Aber das tiefste Geheimnis dieses Landes ist die rodensteinische wilde Jagd.

Ich bin dieser Landschaft und den Überlieferungen ihrer Bewohner nachgegangen in jener Zeit, da ich hier lebte und mein Rodensteinbuch schrieb. Herzstück dieser Überlieferungen ist der Glaube, daß der Rodensteiner, der auch Schnellertsherr oder Landgeist genannt wird, mit seinem lärmenden Zuge vom Rodenstein zum Schnellerts, vom Schnellerts zum Rodenstein Krieg und Frieden ankündige. Sein Weg ging durch bestimmte Orte. Das Mauerstück einer einsamen Hofraite wurde jedesmal umgestürzt, so oft man es auch herzustellen versuchte. Man kann allerlei gelehrte Erklärungen mythologischer und naturwissenschaftlicher Art herannehmen, aber das Geheimnis gibt sich nicht preis. Es bieten sich Bezüge auf Wodans wütendes Heer; auf dem Rodenstein, so heißt es, sei der einäugige Kriegergott Wodan, der auch als gespenstischer Führer abgeschiedener Seelen erscheint, und auf dem Schnellerts sei der rotbärtige Bauerngott Donar verehrt worden; viel später erst habe sich eine Verbindung ergeben zu dem Geschlecht der Rodensteiner, das im siebzehnten Jahrhundert erlosch. Der letzte des Stammes starb an einem Sturz vom Pferde; auch diesen Umstand hat die Sage an sich genommen.

Der Rodensteiner Umzug läßt sich hören, nicht erblikken. Naturforscher haben die Behauptung aufgestellt, die besondere Art der Erdfaltung habe Bedingungen geschaffen, unter denen ferne Geräusche als unmittelbar über dem Hörer vorüberziehend wahrgenommen würden; da wäre also an eine Art akustischer Fata Morgana zu denken. Im aufgeklärten achtzehnten Jahrhundert erregte der Spuk den Unwillen der erleuchteten Darmstädter Regierung. Landgräflich hessische und gräflich erbachische Behörden wollten ihn entlarven. Die Bauern wurden unter Eid vernommen, die Protokolle haben sich erhalten, die Aussagen stimmen haargenau mit den Wahrnehmungen der früheren und der späteren Geschlechter überein; die obrigkeitlichen Bemühungen blieben ohne eine andere Frucht als diese: daß sie bestätigten, was in Schaum aufzulösen sie unternommen worden waren. Das letztemal, daß der Rodensteiner Auszug sich hat hören lassen, war zu Anfang August des Jahres 1914. Um die Mittagszeit liefen die Leute von der Heuarbeit zusammen und schrieen: »Der Schnellertsherr!« Mit Dröhnen, Klirren und Rasseln stob der unsichtbare Zug hoch durch die Luft. Die Freunde der Fata-Morgana-Theorie behaupten, es sei die akustische Abspiegelung der über den Rhein marschierenden Artillerieabteilungen gewesen.

Das zuletzt Berichtete geschah in Fränkisch-Crumbach. In der Kirche dieses Ortes haben die Rodensteiner ihre Grabmäler. Unter ihnen ist ein herrliches Werk, das manche dem Tilman Riemenschneider von Würzburg oder dem Hans Backoffen von Mainz zuschreiben wollen. Es zeigt einen geharnischten Greis, auf einem Löwen stehend, eine Gestalt von schwer überbietbarer Eindringlichkeit; von höchster Lebens- und Todesfülle. Das ist Hans Heinrich von Rodenstein, der im Heiligen Jahre von 1500 als Pilger zu Rom verstarb und auf dem Friedhof »Teutones in Pace« begraben liegt. Er muß ein gewaltiger Mann gewesen sein, unter den Waffen wie daheim. In einem Alter, da andere Großväter sind, hat er geheiratet und ist zum Stammvater aller späteren Träger des rodensteinischen Namens geworden; zweiundachtzigjährig bestand er die mühevolle Pilgerfahrt über die Alpen.

Die Geschichte der drei Hopfenhändler

In Lindenfels lebten miteinander drei Brüder namens Keller, die hatten einen Hopfenhandel. Es hieß, sie seien sich so zugetan, daß keiner ohne die anderen leben wollte und sie unbeweibt blieben, damit keine Frau Unfrieden unter sie bringen könnte. Wohl aber machten sie sich gern mit Mädchen lustig, doch in aller Heimlichkeit, und auch miteinander redeten sie kein unnützes Wort über ihre Liebschaften.

Nun gab es ein schönes, elternloses Mädchen in Lindenfels, das kam in die Wochen, brachte ein totes Kind zur Welt und starb. Und man sagte, einer der Hopfenhändler habe sie zum Schatz gehabt, man wußte aber nicht welcher, denn das Mädchen hatte auf dem Totenbett nur den Zunamen der Brüder genannt. Wie aber die Kellers immer gemeinsam für alles einzustehen pflegten, was einer von ihnen getan hatte, so litt keiner, daß man etwa seinen Brüdern um dieser Sache willen Übles nachredete, als hätte man es ihm selber nachgeredet. Und da sie alle drei angesehene und wohlhabende Leute waren, so geriet auch diese Nachrede allmählich in Vergessenheit. Nur ein Mensch war, der vergaß nichts.

Es war den Brüdern unlieb, wenn sie an einem Hause der Burgstraße vorüber mußten, und sie konnten es doch oft genug nicht vermeiden. Denn in diesem Hause hatte das Mädchen gelebt, und in diesem Hause hatte sie das Kind geboren, und in diesem Hause war sie auch gestorben, und dieses Haus gehörte ihrer Gode, welche die Waise seinerzeit zu sich genommen hatte. Und die weißhaarige

Gode saß am Fenster tagaus und tagein und spann, und wenn einer der Kellers vorbeikam, dann lachte sie böse und verschlagen, und der Geifer troff ihr aus dem leeren Munde, und sie murmelte und schalt, und es sah aus, als spinne sie arge Flüche in ihr Gespinst hinein. Und die Gode hatte keinen guten Leumund, man sagte ihr nach, daß sie sich auf das Brauchen verstehe und mancher schlimmen Dinge mächtig sei.

Es war noch nicht lange nach des Mädchens Tod, da begannen die Brüder zu kränkeln, einer um den anderen. Sie sahen bleich aus, ihre Augen wurden matt, das Essen schmeckte ihnen nicht mehr, und sie wurden schmal in den Wangen. Fragte man sie, was ihnen denn fehle, so gaben sie keine rechte Antwort und meinten nur, es habe nichts auf sich und werde wohl vorübergehen. Aber es ging nicht vorüber, und die Wahrheit war, daß es jede Nacht einen anderen der drei traf, vorgestern den Ältesten, gestern den Mittleren, heute den Jüngsten. Wer an der Reihe war, der erwachte welk und zerschlagen, mit einem Druck auf der Brust und einer dumpfen Leere in Kopf und Adern.

Nun fügte es sich so, daß der Älteste ein Geschäft in Darmstadt hatte. Da nahm er die Gelegenheit wahr, und als seine Sache getan war, ging er zum Scharfrichter Schönbein, der war der klügste Mann seiner Zeit und in allen Heimlichkeiten bewandert. Der Hopfenhändler berichtete ihm von seiner und seiner Brüder Pein, und der Scharfrichter wußte gleich guten Rat, nahm ihm einen Dukaten ab und gab ihm dafür eins seiner ausgedienten Schwerter samt einer genauen Anweisung, wie er es gebrauchen solle.

Der Hopfenhändler kehrte nach Lindenfels zurück, und

es traf sich, daß in der nächsten Nacht der Jüngste an der Reihe war. Um ihre gewöhnliche Stunde gingen die drei schlafen, und ohne den beiden anderen etwas davon zu sagen, nahm der Älteste das Schwert mit sich ins Bett. Die beiden Jüngeren schliefen bereits, und auch den Ältesten kam die Schläfrigkeit an, so stark, daß er sich ihrer kaum erwehren konnte. Aber er sagte sich die Sprüche her, die der Scharfrichter ihn gelehrt hatte, und legte sich das kalte Eisen auf die Stirn, das hielt ihn munter. So harrte er einige Stunden und achtete auf seine Brüder, und bei dem weißen Mondschein, der in das Zimmer fiel, konnte er deutlich sehen, daß sie beide ruhig und fest schliefen. Darüber schlug es Mitternacht, und nun wurde seine Schläfrigkeit so groß, daß er gewiß war, er werde ihr nicht mehr lange widerstehen können. Aber mit vieler Mühe dauerte er noch eine Viertelstunde aus, und nach dieser Viertelstunde wurde er plötzlich munter, denn er hörte etwas schleichen und scharren, und gleich darauf sah er eine große schwarze Katze von der verschlossenen Tür herkommen und auf seines jüngsten Bruders Bett zulaufen. Sie sprang auf das Lager, zerrte die Decke zur Seite, fuhr dem Schläfer auf die Brust und begann ihn am Halse zu würgen, so daß er ächzte und wimmerte wie ein krankes Kind, das aus einem Fiebertraum erwachen möchte und es doch nicht zuwege bringt. Den Ältesten ergriffen Zorn und Mitleid, und er wollte schon dem Gequälten zu Hilfe eilen, da fiel ihm bei, was Schönbein ihm eingeschärft hatte, er stand leise auf, schlich sich zur Tür und schrieb mit Kreide ein Kreuz auf ihre Mitte. Dann ergriff er das Schwert, sprach laut die Worte, deren Kenntnis er von Darmstadt heimgebracht hatte, und ging auf das Bett des Bruders zu. Die Katze ließ von diesem ab, wandte sich um und funkelte nun den

Ältesten aus großen Augen drohend an. Er wollte nach ihr schlagen, da sprang sie davon und lief zur Tür. Aber hier sah sie das kreidige Kreuz, ihr Buckel wölbte sich, ihre Haare sträubten sich, und sie kroch zitternd zur Seite. Der Mann wollte ihr mit dem Schwert zuleibe, sie sprang mit bösem Knurren über Betten und Truhen, über Tisch und Stühle, und so jagte er sie wohl zehnmal um die geräumige Stube herum, ohne daß er ihrer hätte habhaft werden können. Endlich aber war er dicht an ihr, holte aus und schlug zu. Da, in ihrer größten Not, fuhr sie mit einem gewaltigen Satze durch das geschlossene Fenster, daß das Glas splitterte und Blut und Haare an den Scheiben haftenblieben. Aber sein Hieb hatte sie dennoch getroffen und ihr ein Hinterbein vom Leibe getrennt. Nun erklärte er den wachgewordenen Brüdern, was geschehen war, machte Feuer in der Küche und verbrannte das abgehauene Bein in einem neuen Kohlenbecken. Die Asche aber vergrub er noch in der gleichen Nacht am Gumpener Kreuzwege.

Tags darauf ging der Jüngste durch die Burgstraße, und als er an das eine Haus kam, da zwang es ihn, die Augen zum Fenster zu heben. Er erstaunte, als er den Platz am Fenster leer sah. Über dem trat eine Nachbarin zu ihm und sagte, des Mädchens Gode müsse ein Unglück erlitten haben, denn sie liege in ihrer Kammer und wolle niemanden einlassen, aber man habe sie wimmern und schreien gehört. Der Hopfenhändler pfiff durch die Zähne, dachte sich sein Teil, ging nach Hause und erzählte seinen Brüdern, was er gehört hatte. Gegen Abend erschien der Gode Nachbarin bei den Kellers, bat um Verschwiegenheit und sagte, die Kranke habe sie geschickt. Es geht mit ihr zu Ende, sie habe sich beim Holzspalten das Bein zerschmettert, und als sie zusammengebrochen sei, da sei sie in Glasscherben gefallen und habe sich über und über verletzt. Erst habe sie allen Beistand abgewiesen, dann aber die Nachbarin gerufen und erklärt, kein Mittel wolle helfen, und sie müsse sterben. Die Nachbarin habe gefragt, ob sie den Geistlichen holen solle. »Den Geistlichen nicht, aber die Brüder Keller, denen will ich etwas offenbaren.«

Die drei Brüder bedachten sich nicht lange, gingen hin und traten in die wüste, verkramte und halb finstere Stube. Die Alte lag stöhnend in ihrem Bett, in lauter blutgetränkte Tücher gewickelt, aus denen kaum die spitze Nase, jetzt wachsbleich, hervorsah. Sie schickte die neugierige Nachbarin hinaus und hieß die Brüder, ihr ein Fläschchen aus einer der vielen Truhen reichen. Davon trank sie ein wenig, und das gab ihr Kraft, ihnen zu sagen, was sie zu sagen wünschte.

»Ihr habt arg an dem Mädchen getan, und ich arg an euch. Nun ich sterben muß, sollt ihr mir als Christenmenschen verzeihen und mir schwören, daß ihr zu keinem davon sprechen wollt, was wir miteinander gehabt haben, damit ich nicht als eine Hexe auf dem Schindanger verscharrt werde. Denn wenn ich schon nicht immer ein schönes Leben gehabt habe, so will ich doch wenigstens eine schöne Leiche haben. Sichert ihr mir das zu, so will ich euch ein Geheimnis sagen, das euch reicher machen wird, als es der Burgamtmann Wollenhaupt und die Erbacher Grafen sind.«

Die Brüder sahen sich nur an, wie sie es gewohnt waren, und ein jeder las der anderen Einverständnis aus ihren Gesichtern. Die Kellers waren gutmütige Leute, ihre Herzen waren leicht, seit sie gewiß waren, ihrer argen Krankheit ledig zu werden, ihr Zorn gegen die Alte war verflogen, als sie sie so jämmerlich daliegen sahen, auch mochte der Tod des Mädchens ihnen auf dem Gewissen lasten, und die Versprechungen der Alten hatten ihre Lust am Gewinn gereizt. Der Älteste gelobte also, sie wollten nicht bloß schweigen, sondern ihr auch ein Begräbnis richten, als sei sie ihre Anverwandte, mit Glockenläuten und Chorgesang und Tröstermahl, bei dem es dreierlei Braten und fünferlei Salat geben sollte.

Die Alte nickte zufrieden unter allen ihren Schmerzen, nahm abermals einen Schluck aus dem Fläschchen und gewann wieder ein wenig Kraft. Dann begann sie: »Ihr habt alle von dem Ritter Rodenstein oder dem Schnellertsherrn gehört und von seinem Umzug zwischen den beiden Burgen, daß er Krieg ankündigt, wenn er zum Rodenstein zieht, und Frieden, wenn er wiederum zum Schnellerts zurückkehrt. Das ist eine Wahrheit, wenn auch alles andere lauter Lüge und Spinnstubenschwank ist, nämlich was man von des Zuges Ursache und von dem Ritter selber berichtet, von Türkenkriegen und Weiberflüchen. Ich weiß das und manches andere am besten, denn meine Urgroßmutter war auf einem rodensteinischen Pachthof bedienstet, und von deren Mutter oder Großmutter heißt es, sie sei Kammermädchen bei einer Frau von Rodenstein gewesen, nicht lange bevor die Familie ausstarb, von denen ist es mir überkommen.«

Sie hielt inne, wie sie noch häufig innehalten mußte vor Schmerzen und Schwäche, Stöhnen und Schreien. Aber dann raffte sie sich auf und sprach weiter mit immer schärfer und heiserer werdender Stimme, bis ihre Rede endlich in ein Zischen überging, wie das einer verendenden Giftschlange. Die Brüder Keller, denen mancher kalte Schauder den Rücken hinablief, hatten Mühe, sie zu verstehen, und waren mehr als einmal versucht, alles Geheimnis fahrenzulassen und davonzulaufen, so unheimlich wurde ihnen über dem heiseren Gerede und dem graulichen Augengefunkel der Alten. Allein sie hielten aus, und obwohl es nicht immer leicht war, zu verstehen, was die Sterbende röchelte, so erwies es sich doch nachher, daß, was einem entgangen, vom anderen aufgefaßt worden war. Und als sie endlich um Mitternacht der Alten die Augen zugedrückt hatten und, von Grauen geschüttelt, zu Hause angelangt waren, da saßen sie noch lange beisammen und hatten keine große Mühe, mit Austauschen, Ergänzen und Verbessern aus dem, was jeder gehört hatte, den ganzen Bericht der Alten wiederherzustellen.

Nach dem aber, was sie erzählt hatte, mag die Geschichte der Rodensteiner Herren wohl folgendergestalt ausgegangen sein.

Von jeher haben sich die Leute betrogen, die an das Gerede von den schlimmen Vermögensumständen der letzten Rodensteiner geglaubt haben und sich durch allerhand Schuldverschreibungen, Verpfändungen und Verkäufe täuschen ließen. In Wahrheit ist gerade der letzte Herr von Rodenstein, Georg Friedrich, einer der reichsten Leute im ganzen Odenwalde gewesen. Er selbst aber hat, in Furcht um seine Schätze, die entgegengesetzte Meinung aufgebracht, und so galt der Geizhals für einen armen Mann, während er sich kaum zu lassen wußte vor Geld. Die Burg ließ er verfallen, weil es ihm um jedes Guldenstück leid war, mit dem er Bauleute und Zimmerer hätte löhnen müssen, er kümmerte sich wenig darum, daß er vom Landgrafen als seinem Lehnsherrn oft genug um die Wiederherstellung gemahnt wurde. Die Pferde schaffte er ab, das Gesinde entließ er, einzig einen weißhaarigen Diener behielt er um sich, dessen Handreichung er als ein alter und hinfälliger Mann nicht entbehren konnte. Dieser Herr von Rodenstein ließ in der Walbernacht seinen Bedienten vor sich kommen, hieß ihn Spaten und Hacke nehmen, ergriff ein Windlicht und ging mit ihm in den Hof. Hier mußte der Diener mit seinen vor Alter zitternden Händen ein tiefes Loch ausheben, während der Herr dabeistand und ihn mit gierigem Augenflackern zur Eile antrieb. Und dann schleppten sie beide aus geheimen Verstecken, aus Kellern und Wandschränken allerhand Kisten und Kasten mit gemünztem Golde herbei, mit Schmucksachen und Kostbarkeiten, und senkten sie in die Grube. Der Bediente, dessen Kräfte versagten, bat mehr als einmal um Schonung und Aufschub, allein der Herr wollte nichts davon wissen, verhieß ihm reichen Lohn und zwang ihn, das Werk noch in dieser Nacht zu enden. Als der Morgen aufdämmerte, war alles getan und die Stelle im Hof so sorgsam zugedeckt und hergerichtet, daß keines Unkundigen Auge sie hätte erkennen können. Nun nahm der Herr von Rodenstein den Bedienten mit sich in die Oberstube, setzte sich in einen Armstuhl, hieß den Diener, dem schon ganz graulich geworden war, sich ihm gegenübersetzen und sagte:

»Ich weiß, daß die Leute mich einen Geizhals nennen. Leugne nicht, du tust es auch. Du wirst wohl schon die Rede gehört haben, der Geiz rühre daher, daß einer nicht an den Tod glaubt, daß er meint, er werde ewig leben und seiner Schätze ewig froh sein können. Nun, ich will diese Meinung Lügen strafen. Ich weiß, daß ich sterben werde, und zwar bald. Ich glaube an den Tod. An nichts glaube ich als an ihn.«

Der Bediente sah den Herrn erschrocken an. Der aber

zog eine doppelläufige Pistole aus der Lade und erschoß mit dem ersten Schuß den Diener und mit dem zweiten sich selbst. Erst viele Tage später fand man die Leichname in dem verfallenen Herrenhause, und obwohl man sie beide begrub, so ist doch nur einer von den beiden Männern zur Ruhe gekommen, denn der Herr von Rodenstein, der Jahre zuvor auch auf dem Schnellerts allerlei Kostbarkeiten verscharrt hatte, konnte sich nicht lösen von den Orten, an denen seine Schätze eingegraben lagen, von Sorgen und Spähen, Zählen und Rechnen und eifersüchtigem Bewachen und der Furcht, er könne um das Seinige kommen. Und jedesmal, wenn Kriegsgefahr und feindliche Heere sich nähern, dann flüchtet er alles, was er droben auf dem Schnellerts an Wertvollem hat, nach dem Rodenstein, dessen Gemäuer immer noch besseren Schutz bieten mag als die Trümmer der alten Schnellertsburg, und wacht hier bei seinen vergrabenen Schätzen. Und dann hören ihn die zitternden Umwohner, wie er mit Wagengerassel und Peitschenknallen, mit Pferdegewieher und heiser-ungebärdigem Zuruf in langem Galopp vom Schnellertsberge hernieder und über Brensbach und Fränkisch-Crumbach nach dem Rodenstein fährt. Sind aber Kriegsgefahren, Durchmärsche und Einquartierungen vorüber, so kehrt er mit seiner Last auf dem nämlichen Wege wiederum zum Schnellerts zurück.

Dieses etwa hatte der Bericht der Sterbenden besagt, und sie hatte hinzugefügt, jedes Jahr einmal, in der Walbernacht, lasse sich der Geist auf dem Rodenstein sehen und warte, ob ihn nicht jemand zu erlösen komme. Das könne sein, wenn mehrere Männer sich zu diesem Ende einmütig zusammentäten. Es sei nur nötig, daß sie genau wüßten, was geschehen müsse, dann könnten sie auch den

Rodensteiner zur Ruhe bringen, und er würde ihnen alle seine Schätze lassen. Was an Praktiken und Beschwörungen nötig war, das hatte sie den dreien erklärt, und sie hatten es sich gut eingeprägt.

Mit dem Begräbnis wurde es in allen Stücken so gehalten, wie die Brüder es der Alten zugesichert hatten, und die Kellers haben selber den Sarg getragen. Darauf brachten sie in ihrer gewöhnlichen Eintracht und Arbeit die Zeit bis zur nächsten Walbernacht hin; und wenn etwa der Mittlere allzu ungestüm davon redete, wie sie sich ihr Leben einrichten wollten, wenn sie erst Herren des Rodensteiner Schatzes sein würden, dann brachten die beiden anderen ihn wieder zur Ruhe und meinten, noch sei der Schatz nicht gehoben, auch wisse man nicht gewiß, daß die Alte die Wahrheit gesprochen habe. Allein sie hatten daran doch keinen großen Zweifel, denn daß die Alte von allen heimlichen Dingen mehr Verstand und Kenntnis gehabt hatte als andere Leute, das wußte in Lindenfels jedes Kind. Indessen hatten sie sich durch reichliche Nahrung und Pflege von ihrer Schwäche gänzlich wieder erholt und gedachten der Verstorbenen mit keinem bösen Gedanken, denn keiner von ihnen ahnte, daß die Alte ihnen mit ihrer Eröffnung Ärgeres angetan hatte als mit allem Zauber und Blutabzapfen.

Als die Zeit gekommen war, riefen sie sich noch einmal alle Vorschriften ins Gedächtnis, welche die Alte ihnen gegeben hatte, und machten sich auf den Weg. Die Nacht war mondlos, windig und kühl, eine rechte Hexennacht. Unterwegs redeten sie wenig, nur der Jüngste meinte, es sei ja recht, daß man den Versuch unternehme, allein man wisse so manche Geschichten von Schatzgräbern auf dem Rodenstein und Schnellerts, die nichts heimgebracht hätten als einen Schnupfen und zwei leere Hände.

Dennoch taten sie alles, wie die Alte es sie gelehrt hatte: im Walde vor der Burg schnitt sich jeder eine jährige Haselgerte und kerbte drei Ringe hinein und zwischen jeden Ring ein Kreuz. Im Burghof war es finster wie in einer Tonne, sie entzündeten ein Feuer, in dem ließen sie drei neue Weißpfennige schmelzen und warfen getrocknete Efeublätter und alten Gänsedreck dazu, zogen mit ihren Gerten einen Kreis um die Flamme, schrieben die bestimmten Zeichen in den Boden, richteten alle Gedanken auf ihre Absicht und sprachen dann die bestimmten Worte. Nun ließ der Wind, der das Feuer arg bedrängt hatte, plötzlich nach, und die Flamme stieg baumgerade in die Höhe. Überdem glaubten sie einen schwachen Schimmer vom Turme her kommen zu sehen, der sich langsam näherte, und endlich erkannten sie ein Windlicht, um das etwas wie ein dünner Rauch flatterte. Dieser Rauch wurde dichter und fester, nahm Bildung und Gestalt an, und als das Windlicht vor ihnen stand, da gewahrten sie, daß ein alter Mann es in der rechten Hand hielt. Dieser Mann sah aus wie ein armer Tagelöhner, trug eine abgeschabte Kutte von grüner Beiderwolle, eine verschlissene blaue Tuchweste und geflickte Schnallenschuhe, und nur an seinem stolzen und hämischen Gesicht und dem großmächtigen Siegelring an seiner Hand konnte man merken, daß er ein Herr war. Als er stehenblieb und die Brüder voller Gier ansah, da sprach der Älteste: »Komm näher, wir beschwören dich um das rosenfarbene Blut Jesu Christi!«

Nun trat der alte Mann hart an das Feuer heran und antwortete: »Seid ihr gekommen, mich zu lösen, so will ich euch zeigen, was hier im Boden liegt. Aber es ist eine Bedingung dabei.«

Er stampfte dreimal auf, da wurde der Boden wie gläsern, und es war, als würde er von einem unterirdischen Feuer erleuchtet. Und nun konnten die drei viele, viele Klafter tief in die Erde hineinsehen, und da gewahrten sie Kisten und Truhen und prall gefüllte Säcke, aber oben darauf lag ein ungeheurer schwarzer Hund mit feurigen Augen und feurigem Atem, so daß sie erschraken und wohl merkten, sie würden ohne des Rodensteiners Hilfe nie zu seinen Schätzen gelangen können und würden ihm zu Willen sein müssen, was er auch fordern möge.

Jetzt sagte der Alte: »Das alles kann euer sein. Aber einer von euch muß darum sterben, denn um diese Schätze ist Blut vergossen worden, und das kann nur mit Blut wieder abgewaschen werden.«

Da begannen die Brüder zu zittern, und keiner sprach ein Wort. Der Alte stampfte wiederum dreimal auf, da war nichts mehr zu sehen, und der Boden war fest und finster wie zuvor. Darauf sagte er:

»Ihr mögt es euch bis zur nächsten Walbernacht bedenken. Dann findet euch wieder hier ein und seid schlüssig, welcher von euch es sein soll.«

Sie hörten ihn noch lachen, dann war er verschwunden, und gleich darauf fiel ein Regen vom schwarzen Himmel und löschte das Feuer. Die Brüder ergriff ein Schauer, einer nahm des andern Hand, um sich ihres Druckes und ihrer Wärme zu trösten, und sie machten, daß sie davonkamen. Alle drei blieben sie stumm, und erst als sie den Rodensteiner Wald hinter sich hatten und bei den großen Nußbäumen auf dem Laudenauer Feld angekommen waren, da sagte der Älteste: »Nie und nimmer setze ich einen Fuß mehr auf diesen verfluchten Trümmerhaufen.« Und die anderen zwei holten tief Atem, fuhren sich mit den

Sacktüchern über die heißen und feuchten Stirnen, und alle drei drückten sich stumm die Hände.

Es ging nun eine geraume Zeit hin, während der sie ihren Handel trieben wie zuvor. Aber sie waren schweigsamer miteinander als sonst, und es kam dahin, daß sie endlich kaum anderes noch besprachen, als was die Führung der Geschäfte erheischte.

Es begab sich, daß der Mittlere von einer Handelsreise mit einem Fieber heimkehrte und sich zu Bett legte. Die zwei anderen konnten sich nicht genug tun mit Pflegen und Sorgen und liefen mehr als einmal in Sturm und Regen nach Bensheim, um ihm Salben und Tränke aus der Apotheke zu holen. Der Kranke ließ alles ohne großen Dank hingehen, und einmal sah er die Brüder nachdenklich und starr an und sagte langsam: »Ja, das will ich wohl glauben, daß ihr mich gesund machen möchtet. Es wäre euch bitter leid, wenn ich jetzt schon stürbe und euch zur nächsten Walbernacht fehlte.« Und ein anderes Mal hörten sie ihn aus einem Fiebertraum schreien: »Ich nicht, ich nicht!«

Er wurde wieder gesund, und danach waren die drei noch scheuer und einsilbiger miteinander als zuvor und begannen sich aus dem Wege zu gehen. Nur manchmal, wenn sich zwei von ihnen in der Dämmerung auf dem Flur begegneten, raunte wohl einer dem anderen keuchenden Atems einige hastige Worte zu, der Mittlere dem Ältesten: »Den Jüngsten beißen die Hunde!« oder der Jüngste dem Mittleren: »Der Älteste hat es immer am nächsten zum Grabe!«

Eines Tages saßen sie sich stumm beim Essen gegenüber. »Es geht wieder auf die Walbernacht«, meinte der eine. – »Man könnte ja noch einmal hinschauen«, sagte der andere. – »Ein Gang zum Rodenstein will noch nichts sagen«, fügte der dritte hinzu. Und nun verloren sie plötzlich den Gleichmut, den sie mühsam zur Schau getragen hatten, und sprachen hastig durcheinander: »Er hat das nur so geredet, er meint es nicht so arg. Auch hat man oft gehört, daß Geister einen mit solchem Verlangen nur erschrecken und auf die Probe stellen wollen, ohne daß es ihnen rechter Ernst ist. Er wäre wohl zufrieden, erlöst und zur Ruhe gebracht zu sein. Aber dabei fällt es ihm doch schwer, sich von seinen Schätzen zu scheiden. Er hat noch ein Jahr Zeit gewinnen wollen, das ist alles.« In solchen Erklärungen und Versicherungen überboten sich die Brüder gegenseitig.

Am Abend der Walbernacht fand sich's, daß sie alle drei die Hausschuhe unter den Betten stehen gelassen und die Stiefel anbehalten hatten. Nach dem Nachtessen stand der Mittlere vom Tisch auf, ging ins Schlafzimmer und machte sich an seiner Lade zu schaffen. Die beiden anderen sahen sich stumm an, erhoben sich beide zugleich und folgten ihm. Er wurde blutrot, als sie ihn betrafen, wie er ein Hopfenmesser und eine Pistole zu sich steckte. Dann sagte er rasch: »Es ist nur, weil ich meine, wir könnten so vielleicht des Hundes Herr werden und die Schätze heben, auch ohne den rodensteinischen Geist.« Die beiden anderen lachten heiser und kurz und meinten: »Wir haben die gleiche Vorsicht gebraucht.« Dabei schlugen sie die Röcke zurück und ließen ihn schauen, daß auch sie Pistolen und Hopfenmesser bei sich trugen. »Gehen wir«, sagte der Jüngste dann, und sie gingen.

Als sie über die Lützelröder Höhe kamen, blieben sie alle zugleich stehen, wandten sich zur Seite und sahen auf die Lichter von Lindenfels. Dabei hatten alle drei denselben Gedanken: »Einer von uns sieht diese Stadt heute zum letzten Male. Welcher von den zweien wird es sein?«

Vor dem Rodenstein schnitten sie sich Haselstecken wie im vorigen Jahr, aber ein jeder richtete es dabei so ein, daß er keinem der anderen den Rücken zuwandte.

Im Burghof begannen sie stumm, ihre Vorbereitungen zu treffen. Plötzlich fing der Älteste an: »Es kann nun nicht anders sein, den Schatz müssen wir haben. Aber wir sind eines Vaters und einer Mutter Söhne und wollen nicht schlecht aneinander handeln. Mag der sterben, der dem Mädchen das Kind gemacht hat. Denn von da ist alles ausgegangen.«

Die beiden Jüngeren hörten diese Worte mit großer Betroffenheit. Scheu und verstohlen, ohne die Augen recht aufzuschlagen, suchte ein jeder, der Dunkelheit zum Trotz, des anderen Gesicht auszuforschen. Keiner sprach. Endlich begann der Älteste wieder: »Ich zünde jetzt das Feuer an. Ehe wir mit dem Anrufen beginnen, muß das Ding entschieden sein.« Das Feuer flammte auf. Alle drei Gesichter erschienen sehr bleich. Der Älteste fuhr fort: »Ich habe drei Schreibblätter und drei Stifte mitgebracht. Wir wollen auseinandergehen in das Dunkle, dort mag sich ein jeder mit seinem Gewissen in der Stille bereden. Dann soll er ans Feuer treten und auf sein Blatt schreiben: ›Ja‹ oder ›Nein‹, das soll heißen: ›Ich war es‹ oder ›Ich war es nicht‹. Zuvor aber muß jeder bei Sakrament und Evangelium schwören, daß er die reine Wahrheit schreiben wird. Seid ihr das zufrieden?«

Zufrieden waren sie es nicht, aber es scheute sich jeder, das zuzugeben. Denn jeder besorgte, wenn er widerspräche, so möchten die beiden anderen glauben, gerade er habe ein solches Verfahren zu fürchten, und möchten gemeinsam über ihn herfallen.

Der Jüngste sagte unsicher: »Ich hatte raten wollen, wir

sollten –« Er brach ab. »Losen«, hatte er zu sagen gedacht, aber dann war ihm eingefallen, selbst dieses Wort könnte ihm von den Brüdern als ein Bekenntnis seiner Vaterschaft gedeutet werden. Sie erklärten also zögernd, sie seien einverstanden, und alle drei leisteten nun unbedenklich den Schwur, den zu brechen jeder im stillen schon zur Hälfte entschlossen sein mochte.

Nun trennten sie sich und gingen in die Finsternis. Der erste, der wieder ans Feuer trat, war der Jüngste. »Ich schreibe ›Nein‹«, sagte er sich. »Ich bin sicher, daß auch die anderen mit dem Mädchen etwas vorgehabt haben. Und dabei scheint der Älteste entschlossen, auch ›Nein‹ zu schreiben, sonst hätte er diesen Vorschlag nicht getan.«

Nun kniete er vor der Flamme im hellen Licht nieder, um zu schreiben. Da hörte er hinter sich etwas wie das Knacken eines Hahnes. Er fuhr herum und wollte nach seiner Waffe greifen, aber da war es schon zu spät, und er sah nichts mehr als ein kreisrundes schwarzes Loch, aus dem ihm rotes Feuer entgegenschlug.

Am Fuße des Rodenstein liegt ein Hofhaus, und eine Magd, die hier bedienstet war, kehrte in dieser Nacht verspätet von einem Besuch bei ihrem Vater, einem Winterkastener Bauern, heim. Die hat ausgesagt, sie habe einen Schuß krachen hören, aber so laut und donnernd, als seien zwei Pistolen zu gleicher Zeit abgefeuert worden, und ein wenig später habe es noch einmal geschossen, aber nun leiser, und dieses Mal sei es gewiß nur eine einzige Ladung Pulvers gewesen. Tags darauf fand man die Leichen der drei Kellers, eine jede mit einer tödlichen Schußwunde. Aber wie nie jemand erfahren hat, welcher von ihnen des toten Kindes Vaters gewesen ist, so hat es sich auch auf keine Weise ausmachen lassen, welcher der Brüder zuerst Hand an den anderen gelegt hat und welcher der Überlebende war, der dann an sich selber das letzte Gericht vollzog.

Werner Bergengruen
in Berlin, 1927.

Berlin

Als sich 1927 das zweite Kind anmeldete, bat Charlotte Bergengruen ihren wohlhabenden Vater um finanzielle Hilfe: Für 4000 Goldmark erwarb sie in der eben fertiggestellten Flachdachsiedlung des Bruno Taut, Onkel-Toms-Hütte, *in Berlin-Zehlendorf ein Reihenhäuschen: Riemeisterstraße 107. »Ist da einer, der sich traut / und dem großen Bruno Taut / seinen bunten Pinsel klaut?« sang man um 1928 in Berlin. Taut war Jude, Kommunist und emigrierte später in die USA.*

Das Haus mit den fünf winzigen Zimmern und einem handtuchgroßen Garten beherbergte Eltern, drei Kinder, Luise, Maria und Alexander und immer wieder Gäste. Man wohnte dicht an dicht mit den Nachbarn, und bald kamen Bergengruens in den Ruf, »unordentliche Leute« zu sein, brannte doch oft nächtelang Licht im gardinenlosen Arbeits- und Schlafzimmer. Daß Werner Bergengruen keiner geregelten Tätigkeit nachging, bei Regen selten einen Mantel, niemals einen Schirm trug, daß er nicht einmal ein Portemonnaie besaß und wahrscheinlich auch kaum Geld, sprach sich rasch herum.

Und hier in Onkel Toms Hütte, *nahe der Krummen Lanke, spielen denn auch die* Geschichten vom Zwieselchen, *die Bergengruen 1930 schrieb und die seit ihrem Erscheinen 1931 und 1952 Renner geblieben sind.*

Die Großstadt Berlin mit ihren »roaring twenties« war für Bergengruen zunächst ein eher traumatisches Erlebnis, so sehr ihn auch das Romanische Café, Treffpunkt der Literaten, faszinierte. In seinem Bekenntnis zu Berlin *nennt er die Stadt den »Ort seiner zu Ende gehenden Jugend«, den er geliebt habe samt seinen Bewohnern und dem brandenburgischen Umfeld.*

1931 begann Das Abenteuer der Tauentzienstraße, *das Bergengruen über viele Jahre hinweg gefangennehmen sollte. Es führte ihn tief in die mythische Welt der Wenden ein, den heutigen Sorben, der Ureinwohner der Mark Brandenburg, die im 16. Jahrhundert im Spreewald um Berlin und Kölln lebten. Auch die Außenseiterexistenzen der »Guten Leute« spielen in den entstehenden Roman hinein, die Aussätzigen und Ausgesetzten. Und lange Zeit beschäftigte sich Bergengruen auch mit der Astrologie, die schließlich den Titel des Romans bestimmt hat:* Am Himmel wie auf Erden.

Fast ein Jahrzehnt hat sich Bergengruen mit dem Stoff Berlin befaßt und wurde damit hier heimischer als an allen anderen Orten, an denen er gelebt hat. Als der Roman 1940 erschien, ergaben sich für den Leser überraschend aktuelle politische Bezüge, wenn der Hofastrologe Carion den nahen Untergang Berlins voraussagt oder die kleine Minderheit der Wende noch einmal für ihre Unabhängigkeit kämpft, aber schließlich ausgerottet wird: Man las und verstand. Das Buch wurde ein Jahr nach seinem Erscheinen verboten, ging aber weiter von Hand zu Hand.

Trotz materieller Dürftigkeit waren die Berliner Jahre vor 1933 wohl die heitersten Zeiten im Leben der Bergengruens. Dazu trug die Nachbarschaft mit Oda Schaefer und Horst Lange bei, Kontakte mit Reinhold Schneider und Jochen Klepper folgten und waren, durch die politischen Ereignisse bestimmt, freilich ernster und belasteter als die Treffen mit Peter Huchel und seiner ersten Frau Dora, die in Michendorf bei Potsdam lebten.

Werner Bergengruen im Vorgarten des Reihenhauses in der Riemeisterstraße 107, Berlin 1930.

Große Städte

Wir gehn durch einen verzauberten Wald,
der Wald ist uralt;
älter als Dörfer, Kapellen,
Weinberge und Zitadellen.

Da starren, zu Schloten versteint,
Haine von Schachtelhalmen.
Saurischer Atem erscheint
riesig in Schwaden und Qualmen.

Verschollene Vögel pfeifen
wild aus Sirenen.
Erstarrte Moose greifen
über die Hänge und Lehnen.

Wolkenhoch, höhlentief
Kuppel und Tropfsteinhalle.
Fenster im Felsenmassiv,
schimmern die Quarzkristalle.

Käfervolk krabbelt in Scharen,
winzige Dinge surren,
Insektenwägelchen fahren,
Doppelflügler schnurren.

Dort klafft der Erdenrumpf
vom Schnitt einer Riesenschneide.
Unten glotzt schwärzlich ein Sumpf
voll röhriger Eingeweide.

Sie kriechen zu heimlichen Kammern,
tausendfältig verästelt,
von Bändern, Laschen und Klammern
verworren zusammengenestelt...

Wer hat es uns angetan,
daß wir mitverzaubert sind?
Kräht noch kein Morgenhahn?
Wir stehen und starren blind
zwischen winzigen wimmelnden Käfern
und steinernen Vorweltschläfern.

1931

»Onkel-Toms-Hütte«, die Siedlung von Bruno Taut in Berlin-Zehlendorf, Riemeisterstraße.

Bekenntnis zu Berlin

Ich muß jetzt ein paar Worte über die mannigfachen Beziehungen sagen, die mich an Berlin knüpfen, nicht nur an den Ort, sondern auch an die Lebensepoche, die für mich den Namen dieser Stadt trägt.

Von zahllosen Berliner Besuchsaufenthalten abgesehen, habe ich in Berlin manche längere prallgefüllte und fruchtbare Zeitspanne verbracht. Ich verlebte hier das Sommersemester 1914, also mein siebentes und letztes Universitätssemester, nur noch zu einem Teil ein Student, zum anderen Redaktionsvolontär bei der *Norddeutschen Allgemeinen Zeitung;* dies Verhältnis sollte sich freundschaftlich locker erweitern, als das alte, von Bismarck zu einem offiziösen Organ gemachte Blatt nach dem Ersten Weltkriege unter dem Namen *Deutsche Allgemeine Zeitung*, abgekürzt *D.A.Z.* oder *Daz*, in die Reihe der großen hauptstädtischen Tagesblätter getreten war. Zwei Male war ich in Berlin seßhaft, von 1921 bis 1925 und von 1927 bis 1936, und ich habe in dem Berliner Vorort Zehlendorf ein Häuschen erworben, das noch heute in meinem Besitz ist. Berlin war für mich die Stadt der zu Ende gehenden Jugend, die Stadt des Hinübertrittes ins eigentliche Mannesalter. In Berlin erlebte ich das Erscheinen meiner ersten Bücher. Berlin war für mich die erste Begegnung mit dem Phänomen der wirklichen Großstadt, nicht nur der großen Stadt; es war mir die Großstadt schlechthin, die scheinbar geschichtslose, in Wahrheit die ihre Geschichtlichkeit verhüllende, manchmal sogar ein wenig geniert, als habe sie sich einer romantischen Rückständigkeit zu schämen. Vieles an Berlin habe ich geliebt, am meisten wohl das prachtvolle Klima und den behenden Mutterwitz des Volkes, der für jede Situation augenblicks die unübertrefflich kennzeichnende, auch wohl entlarvende, aber nur selten durchaus ungütige Formulierung findet. Wieviel Dankbarkeit ich in meiner Vorliebe für das Abseitsliegende, Ausgefallene und Verschollene der Berliner Staatsbibliothek schulde, kann ich kaum abschätzen. Sie hat mich nie enttäuscht, nie im Stich gelassen. Ja, die Kunst der Bibliotheksbenutzung, um die ich mich als Student kaum kümmerte, habe ich in meinen Berliner Nachkriegsjahren einigermaßen erlernt.

Ich war ein unermüdlicher Spaziergänger. Wanderungen zu Fuß, zu Rad oder mit allerlei Wasserfahrzeugen machten mich mit den Umgebungen Berlins vertraut, aber auch mit der Mark Brandenburg im ganzen. Von Berlin brach ich zu manchen Fahrten auf, darunter auch zu der im Sommer 1933 unternommenen *Deutschen Reise*; den ihr geltenden Bericht, im Winter 1933/34 in Berlin auf Grund vieler unterwegs gefüllter Notizhefte geschrieben, habe ich 1959 abermals hinausgehen lassen.

Wollte ich alles aufzählen, was ich in Berlin geschrieben, zu schreiben versucht, entworfen und geplant habe, ich fände kein Ende. So will ich mich begnügen, auf das hinzuweisen, was in Berlin spielt, – eine Redewendung, die mich immer wieder entzückt, weil sie den jeder künstlerischen Hervorbringung bei all ihrem tödlichen Ernst innewohnenden Charakter des Spielenden, wo nicht gar Spielerischen, so unverhohlen ans Licht stellt. Da wäre denn mein 1930 im *Berliner Tageblatt*, 1931 als Buch erschienener Roman *Der goldene Griffel*, mein aus dem Zusammenleben mit den eigenen Kindern erwachsenes Kinderbuch *Zwieselchen*, die Geschichte von den Sterntalern und auch so manches, das kein selbständiges Buch ausmachen konnte, wohl aber sich diesem oder jenem sammelnden Bande vergnüglich einfügen ließ. Vor allem aber der Roman *Am Himmel wie auf Erden*.

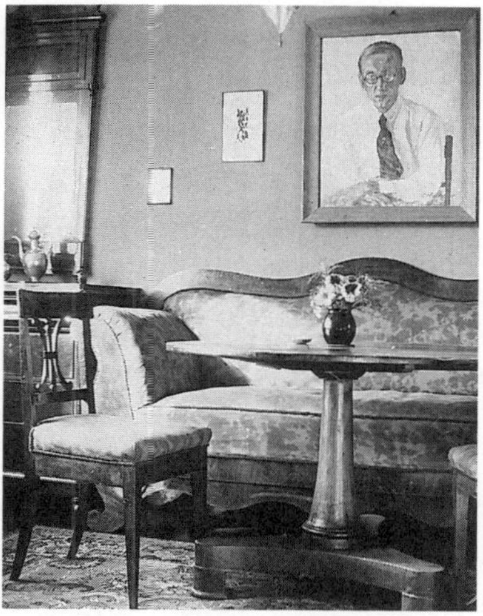

Wohnzimmer in der Riemeisterstraße
mit Porträt Werner Bergengruens.

Charlotte und Werner Bergengruen mit der
ältesten Tochter Luise, das »Zwieselchen«, 1924.

Oda Schaefer
Schnaps und Blutwurst

Lieber Werner!

Wir lernten Dich, nachbarlich in der Riemeisterstraße in Zehlendorf hausend, zuerst als die am schnellsten erreichbare Pumpstation kennen. Dein Beruf als Dichter war uns zu selbstverständlich: »Selber Dichter!«, um bemerkenswert zu sein. (Dies der Dank dafür, daß Du mich neulich mit Stentorstimme inmitten der feierlich zusammenströmenden Akademie-Mitglieder in Darmstadt so reizend und schmeichelhaft akklamiertest: »Oda, wo warst Du gestern, ich habe Dich in allen Kaschemmen gesucht!«) Jeden Sonnabend holten wir uns fünf Mark, – in den dreißiger Jahren ein Vermögen, denn ein Viertel Blutwurst, sie erscheint später, kostete nur achtzehn Pfennig –, um sie artig und gewissenhaft am Mittwoch zurückzubringen und am nächsten Sonnabend wieder zu holen. Als jedoch ein Bohème-Freund von uns versuchte, ohne unser Wissen euch um ganze zehn Mark zu erleichtern, schämten wir uns entsetzlich und verzichteten auf diese Methode des flotten Giroverkehrs. Wir nahmen die alte, bewährte Leihhaus-Methode von neuem auf und ließen den Schmuck meiner Mutter wie immer zwischen 1931 und 1937 wieder hin und her wandern. Erst als die *Schwarze Weide* von Horst Lange erschienen war, fing es an, uns finanziell besser zu gehen. Die jungen Leute von heute, denen man die Existenzangst eingeredet hat und die sich so kühn gerieren und so brave Spießer sind, wissen nichts von den Köstlichkeiten der gänzlich ungesicherten Existenz, nun, so frei wie der Vogel auf dem Ast. Wir waren zwar entsetzlich arm, dafür aber ungeheuer begeistert. Und uns alle schmiedete das Katakomben-Dasein der Anti-Nazis fest zusammen.

Deine zweite Funktion war die eines raffinierten Schnaps-Destillierers. Ich sehe Dich geheimnisvoll eine Flasche voll wasserklarer Flüssigkeit, den Bergengruen-Wodka, versehen mit dem großen Alkahest, in das jeweilige Sonnenfenster eures kleinen Siedlungshauses tragen, damit sie, gewürzt mit Pfeffer, Salz und neunzig fürchterlichen Ingredienzen, die notwendige Reife erlange. Da wir Dich von Herzen liebten, tranken wir diesen Schnaps. Wir wurden ungemein heiter, fast albern, und plötzlich fiel der baumlange Buchhändler Erwin Weber, aus der Ladenstraße des Bahnhofs Onkel Toms Hütte, schweigend vom Stuhl und lag malerisch da, denn er konnte wegen seiner ein Meter fünfundachtzig Länge in dem engen Zimmer nicht ausgestreckt liegen. Du hast einmal behauptet, vor nicht allzu langer Zeit, wir beide, Du und ich, hätten den stocksteif betrunkenen Horst Lange zu unserer Wohnung getragen, doch das ist nicht in meinem Erinnerungskasten drin.

Aber die Blutwurst! Du liebtest es, auf den Zehlendorfer Wochenmarkt zu gehen, um dort das Leben pulsieren zu sehen, uns bei den Einkäufen mit witzigen Reden und Anekdoten zu begleiten und selbst vielleicht etwas total Nutzloses, Dich Reizendes einzukaufen. Die Schlächter liebten mich, weil ich so ätherisch aussah (damals!!), und gaben mir, wenn ihre dicke Frau nicht hinsah, immer eine »Zuwaage«. An einem solch verlockend rot, von Fleisch und Wurst aller Sorten leuchtenden Stand fiel es Dir ein, eine Riesenportion Blutwurstfülle direkt vom Bachblech zu kaufen. Du hattest einen ungeheuren Appetit darauf und ludest auch uns zum »Frühschoppen« ein. Wir eilten in eure Küche, aber dort war Lotte mit dem Braten beschäftigt, der für die Mittagsgäste bestimmt war, die Du ganz vergessen hattest. Doch als mutiger Mann, der durch das Rußland der Revolution geritten war und sich auch in Kiew als Gefangener und »Ingenieur« bei den Roten, in einer Erfassungsstelle für bolschewistische Schrauben und Nieten, bewährt hatte – Dich konnte nichts abschrecken, du bestandest auf Deinem Willen und warfst die Wurst in die Pfanne.

Wieviel herrliches Gelächter haben wir zusammen angestimmt, wie oft ist uns die bange Frage gekommen: »Wie lange kann das noch dauern?«, worauf ich, dumm und uneinsichtig, bemerkte: »Das kann nicht lange gehn, sehn Sie (wir siezten uns noch) sich doch dies blödsinnige Foto in der Post an, mit der Schmalztolle – wer soll denn darauf hereinfallen!« Und wieviel echt baltische Gastfreundschaft gab es bei Dir und Lotte, wie roch es schon vier Wochen vor Weihnachten nach Pfefferkuchen und Plätzchen, wie sehr waren die drei Kinder der »Schuß« in eurer »Kette«!

Geschrieben 1962

Das Freiheitsbändchen

Gewisse europäische Staaten sind im Gefolge des Ersten Weltkrieges entstanden, es ist kein Wunder, daß in ihnen Generäle an der Tagesordnung waren.

Der Juwelier Mikulitsch hatte am Freiheitskrieg teilgenommen, denn so wurde jene Zeit bezeichnet, in der große Armeen auseinanderfielen und Maschinengewehre wohlfeil verkauft wurden. Daher trug Mikulitsch ein farbiges Bändchen im Knopfloch, und er war beglückt, wenn er höhere Chargen bedienen durfte. Zudem war ihm das alleinige Herstellungsrecht der zwei obersten Klassen des Freiheitssternes übertragen worden.

Ein Kraftwagen fuhr vor, ein General sprang heraus, seinem Leibesumfang zum Trotz leichtfüßig und flott wie ein Leutnant, und half einer Dame im Pelzmantel beim Aussteigen. Mikulitsch beobachtete den Vorgang mit einem angenehmen Hitzegefühl. Wahrhaftig, sie wollen zu ihm.

Mikulitsch kommt hinter dem Ladentisch hervor, er rückt Stühle, er verbeugt sich, seine Hände vollführen Bewegungen, als wüschen sie einander auf eine besonders appetitliche Art. »Gnädige Frau? Exzellenz? Zu Ihren Befehlen.«

»Also, Exzellenz, nun zeigen Sie, daß Sie ein Kenner sind, und beraten Sie mich!« sagt die Dame mit einem hübschen Lächeln. »Es muß aber schon etwas Spezielles sein, mein Mann soll zum Namenstag eine richtige Freude haben!«

»Verlassen Sie sich nur auf mich, Gnädigste, ich bin bezaubert, Ihnen dienen zu dürfen«, antwortet der General, schlägt die Sporen zusammen und küßt ihr die Hand.

Ein Kavalier der alten Schule! denkt Mikulitsch entzückt und wölbt seine Brust vor. Er hat diesen Satz in einem Film gehört und möchte ihn am liebsten auf jeden Offizier vom Hauptmann aufwärts anwenden dürfen.

Der General zwirbelt seinen Schnurrbart und mustert Mikulitsch mit einem Augenblitz. »Auch ein alter Kamerad, wie ich sehe«, sagt er dann und deutet auf das farbige Bändchen. »Viel mitgemacht damals?«

»Zu Befehl, Exzellenz«, erwidert Mikulitsch mit aufleuchtendem Blick; denn er trägt ja sein Bändchen nun schon durch eine rechte Zahl von Jahren, da kann niemand verlangen, er solle sich noch an die Wirklichkeit von damals erinnern.

»Na, also dann wollen wir uns an die Arbeit machen«, sagt der General und schnauft ein wenig, wie es die Generäle tun, die ja gern Rotwein trinken. Dies Schnaufen hat etwas Bestechendes, und Mikulitsch nimmt sich im stillen vor, von nun an ebenfalls Rotwein zu trinken und zu schnaufen.

Es handelt sich, so wird Mikulitsch unterrichtet, um den Ankauf einer Zigarettendose, aber es soll ein Stück sein, mit dem man Ehre einlegen kann, und der General ist ein Kenner, da braucht Mikulitsch gar nicht erst mit geringer Ware zu kommen.

Die geringe Ware bleibt also ungezeigt, unter lauter kostbaren Stücken wird gewählt, verworfen, wieder gewählt und wieder verworfen, und Mikulitsch ist hingerissen von den eleganten Bewegungen und dem Lächeln der Dame, vom ritterlichen Wesen, der Sachkunde und dem Schnaufen des Generals. Endlich bleibt man bei einer goldenen Dose, die mit Steinen besetzt ist, und die Steine sind angeordnet in Form eines vierblättrigen Kleeblatts, das von einem Schweinchen im Maule getragen wird, dergleichen ist ja glückbringend.

Natürlich waren die Dame und der General auf einen hohen Preis vorbereitet; aber als der Juwelier von Dreißigtausend spricht, wird sie doch ein wenig bedenklich. Uns dagegen darf diese Zahl nicht befremden: in den Valuten jener Länder und Zeiten wurde mit hohen Summen operiert, außerdem erklärt Mikulitsch feurig, selbstredend werde ihm bei geneigter Barzahlung die Gewährung eines fünfprozentigen Rabatts eine Ehre sein.

Die Dame und der General rechnen ein wenig, Mikulitsch hilft ehrerbietig nach, denn von Damen und Generälen darf ja keine große Gewandtheit im Rechnen verlangt werden, und so offenbart sich denn ein Preis von achtundzwanzigtausendfünfhundert, den Mikulitsch, mit einem großherzigen: »Nun, sagen wir vielleicht...« auf achtundzwanzigtausend abrundet.

Der Dame erscheint auch diese Summe noch recht hoch, obwohl sie ja nicht sagen will, daß die schöne Dose das Geld nicht wert sei.

»Achtundzwanzigtausend? Ich fürchte, da werde ich meinen Bruder bitten müssen, sich an dem Geschenk zu beteiligen. Schade.«

Sie wird also ihren Bruder herbitten, denn natürlich wird er das Geschenk sehen wollen, bevor er sich einverstanden erklärt. Nun geht die Dame in die Telephonzelle, und der General plaudert mit Mikulitsch über den Freiheitskrieg. Die Dame kommt heraus, der Bruder hat leider eine wichtige Konferenz und kann nicht abkommen. Allenfalls könne er sich für fünf Minuten hinausrufen lassen.

»Also, dann fahren Sie doch hin, Gnädigste, und zeigen

Sie ihm die Dose«, meint der General. »Wie ich den Geschmack Ihres Herrn Bruders kenne, wird er begeistert sein. Herr Mikulitsch wird nichts dagegen haben, ich bleibe bis zu Ihrer Rückkehr hier. Sozusagen als lebendes Pfand; oder als Geisel, um mich soldatisch auszudrücken«, setzte er lächelnd hinzu.

Herr Mikulitsch hat nichts dagegen, denn wie könnte er Einwendungen gegen Generalsvorschläge machen? Die Dame erklärt, sie werde spätestens in einer halben Stunde zurück sein, der General küßt ihr abermals die Hand und schlägt mit einem leichten Schnaufen die Sporen gegeneinander.

Mikulitsch erkundigt sich höflich, ob die Exzellenz vielleicht Bedarf an Zigarettenspitzen habe; der General sieht sich einiges an, dann aber sinkt er schnaufend auf einen Stuhl, zieht den »Vaterländischen Wehrfreund« aus der Tasche, setzt einen goldenen Zwicker auf und beginnt zu lesen. Er liest das Blatt gewissenhaft zu Ende, dann faltet er es sehr ordentlich zusammen und legt es auf den Ladentisch. Er sieht nach der Uhr, lächelt freundlich und sagt: »Vierzig Minuten! Mein lieber Mikulitsch, die Dame kommt nicht wieder, und von jetzt ab brauchen Sie mich auch nicht mehr Exzellenz zu nennen.«

Mikulitsch beginnt zu schnaufen; dies geht also auch ohne Rotwein.

»Aber, Exzellenz! Exzellenz!« ruft er. »Ich flehe Sie an, Euer Exzellenz! Euer Exzellenz werden doch nicht ... Aber ich bitte gehorsamst, Exzellenz, wenn Sie mir doch nur sagen wollten, wer die Dame ist, die in Euer Exzellenz Begleitung ..., ach Gott, Exzellenz! Exzellenz! Und wozu denn das? Wenn die Dame in einer augenblicklichen Verlegenheit sein sollte, aber ich bitte gehorsamst, werde denn ich drängen, wenn ein Exzellenzherr sozusagen die Bürgschaft übernimmt?«

Der General lacht von Herzen und versichert: »Nein, mein lieber Mikulitsch, die Dame ist keineswegs in einer augenblicklichen Verlegenheit, seit vierzig Minuten nicht mehr. Und glauben Sie denn, ich gebe den Namen einer Dame preis? Meinen eigenen, ja, in Gottes Namen. Also ich heiße Pieka und war Korporal im zweiten Schützenbataillon.«

»Aber, Exzellenz . . .« stammelt Mikulitsch, »Exzellenz, ich beschwöre Sie! Exzellenz, was soll ich denn anfangen?«

»Na, hören Sie mal, das müßten Sie doch selbst wissen«, sagt der General mit kameradschaftlichem Vorwurf. »Rufen Sie einen Schutzmann und lassen Sie mich abführen. Ich rechne auf drei Monate, so etwas geht vorüber, ich habe schon mehr hinter mir. Keine Angst, ich tue Ihnen nichts, Gewalttätigkeiten liegen außerhalb meines Faches.«

»Ach Gott, Exzellenz«, stöhnt Mikulitsch und schwankt tiefbekümmert zur Tür.

Zunächst ist kein Schutzmann zu erblicken. Also bleibt Mikulitsch in der Ladentür stehen und späht bald die Straße hinunter, bald hinter sich in den Laden, denn es könnte ja sein, daß dieser schreckliche General noch irgend etwas Unausdenkbares unternähme. Aber er sitzt ruhig da und zündet sich eine Zigarette an, während Mikulitsch die Knie zittern. Nach ein paar Augenblicken sieht der Juwelier einen Schutzmann kommen und winkt ihn heran.

»Was ist los?« fragt der Schutzmann. Mikulitsch nötigt ihn in den Laden, und obwohl er keinen Satz richtig zu Ende bringt und heftig schnaufen muß, so begreift der Schutzmann doch das Geschehene. Er geht auf den General zu, nimmt ein paar Handschellen aus der Tasche und sagt: »Also los. Kommen Sie mit. Die Dame werden wir auch bald haben. Aufstehen!«

Der General erhebt sich gleichgültig und hält ihm die Hände hin. Allein da greift Mikulitsch ein.

»Nein!« ruft er. »Das geht nicht. Um Gottes willen! Sie werden doch nicht einen General gefesselt durch die Straßen führen! Und wenn er auch kein General ist, aber bedenken Sie doch ... die Uniform ... die Ehre der Armee ... nehmen Sie wenigstens ein Auto ...«

»Ich kann nicht für jeden Hochstapler einen Dienstwagen anfordern«, antwortet der Schutzmann grob.

Mikulitsch redet beschwörend auf den Schutzmann ein. »Sie als alter Soldat ... Kamerad gewissermaßen ... Rücksichten auf die Ehre der Armee, in der ich selber ...« Er verstummt und deutet ergriffen auf sein Knopflochbändchen. »Ich bezahle das Auto. Ich telefoniere. Aber nehmen Sie ihm die Handschellen ab.«

Und damit stürzt Mikulitsch in die Telefonzelle.

Das Auto kommt, Mikulitsch stochert unruhig in seinen Taschen herum, während er dem Schutzmann zuflüstert: »Tun Sie, was Sie können, damit die Sache diskret behandelt wird. Mir liegt ja nur an der Dose. Ich bitte Sie, es geht um die Waffenehre, um den Freiheitskampf, Sie verstehen.« Damit drückt er ihm eine Silbermünze in die Hand.

Mit Rücksicht auf Waffenehre und Freiheitskampf hatte Mikulitsch um geheimtuerische Zartheit in der Behandlung des Falles gebeten. Allein so weit, fand er nach einigen Tagen, hätten Zartheit und Geheimtuerei nicht getrieben zu werden brauchen. Warum wurde er denn nicht – in aller Stille, versteht sich, vielleicht nach Schluß der eigentlichen Amtszeit – als Zeuge vernommen? Er wunderte sich, er wurde unruhig, indem er gleichwohl immer noch wartete.

Endlich sagte er sich, daß ihm zum mindesten vorläufig ein Verlust von Zwölftausend, oder, wenn er auch den entgangenen Gewinn ins Auge nahm, von Achtundzwanzigtausend entstanden war – denn die Spesen für Schutzmann und Kraftwagen mochte er nicht mitrechnen. Also ging er zur Polizei, erzählte – wie sich versteht, mit aller Schonung der freiheitskämpferischen Waffenehre – seine Geschichte und bat um Auskunft. Der Beamte, der ihn angehört hatte, rief einen zweiten, dieser hörte ihn ebenfalls an. Es kamen andere, sie lebten auf, sie steckten die Köpfe zusammen, einige unterstanden sich einer maßvollen dienstlichen Fröhlichkeit. Man versprach dem Juwelier die sorgsamsten Nachforschungen: nach der Dame, nach dem General und nach dem Schutzmann.

Was uns betrifft, so haben wir keinen Anlaß, an diesen Nachforschungen teilzunehmen. Wir begnügen uns mit der Feststellung, daß der Juwelier Mikulitsch sein farbiges Bändchen aus dem Knopfloch entfernte. Allein die Zeit vergeht, dem Herzen läßt sich auf die Länge nicht Gewalt tun, Mikulitsch hat sein Bändchen wieder angelegt, und heute hängt in seinem Schaufenster eine sauber getuschte Papptafel mit der Aufschrift: »Lieferant hoher und höchster Chargen sowie der verehrlichen Generalität.«

Aus Bergengruens Bilderbuch für seine älteste Tochter, 1926.

Werner Bergengruen mit Luise, 1925.

Zwieselchen im Warenhaus,
Erstausgabe 1931.

Das Warenhaus

Rasiert, hellbraun montiert, betreßt und goldbeknöpft
– sonst nichts – steht der Portier auf seiner Stelle.
Du ahnst, woraus er seine Größe schöpft:
er hütet stumm der ganzen Schöpfung Schwelle.

Sibirien! China! Sachsen und Peru!
Meer! Atelier! Fabrik und Tropenwelt!
Er weiß: was sie nur liefern, findest du
hier alles, alles, alles aufgestellt!

Hier duften Seifen, blitzen Necessaire,
Prachtbände funkeln golden und verblassen,
Korbmöbel stelln sich drohend in die Quere
und kränken dich, bevor sie dich entlassen.

Knallrot der Mund und zauberklein der Fuß,
wächserne Damen tanzen, gehn und fächeln
und präsentieren Kleider und Dessous
starr mit gespenstisch eingefrornem Lächeln.

Du stehst geknickt vor ausgestopften Affen,
Leihbüchereien, Damengarderoben,
Sporthemden, Fleischkonserven, Kinderwaffen,
Teeräumen (erste Treppe links nach oben . . .)

Blitzblanke Siphons harren hellen Bieres,
Sparherde . . . du erschrickst: Musik und Krach!
(Ein Fräulein weist die Güte des Klavieres
an Hand der Fledermaus dem Volke nach.)

Die Menge drängt dich surrend in die Weite,
zwölf Grammophone haben dich zum besten.
Du gehst – halb aus Versehn – nur einen Schritt zur Seite
und stürzest jäh ins Reich der Sommerwesten.

Du merkst: das Chaos aller Existenten,
hier ist's zum Kosmos weisheitsvoll gebändigt,
und jeder Teil der Welt wird dem solventen
Mitbürger gegen Kasse ausgehändigt.

Die Rechnung stimmt. Hier bringt kein Gott Errettung,
du stehst erblaßt, bewältigt und verdöst
und siehst der Schöpfung brausende Verkettung,
die ganze Welt in Waren aufgelöst.

Und diesem Kosmos hebst du an zu fluchen,
indes der Strom dich flutend weiterschiebt,
und voll Verzweiflung fängst du an zu suchen
nach irgendetwas, das es hier »nicht gibt«.

Umsonst. Und durch dein fieberwirres Fragen
versickert's dumpf: Geist ... ideeller Wert ...
Dann wankst du fort, verwelkt, zermürbt, zerschlagen
und bist zum Glauben des Portiers bekehrt.

1920–30

Charlotte Bergengruen mit ihren Kindern Luise, Maria und Alexander, 1932.

Wiegenlied für meinen Sohn

Schlafe schlafe ein.
Haus und Welt sind dein.

Bunte Bilder an den Wänden,
Ringe, noch an meinen Händen,
schöngeschnittener Stein –
schlafe schlafe ein.

Schreibtisch voll geheimer Fächer,
langvererbte Silberbecher,
Kreuz von Elfenbein –
schlafe schlafe ein.

Königliche Wundertiere,
Phönix, Greifen, Flügelstiere,
Einhorn, silberrein –
schlafe schlafe ein.

Frühlingsäcker, aufgerissen,
Wiesen, trunken von Narzissen,
hirtliche Schalmein –
schlafe schlafe ein.

Mondenhorn und Rautenblüte,
Brunnenglanz und Gartengüte,
gelber Mittagsschein –
schlafe schlafe ein.

Schwalben, die zu Neste kehren,
Käfer auf beglänzten Beeren,

goldgeflügelt, klein –
schlafe schlafe ein.

Harz aus guter Fichtenrinde,
Bienen um die Honiglinde,
Sommerzauberein –
schlafe schlafe ein.

Ölbaumsilber, Traubenhänge,
prallgeschwelltes Fruchtgedränge,
wilder schwarzer Wein –
schlafe schlafe ein.

Ungeheure Sternennächte,
Wintermoos und Rentierflechte,
weißes Weihnachtsschnein –
schlafe schlafe ein.

Rot und goldne Wolkenränder,
Glockentürme, blaue Länder,
Tiber, Düna, Rhein –
schlafe schlafe ein.

Inseln, grüne Wellenschluchten,
braune Segel, Bernsteinbuchten,
Gischt und Möwenschrein –
schlafe schlafe ein.

Pforten, die Geheimnis wahren,
Wagen, die in Abend fahren,
letzte Häuserreihn –
schlafe schlafe ein.

Alles das ist dein.
Schlafe schlafe ein.

Alle Welt ist dir verheißen.
Atmen! Trinken! Andichreißen!
Und Vorübersein –
schlafe schlafe ein.

1931

Werner Bergengruen an seinem Schreibtisch, Berlin 1926.

Das Abenteuer der Tauentzienstraße

Im Sommer 1931 schlenderte ich eines Nachmittags in Berlin die Tauentzienstraße entlang. Ich kaufte mir eine Zeitung und überflog sie im Gehen. Im Unterhaltungsteil stieß ich auf eine Art historischer Reportage, die »Berlins aufregendste Tage« überschrieben war und sich offenbar durch mehrere Nummern des Blattes fortsetzte. Sie hatte es in der Hauptsache mit Ereignissen von kriegerischer Natur zu schaffen, und ich erinnere mich, daß in späteren Folgen der Russeneinfall von 1760 und die Franzosenzeit geschildert waren. Heute, um allerlei Erfahrungen in Sachen aufregender Berliner Tage reicher, vermag ich mir leicht die weiteren möglichen Fortsetzungen vorzustellen, die damals noch in keines Menschen Sinn kommen konnten.

Die Nummer, die ich in Händen hielt, hatte es mit der Sündflutpanik zu schaffen, die in den Anfangsjahrzehnten des sechzehnten Jahrhunderts über ganz Europa hinging, nach ihrem Erlöschen in Berlin wieder auflebte und endlich an einem Sommertage voll dramatischer Geschehnisse ihre Lösung fand. Das war im Jahre 1524. Sowohl die große und allgemeine Panik als auch die speziell berlinische war durch astrologische Prognosen hervorgerufen worden. Ich hatte von diesen Tagen, die für Berlin sicherlich die aufregendsten jenes Jahrhunderts waren, bis zur Stunde nichts gewußt und fühlte mich augenblicks aufs stärkste ergriffen, ja, in ein Abenteuer von noch nicht überschaubarer Weite hineingerissen.

Dieser Reportage also, die übrigens geschichtlich Beglaubigtes und Erfundenes bunt durcheinandermengte und sich hierbei, dem Aktualitätsbedürfnis des Zeitungslesers zuliebe, eines zeitgenössischen Depeschenstils bediente (»wie wir soeben erfahren... wie unser Berichterstatter meldet... amtlich wird bekanntgegeben...«), verdanke ich den Anstoß zu meinem Buch. Es war für mich ein coup de foudre. Noch mitten im Gewühl der Tauentzienstraße war ich entschlossen, die Berliner Flutpanik zum Gegenstand einer Erzählung zu machen, die sich mir freilich noch nicht als ein umfangreicher Roman darstellte, eher als ein Gebilde von hundert bis hundertundfünfzig Seiten. Aber sein Grundsinn stand sofort vor mir. Die Erzählung sollte die Verwirrung einer ganzen Stadt durch alle Stände und Schichten der Einwohnerschaft schildern und hierbei die jedem einzelnen, aber auch der Menschheit als Ganzem stets aufs neue sich stellende Aufgabe sichtbar machen: durch die Anfechtung und Angst den Weg zur Klarheit zu finden.

Mythos

An der Stelle von Berlin und Köln haben ehemals wendische Fischersiedlungen gelegen; die Spree verästelte sich in zahlreiche, heute verschwundene Arme. Seen, Tümpel, Fließe, Lanken und Sümpfe waren häufiger als in unseren Tagen. Ja, den ersten deutschen Einwanderern muß dies Land als eine Art Wasserwildnis erschienen sein. Demgegenüber hatte der Sand geringere Bedeutung, wenigstens in der engeren Umgebung von Berlin, wie er ja überhaupt nicht jene unbedingt entscheidende Rolle in der Mark spielt, welche die Süddeutschen ihm zuzuschreiben gewohnt sind; und zu einem großen Teil geht die Versandung der Mark erst auf die friderizianische Zeit mit ihrem am Walde getriebenen, vielleicht unvermeidlichen fiskalischen Raubbau zurück; auch das bekannte Wort von des Heiligen Römischen Reiches Streusandbüchse ist ja, einer verbreiteten Auffassung zuwider, verhältnismäßig jungen Datums. In höherem Grade als der Sand erscheint das Wasser als das ursprüngliche Element der Landschaft, und das Fließende, Weiche, Veränderliche, Naturhafte, der Formung sich Entwindende, das dem Wasser eignet, mag zugleich die wendische Art ausdrücken. Der Begriff des festen, trockengelegten, vom Menschen in Herrschaft genommenen Landes verband sich mir mit den formenden Ordnungsmächten deutscher, abendländischer und christlicher Heraufkunft, die dieses Land wohl erfaßt, aber noch nicht völlig und endgültig durchdrungen und gestaltet hatten. Und so durfte ich denn in der Bedrohung der Doppelstadt und ihrer Umgebung ein letztes Aufbegehren der wendischen Sumpf- und Wasserlandschaft und ihrer Dämonen gegen die unabwendbare Einschmelzung des Landes in die abendländische, christliche, deutsche Welt erblicken. Diese Einschmelzung vollendet und besiegelt sich im Zeichen des alten, universalen, theologisch fundierten Reichsgedankens, wie ihn gleich den besten deutschen Geistern der alten Jahrhunderte auch Carion* vertreten hat. Deutlich läßt das sein Geschichtswerk, das *Chronicon* erkennen. Heute liest sich dergleichen wie ein schwermütiger Grabgesang auf das alte Heilige Römische Reich Deutscher Nation, das immerhin unter wechselnden Gestirnständen ein Jahrtausend gewährt hat, das

* Doctor Carion, Hofastrologe des brandenburgischen Kurfürsten Joachim

einzige, in Wahrheit tausendjährige Reich des Abendlandes und somit die einzige Staatsform der deutschen Vergangenheit, die Dauer gehabt hat; neben ihr wirkt alles andere als Experiment und als kurzfristige Improvisation. Bei Carion erscheint das Reich noch durchaus als unbezweifelte sakrale Institution, als »Gottes Vorsorge und Wille«.

Die Guten Leute

Gern gestehe ich nun, daß mich nicht nur sachliche Rücksichten veranlaßt haben, bei den »Guten Leuten« oder »Guten Gesellen« einzukehren. Diese Bezeichnung haben die alten Zeiten, die noch ein lebendiges Gefühl für die magische Kraft der Namen hatten, den Aussätzigen beigelegt, gleichwie die Griechen und Römer das um seiner Stürme willen gefürchtete Schwarze Meer »Pontus Euxinus«, das gastfreundliche, das wirtliche nannten. Von meiner frühen Kindheit an fühlte ich mich gezogen, mich in Gedanken mit dieser Krankheit und den Eigentümlichkeiten, die sie den von ihr Befallenen auferlegt, zu beschäftigen. Ja, ich darf sagen, daß ich der Welt der Aussätzigen auf eine besondere Weise nahestand.

Dies erklärt sich leicht. In Deutschland ist der Aussatz seit langem so gut wie erloschen, und nur im äußersten Nordosten des Reiches, bei Memel, bestand noch in unserem Jahrhundert ein Lepraheim. Doch erinnern topographische Bezeichnungen wie Gutleuthausstraße oder Gutesgesellentor in manchen deutschen Städten noch jetzt an die einstige Verbreitung der Krankheit. Patron der Aussätzigen war der Drachenbesieger Sankt Georg, und überall da, wo uns heute außerhalb des alten Stadtkerns ein St.-Georgen-Hospital, eine Georgen-Kirche oder -Kapelle begegnet, wo eine Georgenstraße zu einem Georgentor oder einer St.-Jürgen-Vorstadt hinführt, da läßt sich mit ziemlicher Sicherheit auf einen ehemaligen Aussätzigenhof schließen. Bei der heutigen Berliner Georgenstraße, die ja ihre Entstehung und ihren Namen einer späteren Zeit verdankt, liegt der Fall freilich anders, doch zeigt die Georgen-Kirche, nordöstlich vom Alexanderplatz, mit Deutlichkeit den Ort des alten Aussatzspitals an. Übrigens ging der Aussatz gegen Ende des Mittelalters in Deutschland zurück. Im Gegensatz zum westlichen Europa sind die östlichen Länder auch in unseren Tagen vom Aussatz nicht völlig frei. In meiner baltischen Heimat gab es mehrere Leprosorien, und vielleicht gibt es sie noch jetzt.

Heute wird die Zahl der Leprösen in den exotischen Ländern auf etwa acht Millionen geschätzt, doch werden auch Zahlen von zwölf bis zu fünfzehn Millionen genannt. Im nördlichen Europa spielte der Aussatz zur karolingischen, sächsischen, salischen Zeit eine geringe Rolle. Erst die Berührung mit dem Orient in der Ära der Kreuzzüge ließ die Krankheit anschwellen. Sachkundige Pflege und geistliche Versorgung der Aussätzigen hat zu den Beratungsgegenständen des dritten Laterankonzils (1179) gehört – ein Beweis für die Verbreitung der Krankheit.

Im einzelnen sind die Bestimmungen, nach denen das furchtbare Dasein der Aussätzigen sich regelte, allerorten verschieden gewesen, bald strenger und bald gelinder. Man darf auch nicht überall an das uns bekannte Krankheitsbild der Knoten- und Nervenlepra denken, vielmehr sind unter dem Namen des Aussatzes außer der eigentlichen Lepra auch mancherlei andere Geschwürbildungen und Hautausschläge mit ähnlichen Symptomen zusammengefaßt worden, darunter, es ist schwer, hieran zu denken, wohl auch solche, die immerhin mit den ärztlichen Mitteln jener Zeit hätten geheilt werden können und deren Träger erst durch die im Gutleuthause empfangene lepröse Infektion zu unheilbar Kranken wurden. Den zahlreichen Gebräuchen und Bestimmungen, von denen ich mir Kenntnis verschaffen konnte, habe ich für den Roman das mir dienlich Scheinende entnommen und so mein Bild aus allerlei Steinchen musivisch zusammengesetzt; ich darf nicht leugnen, daß ich manche dieser Steinchen auch selber anfertige. Was mich aber bei allen Einblicken in das Leben der Guten Leute am tiefsten bewegte, das war die Wahrnehmung, daß auch diese auf eine so furchtbare Weise Ausgestoßenen nicht gänzlich ausgestoßen waren. Die alte Zeit kannte eine sichere Gemeinschaft der Menschen, die ja für ihr Bewußtsein mit der Gemeinschaft der Gläubigen identisch war. Diese Gemeinschaft mit ihren Ordnungen umfaßte so sehr die Ganzheit des Lebens, daß sie mit allen anderen Ständen auch den der Aussätzigen umschloß und ihm seinen Ort anwies, fest des Glaubens, niemand und nichts auf Erden vermöge je aus der von oben her bestimmten Gesetzlichkeit des Weltgefüges auszuscheiden. Der Wiedergewinn einer so großartig-tödlichen Geborgenheit, wie sie aus solchen Auffassungen spricht, steht als Aufgabe über dem Horizont unserer Zeit und Zukunft. Es wird nicht mehr die alte Geborgenheit sein. Sie wird sich wandeln und sich an größeren, an wahrhaft ungeheuerlichen Dimensionen zu bestätigen haben.

Gestalten

Als der Welt der Aussätzigen benachbart, in manchem Sinne verbündet, erscheint die der Wenden. Eine schwermütige Liebe hat mich von jeher zu den schmächtig gewordenen, zum allmählichen Aufgesogenwerden bestimmten Volkssplittern gezogen, deren manche ja die Überbleibsel ehemals großer Völkerschaften darstellen. So liebe ich die Wenden gleich den Liven, den Zigeunern, den Kaschuben, ja, gleich den vor anderthalb Jahrhunderten in Masuren seßhaft gewordenen russischen Filipponen, die freilich kein Volksstamm sind, sondern eine religiöse Gemeinschaft. Ich besuchte ihre Dörfer vor siebenundzwanzig Jahren und empfing starke Eindrücke von diesem merkwürdigen Stück unerschütterten alten Rußlands mitten im preußischen Gebiet. Ich frage mich manchmal, was aus ihnen geworden sein mag. Leben sie heute noch inmitten der Wälder in ihren Blockhäusern oder ist das neue Polen gezwungen worden, sie nach Rußland zu repatriieren?

Was das wendische Leben der vergangenen Jahrhunderte angeht, so fließen die Quellen spärlich. Die Chronisten der alten Zeit pflegen ja primitiven und dienstbaren Völkern ebenso wie sozialen Unterschichten nur ein geringes und lediglich von weit außen her schauendes Augenmerk zuzuwenden; die Wenden selber aber wußten nur von einem mündlichen Leben. Ihre rechtliche und soziale Stellung war in den einzelnen märkischen Städten und Landstrichen verschieden, zwischen gänzlichem Pariatum und weitgehender Emanzipation alle Stadien durchmachend, begann aber in der Zeit, in welcher mein Roman handelt, sich allmählich im Sinne eines Angleichungsprozesses zu entwickeln, der freilich noch langer Zeiträume bedurfte und erst unter König Friedrich Wilhelm I. als abgeschlossen betrachtet werden kann. Unter den brandenburgischen Kurfürsten scheint gerade Joachim I. in diesem Sinne gewirkt zu haben. Vielfach war ich bei den Wenden auf Analogieschlüsse und Konjekturen angewiesen, die mir von einer eingehenden Beschäftigung mit der wendischen Folklore erleichtert wurden. Gern habe ich auch wendische Grammatiken und Wörterbücher zur Hand genommen und mich an der Ausdruckskraft und dem Anschauungsreichtum wendischer Redensarten und Sprichwörter gefreut. An einer einzigen Stelle der gesamten, mir zugänglich gewordenen Literatur, und zwar bei einem Autor des siebzehnten Jahrhunderts, fand sich ein Hinweis auf die Sage vom heimlichen Wendenkönig; sie wurde als eine Kuriosität in wenigen Zeilen erwähnt. Von den vielen Leserzuschriften, die mein Roman mir eingetragen hat, bezeichnet eine die sagenhafte Vorstellung vom verborgenen König des wendischen Volkes als auch heute noch nicht erloschen. Der Gedanke eines unbekannten, äußerlich dienstbaren Königs ergriff mich und verband sich mir bald mit der Gestalt des vom Blitze getöteten Kutschers. In ihm und in der Dienstmagd Duschka stellten sich mir die von chthonischen Urgründen gespeisten Kräfte des wendischen Volkes in ihrer positiven Seite dar wie in der alten Worschula in ihrer negativen.

Gern bekenne ich, daß sich mir bei der Betrachtung der wendischen Welt Parallelen zur undeutschen Bevölkerung meiner baltischen Heimat aufdrängten.

Deutsche Reise

Im Sommer und Herbst 1933 machte ich mit dem Fahrrad jene ausgedehnte Reise durch Deutschland, die ich im Buch *Deutsche Reise* beschrieben habe. Und auf dieser Reise bin ich glücklich gewesen mitten in einer unglücklichen Zeit, in der ich nicht nur gegenwärtigen Bedrängnissen, sondern auch der Erwartung einer heranreifenden Zukunft standzuhalten hatte. Jetzt erkenne ich, worin vorzüglich die Bedeutung dieser Reise für mich lag: Ich durfte die noch lebendige Kontinuität der deutschen Geschichte anschauen und einen über die Zeit hinwegtönenden Akkord vernehmen, bevor die Kluft aufgerissen wurde, die in alle Zukunft niemand mehr wird ausfüllen oder überspringen können.

Ich stand vor den in die deutschen Landschaften gestellten Zeugnissen zweier Jahrtausende. Ein letztes Mal durfte ich all das insgeheim schon zur Zerstörung Verdammte und heute unwiederbringlich Dahinsinkende auf mich wirken lassen und von dieser Wirkung mir und anderen Rechenschaft geben . . .

1958

Werner Bergengruen (links stehend) auf Capri, 1924.

Lanze für das Fahrrad

Fragt man mich, ob, wohin und wie ich im letzten Sommer verreist gewesen sei, so antworte ich wahrheitsgemäß: »Ja, zu Rad von Berlin nach Ascona.« Nach einer Pause des Überraschtseins höre ich die selbstberuhigende Erklärung: »Ach so, mit dem Motorrad!« Hierauf muß ich die vielleicht beschämende, wo nicht gar entwürdigende Antwort geben, daß ich wirklich mit einem ganz gewöhnlichen Tretrade gereist bin, daß es nicht einmal einen aufmontierten Motor besitzt und daß ich häufig und gern auf diese Art reise.

Nun soll man mich nicht fragen, wieviel Zeit ich zu dieser Fahrt gebraucht habe. Die Wahrheit ist, daß ich gar nicht die Absicht hatte, gerade nach Ascona zu fahren; ich habe manchen Umweg gemacht und mich von Laune und Freude zu manchem Zwischenaufenthalt bestimmen lassen. Auch darf man nicht fragen, wieviel Kilometer ich täglich mache. Ich habe sie nicht gezählt und bin immun gegen die Lockung der Ziffer.

Jetzt nimmt man an, meine sonderbare und anachronistische Reisegepflogenheit sei vielleicht durch den aus früheren Jahren stammenden Besitz eines Rades zu erklären, das, einmal vorhanden, eben benutzt werden müsse. Auch dies ist zu verneinen. Mein erstes Fahrrad gab ich als Student einem Kellner, der mir lange kreditiert hatte, bei endlicher Bezahlung als Beilage zum Trinkgeld; mein zweites mußte ich in der Inflationszeit zu Geld machen (ach Gott, zu was für Geld!). Dann bin ich manchmal auf geliehenen Rädern gefahren. Aber Räder werden noch unlieber verliehen als Zahnbürsten; so kaufte ich mir vor wenigen Jahren mein jetziges.

Es kränkt mich, daß man mich bemitleidet, weil ich kein Auto habe, sondern nur ein Fahrrad. In der Tat wünsche ich mir kein Auto. Es steht jedem frei, an die saueren Trauben zu denken und mir den Glauben zu versagen, aber wenigstens den guten möge er mir zubilligen. Mir liegt ja nichts an der Geschwindigkeit, alles aber an der Intensität der Reise. Dazu gehört das Erleben der kleinsten Verschiedenheiten, der Nüance; der Autofahrer erfaßt nur die großen Übergänge oder gar nur die krassen Unterschiede, ich erlebe jede Einzelheit des allmählichen Überganges von einer Landschafts- und Menschenart zur andern.

Ein Fahrrad kann ich nebenbei haben, gleichsam wie aus Versehen. Der Besitz eines Autos würde eine Änderung meiner Lebensform bedingen. Bei Gott, ich wüßte nicht, wie ich den Besitz dieses zeitsparenden Gegenstandes in meinen Tag hineinkomponieren sollte.

Das Fahrrad soll mir auch keineswegs, wie es Aufgabe des Motorrades zu sein pflegt, das fehlende Auto ersetzen; viel eher das fehlende Pferd. Will mich jemand des fehlenden Pferdes wegen bemitleiden, so mag er es tun. Noch hübscher freilich wäre es, wenn er mir ein Pferd samt Haferrente schenkte. Für die Stallmiete wollte ich schon aufkommen; sicherlich ließe der Eigentümer eines leerstehenden Neubauhauses mit sich reden. Ich hätte meine Freude nicht so sehr am morgendlichen Grunewaldreiten als vielmehr am Distanzritt. Hieraus erhellt meine Stellung zum Rade. (Allerdings wäre ich charakterlos genug, mir für einen Ritt von Berlin nach Rom die Begleitung eines Pferdepflegers zu wünschen.)

Das Fahrrad ist zu Ende erfunden, ist vollkommen, das Auto aber noch vieler Verbesserungen, vieler entwertender Wandlungen fähig. Ich leugne nicht, ein im Technischen unbeholfener Mensch zu sein; das Rad indessen übersehe ich vollständig oder kann mich wenigstens verhalten, als täte ich es. Ich habe wundervoll wenig mit Schmieröl zu tun. Es kann nicht geschehen, daß ich im Herbstschmutz der Landstraße auf dem Bauche liege und vergeblich zu erforschen suche, warum mein munteres Fuhrwerk plötzlich alle Bewegungsfähigkeit und -luft einbüßte. Niemand kann verlangen, daß ich ihn mitnehme. Allenfalls betteln meine Kinder so lange, bis ich sie der Reihe nach hinaufhebe und die Karre im Laufschritt um unser Häuserviereck herumführe; dies läßt sich ertragen. Ich habe kein Nummernschild, will sagen, keinen Steckbrief. Darum kann ich getrost bequeme, aber verbotene Wege befahren. Ich weiß, kein Polizeiwachtmeister hebt gleich die Dienstpistole zum Schuß, wenn ich seinen Anruf als Galoppsignal nehme. Tritt einer aber unversehens hinter einem Gebüsch hervor, so spiele ich den höflichen, ja devoten Idioten. Ich habe Übung; schließlich läßt er mich laufen.

Als Radfahrer ist man nicht in der bekannten Situation des Autobesitzers, der je nach Marke und Klasse seines Wagens sofort in eine bestimmte Kreditwürdigkeitskategorie (und mithin, da ja das Vornehmheitsideal unserer Zeit sich endgültig mechanisiert hat, in eine bestimmte Gesellschaftskategorie) eingereiht wird; infolgedessen kann kein eigener Aufstiegsehrgeiz, kein Hoffartsdrängen von Frau und Kindern einen nötigen, nach und nach durch verlustreiche Umtäusche bis zum Rolls-Royce zu avancieren, über den hinaus es nur noch den Offenbarungseid gibt. Freilich bin ich hier dem Fußgänger gegenüber im Nachteil: von diesem kann immer noch angenommen werden, er habe zu Hause einen Wagen, der Radfahrende aber ist endgültig als armer Schlucker entlarvt. Dies werde ich ertragen: ich will ja nicht zu einer Schicht gehören, sondern reisen und glücklich sein.

Ich habe immer eine sitzende Lebensweise geführt: erst auf der Trinkbank, später im Sattel, heute am Schreibtisch. Darum ist mir die körperliche Anstrengung lieb, die das Radfahren gewährt, nicht die Anstrengung der Nerven und der Konzentrationskraft, die das Steuern des Autos fordert. Denn es ist ja meine Muskelkraft, die, fast unmittelbar, das Rad in Bewegung hält. Es schaltet sich nichts Fremdes ein, keine angebliche Naturkraft, keine brennbare Chemikalie, keine explosiven Vorfälle. Ich bin fast unabhängig vom Zustand der Straßen, abhängig nur von Steigung und Wind; dies sind natürliche Dinge, von denen ich gern abhänge. Aber der schmalste Waldpfad stellt sich mir zu Gebote. Für mich scheue ich das »schlechte« Wetter (welch anthropozentrische Verstellung!) nicht, des Rades wegen meide ich gern Nässe und Rostgefahr. Darum steige ich, etwa bei hoffnungslosem Regen, ohne Bedenken samt meinem Rade in die Eisenbahn; ich bin ein charakterloser Mensch, dem, ich weiß es, der wahre Sportsgeist mangelt. Ich putze mein Rad selten. Ich überlasse es jedem Begegner, zu glauben, ich hätte an diesem Tage bereits sieben Meilen hinter mir, da darf das bestgehaltene Rad denn zuletzt staubig aussehen. Geringe Instandsetzungen, etwa Schlauchflicken, kann ich selbst vornehmen. Die Wahrheit zu sagen, tu ich es fast nie. Jedes Dorf hat heute einen Mechaniker, die Kosten sind gering.

Manche reden von Schwierigkeiten des Radfahrers, sich im Autostrom belebter Straßen ungefährdet zu behaupten. Mir ist es eine Freude, von Autos bedroht und gejagt zu werden und ihnen dennoch zu entwischen, weil ich kleiner und wendiger bin. Vor den Tanks der Landstraße soll sich nicht fürchten, wer radfahren will. Ich spiele die Rolle des Flohs, des winzigen, flinken, humoristischen Flohs unter den plumpen und täppischen Menschenpranken. Bekanntlich kann der Floh nicht gefangen werden, es sei denn, man überliste ihn, – aber wie wollten sie mich denn überlisten, die grobschlächtigen Tatzen der Lastwagen, Limousinen und Postautobusse?

Unglücksfälle habe ich kaum erlebt. Einmal fuhr ich, ohne es zu wissen, mit gebrochener Lenkstange von Lübeck nach Schwerin. Dies hätte den Hals kosten können, hat aber nichts gekostet als eine neue Lenkstange. Die Entstehung des Bruches kann ich mir nur damit erklären, daß der Piccolo meines Lübecker Hotels in meiner Abwesenheit, aber mit meinem Rade, seine ersten Fahrversuche gemacht hat und dabei gestürzt ist. Ich selbst stürzte bei einer schwierigen Kurve auf steiler Straße in Oberfranken. Die Abschürfungen verwuchsen sich, die Handverstauchung heilten Umschläge mit essigsauerer Tonerde in einer Nacht. Das abenteuerlich verbogene Rad freilich, das nicht einmal geschoben werden konnte, mußte ich drei Stunden lang im Sonnenbrande bergauf tragen, bis ich zum allheilenden Mechaniker kam. Anstrengungen dieser Art, unvorgesehene, wollen in Kauf genommen sein. Die etatsmäßigen Anstrengungen sind allerdings die lieberen. Ich habe mein Rad auf Grimsel, Furka, Gotthard und noch manche andere Höhe hinaufgeschoben. Ich gebe zu, dies kann, zumal bei Sonnenglut, eine Strapaze sein. Allein der wahre Genuß des Reisens kann ja nur durch Überwindung von Strapazen erkauft werden.

Es gibt keine tiefere Reisewollust als diese: Gipfel und Wasserscheide erstiegen zu haben, sich oben, im freien Winde, ins Gras zu schmeißen, womöglich an einer Quelle, dann, erfrischt, sich durch die freundliche Paarung von Schwerkraft und Freilauf abwärts tragen zu lassen, ohne ein Glied zu rühren.

Unvergeßliche Abfahrt vom St. Gotthard! Der milchige Nebel gab kaum zwanzig Schritte weit Sicht. Dann plötzlich riß der Vorhang, es ging talwärts wie ein Sturzbach, der ganze Süden lag hingebreitet! Dies kann kein Auto, kein Bahnreisender so erfahren, dies unversehene Geschenk völliger Leichtigkeit. Das wirksamste, unser Dasein am stärksten einspannende Gesetz, das der Schwere, ist aufgehoben, du atmest trunken in einem Reich zauberischer Gnade.

Weil ich radfahre um solcher Gnaden willen, darum habe ich keinen Ehrgeiz. Ich lasse mich gern überholen. Auch lasse ich mich unbeschämt von jungen Leuten auslachen, weil ich, geht es bergauf, schon hundert Meter vor ihnen absteige. Doch kommt es mir auch nicht darauf an, einmal eine Tagesstrecke zu machen, daß der Kellner, wenn er abends im Meldezettel das »Woher?« liest, mich zwischen Respekt und Unglauben anstarrt.

Ich meide jede unnütze Beschwernis. Hinten auf dem Träger werden Rock und Regenmantel angebracht. Eine Reisetasche kommt an jene Längsachse, die Vorder- und Hintergestell verbindet, ihre Fachbezeichnung kenne ich nicht, ich sagte schon, daß mir der wahre Sportsgeist fehlt. An die Lenkstange schnalle ich meine alte, geflickte, im Kriege bewährte Satteltasche. Innen hat sie eine Reihe kleiner Schlaufen für eine Reserve an Pistolenpatronen; dahinein stecke ich meine Schreibstifte (dies ist meine Form der Abrüstung).

Ich habe das Land zwischen Rhein und Sudeten, Ostsee und Lago Maggiore befahren. Meine größte Freude wäre es, einmal zu Rad nach Narwa, Neapel, Granada zu reisen. Warum sollte sie mir nicht gewährt werden? Ich habe das vierzigste Jahr noch vor mir.

Werner Bergengruen
am Pettenkofer-Schreibtisch, 1938.

»Die verfluchten zwölf Jahre«

Das bis 1934 harmlos friedliche Zusammenleben mit den unmittelbaren Nachbarn in der Zehlendorfer Siedlung begann sich plötzlich auf unheimliche Weise zu verändern: »Heil Hitler!« hieß die tägliche Begrüßung, die NS-Frauenschaft wählte eine unangenehme Nachbarin von gegenüber zur Gruppenleiterin, ein Blockwart stellte sich ein, und Charlotte Bergengruens arischer Ahnennachweis war nicht zu erbringen. Außer Wilhelm Hensel konnte sie keine reinarischen Vorfahren nachweisen, war aber zunächst, da arisch verheiratet, noch geschützt.

1936 wurde Bergengruen aus der Reichschrifttumskammer ausgeschlossen und erhielt Publikationsverbot, das später durch eine »jederzeit widerrufliche Sondergenehmigung« abgelöst wurde. 1935 war in der Hanseatischen Verlagsanstalt Hamburg sein Roman Der Großtyrann und das Gericht *erschienen, der den zuständigen Stellen nach anfänglicher Zustimmung durch Alfred Rosenberg mehr und mehr suspekt wurde. Er wurde in hoher Auflage verkauft und brachte Geld. Da die engen nachbarschaftlichen Verhältnisse in der Riemeisterstraße mehr und mehr politische Schwierigkeiten mit sich brachten, entschloß sich das Ehepaar Bergengruen, nach München überzusiedeln. Im katholischen Süden hoffte man, unbehelligter leben zu können.*

Während der letzten Monate in Berlin, 1935, waren beide nach Unterweisung durch Dr. Johannes Pinsk zum katholischen Glauben übergetreten. Eine romantische Konversion? Es war seit langem ein Wunsch Bergengruens gewesen, der Kirche anzugehören, die er aus seiner Kindheit in Rußland kannte und als authentische Nachfolgerin Christi ansah. Zudem hatte er sich in Berlin zunehmend kirchlichen Kreisen angeschlossen, die dem Nationalsozialismus inneren Widerstand entgegensetzten.

In Solln bei München, damals noch ein Dorf vor den Toren

der Stadt, kaufte man im Januar 1936 ein Haus: Hirschenstraße 36, in der Nähe des Bahnhofs. Die Riemeisterstraße wurde vermietet. In Solln wohnten allerlei Originale und Prominente: gegenüber vom Bergengruenschen Haus der Schriftsteller Erwin Guido Kolbenheyer (1878 – 1962), dessen Bekanntschaft Bergengruen wegen seiner Deutschen Bekenntnisse *zu vermeiden suchte. Auf der anderen Seite lebte der Münchner Unternehmer Rodenstock mit seiner Familie, in der Nähe der Weiß Ferdl, der allabendlich im »Platzl« politische Narrenfreiheit genoß.*

Für Bergengruen war in diesen Jahren vor allem die Freundschaft mit dem Nachbarn Carl Muth (1867 – 1944), dem Gründer und Herausgeber der Zeitschrift Hochland, *wichtig, sowie mit dem Kreis um Theodor Haecker und den Geschwistern Scholl. Man traf sich in regelmäßigen Abständen im Münchner Café Annast.*

Die baltischen Freunde Otto von Taube in Gauting, Rolf von Hoerschelmann und Fred Ottow in München waren heimatlich vertraut, und bald fand Bergengruen auch Aufnahme in die »Zwanglose Gesellschaft«, die 1837 in München gegründet worden war und schon zu Zeiten Ludwigs I. zwischen Alteingesessenen und an die Universität berufenen »Nordlichtern« freundschaftliche Brücken schlug, eine gesellige Vereinigung von Künstlern und Wissenschaftlern, die bis heute in München fortbesteht.

In allen diesen Kreisen traf Bergengruen Menschen, die die wachsende Bedrohung durch den Nationalsozialismus mit größter Sorge beobachteten. Der Kreis um Carl Muth versuchte, durch das Wort zu wirken. Ihm schloß sich Bergengruen an. Auch er wußte, daß seine Waffe nur die des Schriftstellers sein konnte. An Auswanderung konnte er – ein relativ Unbekannter – mit Frau und drei kleinen Kindern und geringen finanziellen Mitteln gar nicht denken, zudem sprach Bergengruen nur Russisch und leidlich Französisch.

Bergengruen war es seit längerem bewußt, daß er nur schreibend Widerstand leisten konnte, indem er sich in seinen Gestalten aus der Gegenwart entfernte und gleichzeitig auf die Gegenwart zielte. Aus diesem Grunde hatte er bereits die Handlung seines Romans Der Großtyrann und das Gericht *in den erfundenen italienischen Stadtstaat Cassano und in eine unbestimmte, schon vergangene Zeit verlegt. Von Hans Scholl (1918–1943), dem Gründer der Widerstandsgruppe »Die weiße Rose«, der zusammen mit seiner Schwester Sophie (1921–43) im Februar 1943 in München hingerichtet wurde, der das Buch in einem Zuge gelesen hatte, wurde Bergengruen während einer Bahnfahrt von München nach Solln gefragt, ob er sich denn als Gegenbild einen modernen christlichen Staat denken könne? Bergengruen habe das damals entschieden verneint, wie Hans Scholl in seinem Tagebuch notierte.*

Der Großtyrann *wurde zwar nicht verboten, Neuauflagen wurden aber in den folgenden Jahren auf dem Wege knappster Papierzuteilung gedrosselt. Erst 1940, nach Erscheinen des Berliner Romans ›Am Himmel wie auf Erden‹, ging am 17. Juni bei der NSDAP München ein geheimes Schreiben ein, das Bergengruen als »politisch nicht zuverlässig« bezeichnete.*

1935 und 1936 schrieb Bergengruen an einem Gedichtzyklus, Der ewige Kaiser, *der 1937 anonym in Österreich erschien und dort sofort nach dem Anschluß 1938 konfisziert und verboten wurde. Obwohl die Gestapo Hinweise auf den Autor erhielt, blieb Bergengruen unentdeckt. Er stellt hierin dem Zerrbild des Tyrannen ein überzeitliches Bild des Kaisers gegenüber, wie es sich als Idee im Laufe der abendländischen Geschichte bewahrt hat.*

Im Sommer 1944 entstand ein weiterer Zyklus politischer Lyrik: Dies irae, *aus dem Bergengruen damals in ihm bekannten Kreisen in Bayern und Österreich mehrfach vorgelesen hat. Abschriften gingen von Hand zu Hand. Gedruckt wurden die Gedichte als eines der ersten Bücher 1945, nach dem Zusammenbruch des Nationalsozialismus.*

Mehr und mehr nahmen die politischen Ereignisse im Dritten Reich und der heraufziehende Weltkrieg Werner Bergengruens Denken gefangen. Schwere Depressionen lähmten ihn. »Wie man hört, arbeitet Bergengruen überhaupt nicht mehr«, notierte in Berlin Jochen Klepper in sein Tagebuch.

Das durch lange Lebensjahre geführte Compendium Bergengruenianum Allerleirauh, *dessen Original im Nachlaß Werner Bergengruens im Deutschen Literatur-Archiv in Marbach a. N. liegt, enthält Aufzeichnungen, Gedanken, Meinungen aus den verschiedensten Gebieten. Einen großen Raum nehmen seine historisch-politischen Betrachtungen ein. Immer deutlicher wird ihm, daß mit dem Nationalsozialismus ein totalitäres Zeitalter begonnen hat, das sich fortsetzen wird. Ein politischer Bewußtseinswandel hatte bei Bergengruen bereits mit dem Ende des Ersten Weltkrieges eingesetzt, als der alte Reichspatriotismus, der den Baltendeutschen in ganz besonderem Maße eigen war, zu verblassen begann. War er nicht überhaupt nur ein Bildungsgut gewesen, das, nostalgisch verklärt, von Generation zu Generation weitergereicht wurde? Die vaterländische Idee war im Baltikum einer Religion vergleichbar gewesen, man sah sich gern – wie Fontanes Dubslav von Stechlin – als »ein Mann von Familie, von Zugehörigkeit zu Thron und Reich«.*

Nach der »Reichskristallnacht« im November 1938 konnte Charlotte Bergengruen nicht mehr reisen, da sie keinen Personalausweis erhielt, der damals jederzeit und an allen Orten *vorzuweisen war. Nach den sogenannten »Nürnberger Gesetzen« galt sie als »Jüdin«. Als am 20. Januar 1942 die sogenannten »Wannseer Beschlüsse zur Endlösung der Judenfrage« gefaßt, aber noch nicht veröffentlicht waren, wußten die Betroffenen bald, daß Mischehen nach dem Endsieg geschieden werden sollten, womit der Schutz durch den arischen Partner erlosch und der jüdische Ehepartner zur Deportation anstand. Im Sommer 1942 bereits griffen diese Gesetze tief in das Leben von Charlotte Bergengruens elterlicher Familie und deren Freundeskreis ein: Es gab Deportationen, Fluchtversuche, Selbstmord.**

Kurz nach Bergengruens 50. Geburtstag, der das Sollner Haus noch einmal festlich glänzen ließ, wurde am 19. September 1942 der nahe Bahnhof Solln beim ersten Luftangriff auf München durch eine Luftmine zerstört, die auch das Bergengruensche Heim wie ein Kartenhaus zusammenfallen ließ. Mit wenig Gepäck mußten die Nomaden wieder einmal weiterziehen und fanden Unterschlupf im Jagdhaus von Wiener Freunden am Achensee in Tirol. Für Charlotte Bergengruen bedeutete das Untertauchen, und tatsächlich ging die gefürchtete polizeiliche Anmeldung im Dorf Achenkirch ohne Nachfrage vorüber. Erst am 19. März 1945 erschien die Polizei, um sie abzuholen, ließ sich aber von Bergengruen mit dem barschen Hinweis auf die damals schon sehr erschwerten Transportverhältnisse schließlich abwimmeln.

Viereinhalb Jahre dauerte der Tiroler Aufenthalt. Sie waren materiell entbehrungsreich und gestalteten sich, was das äußere Leben anlangte, immer schwieriger. Die herrliche Umgebung und das ruhigere Leben auf dem Land ließen diese Epoche für

* Vgl. dazu Marieluise Kaschnitz, *Das rote Netz,* das über das Schicksal der Marieluise Hensel berichtet, der Schwägerin Charlotte Bergengruens

Bergengruen jedoch zu einer fruchtbaren werden: Neben dem Gedichtzyklus Dies irae *entstand vor allem erzählende Lyrik. Die Balladen des Jahres 1943 zählen zu Bergengruens besten Werken.*

Das Kriegsende, so lange herbeigewünscht, stand vor der Tür. In den letzten Tagen wurde Bergengruen noch zum Volkssturm einberufen, Charlotte Bergengruen mußte Tarnnetze für die Wehrmacht knüpfen. Schließlich wurde das Jagdhaus Schönburg durch die aus dem Südabschnitt zurückflutenden deutschen Truppen belegt, deren General Hahm die oberen Zimmer des Hauses requirierte, bis schließlich die Amerikaner eintrafen.

Als nach der Kapitulation die »Reichsdeutschen« aus Österreich als »Unerwünschte« in Auffanglager abgeschoben werden sollten, erinnerte sich Bergengruen daran, daß sein Vater, wie manche Balten der letzten Generation, mehrere Staatsangehörigkeiten besessen hatte, u. a. hatte er vor dem Ersten Weltkrieg auch die österreichische erworben, um als Kurarzt in Meran praktizieren zu können. Bergengruen wurde bei der Landesregierung in Innsbruck vorstellig, durfte fürs erste bleiben und konnte später für die österreichische Staatsbürgerschaft optieren.

Gegen Ende des Jahres 1945 war der Postverkehr allmählich wieder in Gang gekommen, erste Besucher trafen ein, neue Kontakte konnten geknüpft werden, sogar kleinere Reisen wurden möglich. Wie aus einer anderen Welt erschien eines Tages ein jüngerer Schweizer im Jagdhaus, der mit kehligen Lauten erklärte, ihn sende ein junger Verleger aus Zürich, Peter Schifferli, der Bergengruen anfragen lasse, ob er nicht seine Werke nunmehr im eben gegründeten Arche-Verlag erscheinen lassen wolle? Da die Hanseatische Verlagsanstalt in Hamburg inzwischen aufgelöst worden war, sagte Bergengruen zu, und nach unendlichen behördlichen Schwierigkeiten konnten Werner und Charlotte Bergengruen im Mai 1946 eine Erholungsreise in die Schweiz antreten: Nomaden wiederum mit zwei Koffern.

Werner Bergengruen mit der Setterhündin Fee, 1936.

Die Flöte

Weil es Abend wird,
gib mir deine Hand.
Eine Flöte irrt
fern im Weideland.

Da die Herde schon
sich ins Graue zieht,
bläst mit gleichem Ton
noch der Hirt sein Lied.

Hat den Flötenschaft
sich vom Strauch geschnitzt,
als der junge Saft
durch das Holz gespritzt.

Saft, der aufwärts drang
aus dem Wurzelhaus!
Und so spricht der Klang
alle Erde aus.

Durch den Abend weit
aus der Flöte schallt's,
schwer von Süßigkeit
und von Tränensalz.

Keine Lippe hat
unser Los erfragt.
Eine schmale Statt
ward uns zugesagt.

Drängt sich Tier an Tier
und die Wolken wehn –
sprich, wie wollen wir
diese Nacht bestehn?

Und nun schweigt der Hirt
fern im falben Land.
Weil es Abend wird,
gib mir deine Hand.

1937

Der Großtyrann und das Gericht,
Erstausgabe 1935 bei der Hanseatischen
Verlagsanstalt Hamburg.

Die Entstehung des Großtyrann

Im Herbst 1926 begegnete mir ein Märchenmotiv: Der Sultan befiehlt seinem Wesir, einen rätselhaften Mord binnen drei Tagen aufzudecken, widrigenfalls ihm der Kopf vor die Füße gelegt werden solle.

Ich weiß nicht, wie die Geschichte weiterging; möglicherweise ging sie gar nicht weiter, und es ist nur in irgendeinem Zusammenhange irgendwo das Motiv erwähnt worden. Es setzte sich in mir fest, ohne daß ich es recht gewahr wurde, und tauchte nach einiger Zeit wieder auf. Aber es tauchte nicht viel anders auf, wie es zahllose Stoffe tun, die unsereinem etwas erzählerisch Interessantes zu haben scheinen und die man als Möglichkeiten erwägt. Man wendet sie mit einer gewissen Spielfreude hin und her, spinnt sie nach dieser oder jener Richtung weiter.

Jetzt muß ich meinen Bericht von einer anderen Seite her beginnen. Seit je hat mich die Frage nach der Gerechtigkeit beschäftigt. Ich denke nicht an die jedem Menschen von Natur eingepflanzte Art, sich über vorkommende Ungerechtigkeiten zu empören, eine Neigung, über welcher man manchmal Gefahr läuft, alle Maßstäbe aus den Augen zu verlieren. Ich bin kein Querulant und kein Kohlhaas. Aber es entsprach meiner Natur, mir Gedanken über das Spannungsverhältnis zwischen Recht und Macht, Gerechtigkeit und Staatsräson, Gerechtigkeit und Lebensanspruch zu machen und nach der unlösbaren Verbindung, aber auch dem unlösbaren Widerstreit zwischen göttlicher und menschlicher Gerechtigkeit zu fragen. Der alte lateinische Spruch, wonach das höchste Recht zugleich das höchste Unrecht ist, hat mir schon in meiner Kindheit einen starken Eindruck gemacht.

Ich weiß wohl, daß eine vollkommene Lösung dieser Frage nur im Jenseitigen, nur im Angesicht Gottes möglich ist; aber das darf uns ja nicht daran hindern, uns um die Lösung innerhalb der Begrenzungen unseres täglichen Daseins immer von neuem zu mühen. So habe ich, ohne Jurist zu sein, stets ein Interesse an der Klärung verwickelter Rechtsfragen gehabt, insbesondere soweit ihnen für die beteiligten Menschen eine schicksalhafte Bedeutung zukam.

Es war mir nie zum Bewußtsein gekommen, welche Rolle diese Frage nach der Gerechtigkeit in allem spielte, das ich schrieb. Meine Frau machte mich einmal zu meiner Überraschung gesprächsweise darauf aufmerksam, daß in sehr vielen meiner Novellen unter allerlei Verkleidungen eine Verwirrung von Recht und Nichtrecht erscheine, die dann in einer großen Gerichtsszene von einem erhöhten Platz aus gelöst wird. Sie war sehr erstaunt, als sich herausstellte, daß mir das gar nicht bewußt gewesen war, und ich war es auch.

Jeder Erzähler hat einen ganz bestimmten Ausgangspunkt. Bei mir ist es ein Vorgang, eine Handlung; damit hängt wohl auch meine Neigung zur Novelle zusammen. Nur darum hat das erwähnte Motiv mich überhaupt interessieren können, denn es war ja weder ein Milieu noch ein Charakter gegeben.

Die Fragen: Was tut der Wesir? Wer ist der Täter? Was für ein Mensch ist der Sultan? Und welche inneren und äußeren Folgen hat der Ablauf der Geschehnisse für die Beteiligten? – diese Fragen fanden allmählich ihre Beantwortung, und so ergaben sich mit den schärfer gefaßten Handlungszügen die Charaktere, deren jeder auf seine Weise versucht wird. Als ein wesentliches Thema erwies sich die Versuchbarkeit, die Leichtverführbarkeit der Menschen.

Ich hatte mich zu entscheiden, in was für einem Lebensbezirk die Handlung angesiedelt würde. An ein morgenländisches Kostüm habe ich nicht einen Augenblick gedacht. Doch ergab es sich bald, daß die Vorgänge und die Problematik nur in einer vergangenen Zeit möglich waren, einer Welt ohne Technik, wissenschaftliche Kriminalität und den ganzen gerichtlichen Apparat unserer Tage.

Ferner bedurfte ich, um alle Konsequenzen der Geschehnisse sichtbar machen zu können, eines abgeschlossenen Gemeinwesens, eines nicht zu großen, aber beispielhaft alle Volksschichten umschließenden Stadtstaates. So etwas fand sich in der reinsten Ausprägung im alten Italien. Jetzt also erbaute ich mir die in der Wirklichkeit nicht vorhandene Stadt Cassano, deren Namen freilich verschiedene unbedeutende Orte der Halbinsel tragen.

Damals, in den Gründungsjahren Cassanos, zeichnete ich mir Pläne der Stadt und ihrer Umgebung. An eine genau im geschichtlichen Raume bestimmte Zeit habe ich nicht gedacht. Auch eine deutlich renaissancehafte Atmosphäre habe ich nicht gegeben; diese Menschen, diese Geschehnisse sind ja nur möglich in einer Zeit ungebrochener Gläubigkeit, und so mag man wohl spätestens an das fünfzehnte Jahrhundert denken.

Nun begann langsam jener Prozeß, den man als »Einschießen« bezeichnen kann. Dieser Prozeß macht es mir unmöglich, nebenher etwas anderes hervorzubringen. Vielmehr schießt alles, was einem an Eindrücken, Empfindungen und Gedanken, an Beobachtungen und Erfahrungen des eigenen Lebens nahetritt, in die vorhandene und auf diese Weise allmählich zu ihrem Maß und in ihre Form wachsende Masse ein.

Die geschilderte Entwicklung des Motivs vollzog sich in einem Zeitraum von drei Jahren. Im Herbst 1929 schrieb ich auf einer Reise die Präambel und die ersten drei Kapitel. Danach legte ich das Manuskript wieder beiseite. Zu Ostern 1931 war der erste der fünf Teile, in die das Buch zerfällt, zur Hälfte fertig. Die wesentlichen Gespräche zwischen dem Großtyrannen und Diomede entstanden im Sommer 1931 im Riesengebirge, doch war damals die Handlung, innerhalb deren sie Ort hatten, erst skizziert, noch nicht ausgeführt. Auch jetzt noch schoben sich von neuem größere Pausen ein. Vom März bis Oktober 1934 habe ich meine ganze Arbeitskraft ausschließlich dem Großtyrannen gewidmet, genau acht Jahre, nachdem ich seinen ersten Anhauch verspürt hatte. Schon im Stadium des Planens, noch mehr in dem des ersten Arbeitsbeginnes beherrschte mich zuweilen ein Vorgefühl, als könne manches von den Problemen und Situationen des Buches aus dem Raum des bloßen Gedankens sehr wohl in den der Realitäten hinübertreten. Dieser Hinübertritt vollzog sich im Jahre 1933.

Plötzlich hatte die geplante Romanhandlung eine unheimliche, eine fürchterliche Aktualität. Einer ganzen Nation stellten sich die Fragen, die ich den Gestalten meines Buches zu stellen gedachte. Allenthalben erwies sich die Leichtverführbarkeit der Unmächtigen und Bedrohten. Alle menschliche Freiheit war aufgehoben, über jedem hing die Drohung, und fast alle Teilnehmer der Macht, bis hinunter zum kleinsten, erlagen der Versuchung des Gottgleichseinwollens. Ich befand mich im Zustande der Verzweiflung und Empörung über all das, was sich vor meinen

Augen abspielte, und der brennenden Besorgnis über das, was von der nächsten Zukunft erwartet werden durfte. Jetzt verstand es sich von selbst, daß mein Buch nach der Antwort nicht nur auf immer anpochende Menschheitsfragen, sondern auch auf die konkreten Fragen der deutschen Gegenwart zu suchen hatte. Und nun prägten sich manche Züge mit ganz anderer Schärfe aus, als es ursprünglich in meiner Absicht gelegen hatte. Wir alle sind zwölf Jahre hindurch in irgendeiner Art monomanisch gewesen, die Nationalsozialisten ebenso wie wir, ihre Gegner. Wie es damals kaum ein Gespräch gab, das sich nicht mit der aktuellen Situation befaßt hätte, so konnte fast niemand etwas schreiben, das nicht von dieser Zeit geprägt gewesen wäre.

Es war so still . . .
Auszug aus: *Der Großtyrann und das Gericht*

Es war so still, daß der Klang der Schritte Ängstigungen hervorrief, als sie auf das heidnische Marmorpflaster des Stadtplatzes hinaustraten. Nespoli vermochte des Großtyrannen Gesicht nicht zu sehen, denn seine Untergebenheit hielt ihn an, um die Hälfte eines Schrittes hinter dem Herrscher zurückzubleiben. Er konnte keine Frage tun, denn der Gewalthaber gab durch kein Zeichen eine Bereitwilligkeit zum Hören und Antworten zu erkennen. So mußte Nespolis Wissensgierde in Bändigung gehalten bleiben.

Sie gingen durch die Straßen, welche noch sehr kühl und leer waren. Nur einmal begegnete ihnen ein verschlafener Bauer, der einen Eselskarren voller Melonen zu Markte führte. Der Himmel war an manchen Orten malachitgrün. Daneben standen rosenfarbene Wölkchen; andere gemahnten an Orangen, welche der Reife nahe sind.

Hinter dem Kloster der Minderbrüder bog der Großtyrann links ab, statt der Straße zum Haupteingang des Kastells zu folgen. Der Weg ging bergan, Nespoli erriet mit Unruhe, daß der Großtyrann ihn in seinen Garten führen wollte, welcher nach Westen zu das Zwinggelände begrenzte und zwischen der düsteren Strenge des Kastells und der bunten Welteinverstandenheit des Stadtvolkes eingesprengt lag als ein Härte und Lieblichkeit sonderbar verbindendes Gottesgebilde.

Der Großtyrann blieb stehen, um das unverschlossene Nebenpförtchen aufzuklinken. In diesem Augenblick begann schwalbengleich das zwitschernde Morgenläuten von San Sepolcro.

»Merke dir die Stunde, Massimo«, sagte der Großtyrann. »Du wirst vielleicht an sie zurückdenken.«

Auf den Evonymushecken und Lorbeerbäumen lag Tau. Die Luft war kühl, bitter und gewürzhaft. Aus der Tiefe des Gartens scholl das klagende Geschrei der Pfauen. Hinter den Zweigen des Bosketts sah Nespoli etwas Dunkles auf dem Gartenwege liegen. Er hätte es für einen gestürzten Baum halten mögen, wäre er nicht auf den Anblick eines Getöteten vorbereitet gewesen.

»Baldassare!« rief der Großtyrann ins Boskett.

Ein Mann von der Leibwache trat aus dem Gebüsch, die Pike zum Gruß mit gerecktem Arm seitwärts setzend.

»Hat jemand versucht, sich dem Toten zu nähern?« fragte der Großtyrann.

»Niemand, Herrlichkeit.«

»Du kannst gehen.«

Nespoli hatte sich über den Leichnam gebeugt und mit Überraschung den Fra Agostino erkannt, welcher dem Orden der unbeschuhten Karmeliter angehörte, aber außerhalb der Klosterzucht lebte, da der Großtyrann sich seiner zu Gesandtschaften und Aufträgen zu bedienen pflegte.

»Fra Agostino!« rief Nespoli aus.

»Fra Agostino«, sagte bestätigend der Großtyrann.

Nespoli untersuchte den Toten. Er fand die Wunde zwischen den Schulterblättern. Der dreikantig geschliffene Dolch war mit Kraft von rückwärts geführt worden; solcher Dolche waren viele im Gebrauch.

»Er lag auf dem Gesicht«, erklärte der Großtyrann. »Ich legte ihn auf den Rücken, um nach einem Zeichen des Lebens in seiner Brust zu suchen. Und ferner, um zu erfahren, ob er die Depeschen noch bei sich trüge, die ich ihm einhändigte, als ich ihn entließ.«

Er gab Nespoli seinen Bericht. Bis nach Mitternacht hatte er mit Fra Agostino im Gartenhause gesessen, mit ihm ratschlagend, ihn anweisend, ihm diktierend. Endlich hatte er ihm Schriftstücke übergeben, mit denen er noch in der Nacht nach Venedig aufbrechen sollte, Geheimschreiben an die Signoria und an einige Vertraute, die bei der Signoria des Großtyrannen Angelegenheiten förderten.

Es geschah häufig, daß der Großtyrann, dem Hofstaat und Dienerschaft lästig waren, nachts im Gartenhause arbeitete und sich, wenn ihn die Müdigkeit ankam, dort bekleidet auf ein Ruhelager streckte. Nach Fra Agostinos Entlassung hatte er sich niederlegen wollen, als er den Schrei aus dem Garten hörte. Er fand seinen Geschäftsträger nicht mehr am Leben, doch hatte der Mörder die Depeschen nicht angerührt.

»Ob dies unterblieb, weil er meine Schritte hörte oder weil ihm an den Schriftstücken nichts gelegen war, das weiß ich nicht. Wüßte ich es, so wäre deine Aufgabe leichter. Nun frage mich, wenn dir etwas wissenswürdig erscheinen sollte, obwohl ich dir alles Dienliche und mir Bekannte gesagt zu haben meine.«

Nespoli erwiderte: »Eine Frage gäbe es wohl. Welcher Art waren die Geschäfte, mit denen die Herrlichkeit in dieser Nacht den Fra Agostino betraute? Welcher Art war der Inhalt der Schriftstücke? Erlaubt die Herrlichkeit es mir, diese Frage zu stellen?«

Der Großtyrann blickte prüfend in Nespolis Gesicht mit den mächtigen Nüstern, den breiten und feuchten Lippen, zu denen das schön gerundete Kinn in einem mildernden Gegensatz stand.

»Nein, Massimo«, antwortete er. »Diese Erlaubnis kann ich dir nicht geben. Lasse dir genügen an dem, was ich dir sagte. Und nun suche, untersuche, höre, verhöre, wie es Gewohnheit und Erfahrung deines Amtes dir anraten. In drei Tagen magst du mir den Täter vorstellen. Hast du noch eine andere Frage?«

»Nein, Herrlichkeit«, entgegnete Nespoli, »die Herrlichkeit hat mir eine jede beantwortet, ehe sie ausgesprochen wurde.«

Der Großtyrann nickte ihm zu und ging langsam davon, in der Richtung des Gartenhauses. Einmal blieb er stehen und prüfte mit spitzen Fingern behutsam die Reife einer Frucht, ohne sie vom Zweige zu lösen.

Das Dauernde

Erblosen Todes sterben die Tyrannen.
Tribunen zeugen nicht.
Und die der Tausende Gehör gewannen,
gewannen sich Gericht.

Im bleichen Licht der fieberheißen Lampe
steht weiß der Komödiant.
Sein Auge flackt, er neigt sich an der Rampe
und reckt verzückt die Hand.

Er kränzt sich unter dem Geschrei der Menge
mit geil geschossnem Kraut.
– Der Acker singt die alten Preisgesänge
getreulich ohne Laut.

Der Herr und Knecht der selbstgeglaubten Lüge
erhitzt sich am Gewühl.
– Der Born im mütterlichen Weltgefüge
rauscht klar und keusch und kühl.

Der Pöbel brüllt, Fanfaren heulen schrille,
und Wimpel blähn sich groß.
– Das Trächtige erfüllt sich in der Stille
und tief im dunklen Schoß.

Wie wollen vor dem Abend sie bestehen,
die schäumend, fort und fort
in tausendfachem Hin- und Wiederdrehen
gebuhlt ums hohle Wort?

Und wo des Zorns geschwollene Dämonen
den Weinberg und den Hain,
das Fruchtgelände und den Herd bewohnen,
wie soll die Saat gedeihn?

O giergehetzte Rufer nach dem Beile,
Aufspürer alter Schuld –
nur das Vergängliche kennt Haß und Eile.
Die Dauer hat Geduld.

Am Himmel, wenn Gewölk und Dunst zerrannen,
steht groß das alte Licht.
Erblosen Todes sterben die Tyrannen.
Tribunen zeugen nicht.

1935

Das Dauernde

Erblosen Todes sterben die Tyrannen.
Tribünen zeugen nicht.
Und die der Tausende Gehör gewannen,
gewannen sich Gericht.

Im bleichen Licht der fieberheißen Lampe
steht weiß der Komödiant.
Sein Auge flackt, er neigt sich an der Rampe
und reckt verzückt die Hand.

Er kränzt sich unter dem Geschrei der Menge
mit geil geschlossnem Kraut.
– Der Acker singt die alten Preisgesänge
getreulich ohne Laut.

Der Herr und Knecht der selbstgeglaubten Lüge
erhitzt sich am Gewühl.
– Der Born im mütterlichen Weltgefüge
rauscht klar und keusch und kühl.

Der Pöbel brüllt, Fanfaren heulen schrille,
und Wimpel blähn sich groß.
– Das Trächtige erfüllt sich in der Stille
und tief im dunklen Schoß.

Die wollen vor dem Abend sie bestellen,
die schäumend, fort und fort
in tausendfachen Hin- und Widerhallen
gebrüllt ums hohle Wort?

Und wo des Zorns geschwollene Dämonen
den Weinberg und den Hain,
das Fruchtgelände und den Herd bewohnen,
wie soll die Saat gedeihn?

O giergehetzte Rufer nach dem Beile,
Aufspürer alter Schuld —
Nur das Vergängliche kennt Haß und Eile.
Die Dauer hat Geduld.

Am Himmel, wenn Gewölk und Dunst geronnen,
steht groß das alte Licht.
Ehrlosen Todes sterben die Tyrannen.
Tribunen genügen nicht.

1935

Paßbild, aufgenommen im Sommer 1942.

Politica
Aus den Aufzeichnungen im *Compendium Bergengruenianum*

1942

Immer ist mir die deutsche Sprache Mutter und Geliebte gewesen, und wie mit einer Mutter oder Geliebten habe ich auch mit ihr spielen mögen. Zu den Spielen, die ich mit ihr treibe, gehören meine Schüttelreime.

In der ersten Hälfte der nationalsozialistischen Ära habe ich in einer Reihe umfangreicher Schüttelreimgedichte meinem Herzen Luft gemacht. Diese Gedichte kursierten in Abschriften. Ich besitze sie nicht mehr und kann nur einzelne Partieen ... aus dem Gedächtnis rekonstruieren ---

»Vaterländischen Parnasses Boten,
stimmt zum Hochsang eures Basses Noten!
Die Gazetten spieen blanken Stunk,
die Anthologieen stanken Blunck*.
Pegasusse stehn in ganzen Ställen
angeschirrt. Die braunen Stanzen gellen.
Ziehe nicht die Stirn, o Hitler, kraus!
Dein Parnaß wird nie ein Krittlerhaus.
Du befiehlst, dein Versebrauer-Trust
greift in Jubel- oder Trauerbrust.
Ach, wie sie sich bis zum Schweiß erhitzen,
sich Begeistrung nach Geheiß erschwitzen ...
Jeder Hund – vor Zorn mag Heine beben –

* Hans Blunck 1888–1961

darf an seinem Grab die Beine heben ...
Ende, Schwätzer, endlich deine miesen
Reden! Adolf? Ja, ich meine diesen.
Rassenabgott deiner Minderrasse,
Oberhornochs deiner Rindermasse,
taugst fürwahr zum Strohbrandschürer fein.
Führer, sprich: wo ist dein Führerschein?
Magst uns hoffnungsselige Toren höhnen,
bis dir selbst die letzten Horen tönen,
bis wir dich und deine Schergensauen
endlich hingestreckt in Särgen schauen,
dich den toten Somme- und Marnehelden
als ersäuft im eignen Harne melden!
Wirst zurück in düstre Weiten kehren.
Nein, es wird nicht Ewigkeiten währen!
Deutschland spricht: Bald stürzen deine Mauern,
brauner Lagerzwingherr! Meine dauern.«

1943
Unabhängigkeit ist ein aristokratisches Postulat, Freiheit ein demokratisches. Merkwürdigerweise hat der Deutsche die obrigkeitliche Bevormundung fast nie als eine Beeinträchtigung seiner Freiheit empfunden. Als Freiheit galt ihm das Bewußtsein, an Bevormundungen einen mittelbaren Anteil nehmen zu dürfen, nämlich auf dem Umwege über den Stimmzettel.

1944
Die Formel für deutsches Wesen: reglementiertes Chaos.

1945

Der Nationalsozialismus ist nicht wie ein Blutregen vom Himmel gefallen und nicht wie eine wunderhafte Elementarkatastrophe gekommen, sondern er steht inmitten des Geflechts von Ursachen und Wirkungen, er hatte Gründe, Anstöße, Vorgeschichten. Gegenwärtig sieht man vor allem die Scheußlichkeit des von ihm Begangenen, das Elend, das er über die Erde gebracht hat: Mit der Zeit aber wird man ihn affektloser untersuchen und wird gewahr werden, daß zu diesem verwüstenden Strom sich die verschiedenartigsten Bäche vereinigt hatten; und keineswegs sind es nur trübe Sumpfgewässer gewesen.

Der Nationalsozialismus war ein Gemisch von mala und bona fides. Und es läßt sich durchaus nicht sagen, daß die mala fides nun eindeutig auf der Seite der Führenden, die bona eindeutig auf der der Geführten sich befunden hätte. Dies verknäulte, verfilzte sich vielmehr bis zur Unauflöslichkeit; ja, es verfilzte sich auch im Inneren des einzelnen.

Der Nationalsozialismus hätte nie zur Herrschaft kommen können, wenn er von vornherein ausschließlich die niedrigsten Instinkte der Menschen angerufen hätte. Er gab den Hunderttausenden, die bisher nur ihrem Nahrungstriebe und ihrem persönlichen Luststreben gedient hatten, etwas, das über ihr winziges privates Dasein hinausging, das sie für einen höheren Lebensinhalt meinten halten zu dürfen. Triviale Schlagworte wie »Gemeinnutz geht vor Eigennutz« sind von zahllosen kleinen Leuten aller Gesellschafts- und Bildungsschichten tatsächlich wie ein Evangelium aufgenommen worden.

Der Nationalsozialismus appellierte an den uralten Kinderwunsch der Menschen, die komplexe Vieldeutigkeit des Daseins, der sie sich nicht gewachsen fühlten, gelöst und alle Erscheinungen reinlich in Gut und Böse aufgehälftet zu sehen. Er gab einem jeden, mit Ausnahme der schon durch ihre Geburt verdammten Andersrassigen, die Möglichkeit, sich bei dieser Aufhälftung auf die Seite des Guten zu stellen. Das heißt: er speiste ihn mit moralischen Genugtuungen, an denen gemessen die verheißenen materiellen Vorteile vielleicht gering waren. Er stellte dem Guten ein Böses leibhaft, sichtbar, angreifbar und vernichtbar gegenüber, nicht als ein abstraktes Prinzip, sondern verkörpert in lebendigen Menschen. Nun konnte ein jeder sich selber aus dem Gegensatz bestätigt fühlen. Ja, er durfte jetzt niedrig handeln und sich dabei sagen: Ich handele im Namen des Ideals. Und vielleicht liegt hier das tiefste Geheimnis des Nationalsozialismus: Er stellte den gemeinsten Trieben der menschlichen Natur die sittliche Rechtfertigung zur Verfügung und beseitigte so den qualvollen Zwiespalt, den Gott in die Brust des Menschen gelegt hat.

Unter den ursprünglichen Komponenten des Nationalsozialismus ist auch die konservative nicht zu übersehen. Er verhieß einen Wiederanschluß des Lebens an die abgerissene geschichtliche Kontinuität – deren gänzliche Zerstörung doch ihm vorbehalten war! –, und so wurde er von vielen Leuten allen Ernstes für eine rechtsstehende Partei genommen. Daher fielen auch Monarchisten, ja, depossedierte Fürstenhäuser ihm zu. Im Frühjahr 1933 zwang er seine konfessionslosen Anhänger, die versäumte Taufe ihrer Kinder, die versäumte kirchliche Einsegnung ihrer Eheschließung nachzuholen. Bald darauf wurde das Konkordat geschlossen. Der Tag von Potsdam war gottesdienstlich gefeiert worden. Man betete an, was man später verbrannte ...

Der Nationalsozialismus war ein Protest gegen die Kollektivisierung, die er selber zur Glorie führen sollte. Er war ein Protest gegen Korruptionserscheinungen des öffentlichen Lebens, an deren Stelle er hernach eine verhunderttausendfachte Korruption setzte. Er war ein Protest des Elementaren gegen die schematische Norm, gegen die Normierung und Polizierung des Daseins, und es war eine grausame Ironie, daß er selber es sein mußte, der alle geschichtlich bekannten Beispiele der Normierung und Polizierung überboten hat.

1945

Sehr häufig begegnete man in Deutschland Leuten, die nicht eigentlich Nationalsozialisten, aber, wie sie es nannten »gut vaterländisch« gesonnen waren. Diese sagten: »Ich bin zwar kein Freund der Partei und mit vielem nicht einverstanden. Aber jetzt muß das alles zurücktreten, jetzt geht es nicht um Parteien, jetzt geht es um Deutschland.« (O ja, es ging um Deutschland, – aber anders, als diese Leute meinten.)

Der halbbewußte Selbstbetrug, mit dem sie ihr Gewissen und die Folgerichtigkeit des Schicksalsablaufs zu hintergehen trachteten, war dieser, daß sie taten, als handele es sich um eine beliebige Partei unter vielen oder, wie in anderen Ländern, um eine Vielzahl von Parteien, deren vergleichsweise unwichtige Streitigkeiten hinter einer gemeinsamen Not und deren Abwehr zurückzutreten hätten.

Aber nun gab es ja keine Parteien und, wenn man nach der Sache urteilt und nicht nach dem Wortschwall, auch keine Partei; denn der Begriff der Partei setzt die Existenz anderer Parteien, zum mindesten einer zweiten Partei voraus. Was sich Partei nannte, war keine Partei, sondern die in alle Abschnitte des bürgerlichen Lebens verlängerte Hilfspolizei der regierenden Clique.

1946

Mit Jubel nahmen wir eine Anekdote auf, die während des Krieges jemand aus Norwegen mitbrachte. Nachdem Knut Hamsun, so hieß es, jenen Aufruf erlassen hatte, Norwegen möge an der Seite seines mächtigen deutschen Verbündeten entschlossen gegen den Erbfeind England die Waffen erheben, erschien einer seiner Nachbarn des Abends an seinem Gartenzaun und warf, was er an Hamsunschen Büchern besaß, ihm stillschweigend aufs Grundstück. Am nächsten Abend tat es ein anderer ihm nach. Es sprach sich herum, es wurde eine Sitte. Schließlich kamen die Leute mit gefüllten Rucksäcken von weit her. Die Bücherhaufen türmten sich zu Bergen, bis Hamsuns Haus und Garten in den eigenen Auflagen ertrunken waren.

1953

Vielleicht ist alles Kopfzerbrechen und Reden umsonst. Vielleicht handelt es sich gar nicht mehr um die Behauptung der Freiheit – und auf der ganzen Welt ist die Freiheit bereits verspielt, ausgenommen in ein paar wilden oder halbwilden Länder.

Vielleicht ist alles, was heute und morgen getan werden kann, nur dies, dem unaufhaltsamen Totalitarismus – der wahrscheinlich weder rot noch braun sein, sondern die öde Couleur blaßgrauer Bürokratengesichter tragen wird – gewisse Spielregeln aufzunötigen und die Freiheitsberaubung durch ein resignatives Ja zu Freiheitsbeschränkungen abzufangen. Denn die Freiheit verträgt unter Umständen ein Mehr und ein Weniger, der Totalitarismus nicht! Gelingt es, ihn zu beschränken, so ist er, als Totalitarismus, schon besiegt.

Vielleicht wird die Freiheit auf längere Zeit nirgends sonst überleben als in einigen tapferen Seelen. Und wenn sie wieder aus der Nacht hervortritt, wird sie eine andere Freiheit geworden sein, vielleicht eine höhergeartete, vielleicht eine niedrigere, und am Ende würden wir sie nicht einmal als Freiheit wiederzuerkennen wissen. Das Dritte Reich hat uns gelehrt, wieweit der Mensch – mitten in Europa – ausschweifende Verwirklichungen zuläßt. Damit ist eine ganz neue Erfahrung gewonnen worden. Es versteht sich, daß sie genutzt wird.

Was uns vom Dritten Reich geblieben ist und fast unaufhebbar geworden scheint, ist der totalitaristische Zug alles Lebens; es ist nichts mehr, das nicht zur Verstaatlichung drängte oder gedrängt würde.

Hier liegt die schicksalsvollste Frage unserer Zeit. Sie geht jedes Land an, scheint sich aber am hitzigsten im gründlichen Deutschland zu stellen, wo Tendenzen zu staatlicher Omnipotenz sich überdies auf alte Traditionen berufen können. Auffallender freilich sind die Entwicklungen in England und Amerika, denn im Gegensatz zu Deutschland handelt es sich dort um einen Bruch mit grundlegenden Überlieferungen:

England war bei aller Festgegründetheit des Staatswesens der klassische Hort der Individualfreiheit, und Amerika hat von seinen Anfängen bis in unser Jahrhundert das Ideal des auf bestimmte Befugnisse einzuschränkenden kontrollierten und gebändigten, also des schwachen Staates vertreten.

Was wir zu fürchten haben, ist eine Partei der totalen Apparatur, das heißt: der legalen Versklavung, die immer noch zugleich befangen ist in der Einbildung, eine freiheitliche Bewegung zu repräsentieren. Diese Befangenheit haben Nationalsozialismus und Bolschewismus vorgemacht.

Die legale Versklavungskunst wird in England vom Sozialismus vertreten, in Amerika weder von einer sozialistischen Partei noch von irgendeiner anderen; sie erscheint dort einfach als logische Folge stattgehabter Entwicklungen und entstandener Situationen.

Über Hermann Löns

Hermann Löns, ein primitiver Jagd- und Heidedichter, Feuilletonredakteur in Hannover, Jäger, Wanderer und Naturbeobachter, meldete sich, schon in recht vorgerücktem Alter, 1914 als Kriegsfreiwilliger und fiel bald danach in Frankreich. Dieser Tod mehrte seine Popularität. Insbesondere die Jugend nach dem Ersten Weltkrieg sang gern seine Verse, die sich volksliedartig gaben und am eigentlich Volksliedhaften haarscharf vorbeizutreffen wußten. In summa: er war ein mittelständlerischer Poet, aber ein braver Mann.

Der Nationalsozialismus reichte mit einer seiner vielen Wurzeln zum Wandervogel und in die Jugendbewegung zurück. Als er zur Macht gekommen war, entsann er sich des Dichters und beschloß, sich seiner als eines Gesinnungsfreundes und Vorläufers zu bemächtigen.

Damals, im ersten Jahr des Dritten Reiches, war die Zeit der Feste. Im Ersinnen von Anlässen war das Propaganda-Ministerium unermüdlich und unerschöpflich. Umzüge, Fahnen, Militärmusik, Kundgebungen, Ansprachen füllten die Tage und die Zeitungsspalten. Diesmal fand sich eine neue Note. Der Leib eines großen nationalen Dichters, des Theodor Körner unserer Epoche, sollte aus seinem französischen Soldatenfriedhof geholt, im Triumphzuge durch das westliche Deutschland geleitet und dann in der Lüneburger Heide unter den gewaltigen Steinblöcken eines Hünengrabes beigesetzt werden; hier hatte eine nationale Weihe- und Wallfahrtsstätte zu entstehen.

Die Reihe der Festlichkeiten begann mit der Exhumierung und setzte sich mit der Überführung fort. Sonderberichterstatter, Zeichner, Photographen, Filmleute waren an der Arbeit. Jede Phase wurde genau geschildert.

Das las sich bisweilen ganz wie ein höfischer Reisebericht: Von Wackermannshausen kommend, traf der Zug um acht Uhr vierzig in Dingskirchen ein und wurde mit brausenden Heilrufen –, es kann auch ein ehrfürchtiges Schweigen gewesen sein –, empfangen. Auf dem Bahnhof hatten Vertreter der örtlichen Parteidienststellen und Behörden, Abteilungen der SA und der Hitlerjugend, Fahnenabordnungen des Heeres, des Stahlhelms, des Kyffhäuserbundes Aufstellung genommen. Die Musik spielte die Deutschlandhymne und das Horst-Wessel-Lied. Nach einer Ansprache des Kreisleiters senkten sich unter den Klängen des Liedes *Ich hatt' einen Kameraden* die Fahnen. Pünktlich um neun Uhr sechsunddreißig trat der tote, endlich in sein freigewordenes Vaterland heimgekehrte Dichter die Weiterfahrt an.

Begreiflicherweise reiste Löns unter solchen Umständen recht langsam. Eine gehörige Reihe von Tagen hindurch konnte man an den Presseschilderungen seine Freude haben. Nur die Ortsnamen wechselten. Besonders liebevoll nahm die *Berliner Zeitung am Mittag*, aus Gründen der Zeitersparnis kurz »B. Z.« genannt . . ., sich des Heidedichters und seiner Totenfahrt an. An Hand ihrer täglichen Berichte machte man tatsächlich die Reise mit. Plötzlich, Löns war bereits bis ins Hannöversche vorgedrungen und der Beginn der Beisetzungsfeierlichkeiten stand vor der Tür, fehlte eines Mittags in der *B.Z.* der gewohnte Bericht. Die nächste, die übernächste Nummer erschien, ohne daß das Versäumte nachgeholt wurde. Die Interessenten griffen betroffen zu anderen Blättern. Auch hier fand sich kein Sterbens-, kein Begrabenswörtchen.

Was war geschehen? Im Propagandaministerium hatte man erfahren, was die Kundigen längst gewußt hatten: Hermann Löns, der niedersächsische Heid-, Jagd-, Volks-, Kriegs-, Bauern-, Blut- und Bodendichter, Hermann Löns hatte eine jüdische Mutter gehabt. Es kann auch die Großmutter gewesen sein, diese Details sind mir nicht mehr im Gedächtnis.

Die Verlegenheit war groß. Zunächst wurde der Presse –, natürlich, wie immer in heiklen Fällen, ohne Angabe des Grundes –, jede weitere Erwähnung des Dichters verboten. Am liebsten hätte man den Sarg sofort auswaggoniert, seines Ehrenschmucks beraubt und ihn auf irgendeiner weltverlorenen Bahnstation oder dem ihr nächstgelegenen Schindanger der Fürsorge des alttestamentlichen Jehova und seiner Vögel unter dem Himmel überlassen.

Aber nun ist ein Wort zum Ruhme der Armee zu sagen. Sie hieß damals noch Reichswehr und besaß noch jenes soldatische Ehrgefühl, das ihr in den kommenden Jahren so gründlich ausgetrieben werden sollte. Sie erklärte jetzt: »Mutter oder Großmutter des Musketiers Löns vom Infanterieregiment Nr. Soundsoviel interessiert uns nicht. Der Mann hat in unseren Reihen gekämpft und ist anständig gestorben. Von uns aus hätte seine Leiche auf dem Heldenfriedhof bleiben können, wo sie neben ihren Kameraden lag. Aber ihr habt ja den Klimbim gewollt; jetzt führt ihn gefälligst auch auf eine anständige Art zu Ende. Die Armee kann nicht dulden, daß mit einem ihrer Leute Schindluder getrieben wird.«

Damals war die Armee noch nicht ein Instrument der Partei. Sie war ein selbständiger Machtfaktor, umworben und gefürchtet. Es war nicht geraten, mit ihr anzubinden.

Der Sarg, der auf einer kleinen Eisenbahnstation gleichmütig auf das Ergebnis dieser Auseinandersetzung gewartet hatte, kam nun wieder ins Rollen. Er gelangte, wenn auch bescheiden und ungeehrt wie ein Frachtstück, bis zu jenem Hünengrab bei Fallingbostel in der Lüneburger Heide. Hier hat die Beisetzung, um in der Sprache der Todesanzeigen zu reden, in aller Stille stattgefunden. Ein paar Vertreter der Wehrmacht nahmen an ihr teil; Staat und Partei fehlten. In den Zeitungen gab es eine Notiz von drei Zeilen Länge; sie war so abgefaßt, als habe diese Bestattung keinerlei Vorgeschichte.

Es verging einige Zeit. Die Angelegenheit schwand aus den Gedächtnissen; es geschah damals ja so viel.

Aber Löns war nun einmal das, was der Jargon der Bierkabaretts eine Stimmungskanone nennt. Auf die Dauer konnte man ihn nicht entbehren. Der Bann wurde aufgehoben.

Bei Kriegsausbruch kam Löns hoch zu Ehren. So, wie man damals das wilhelminische Flottenlied *Stolz weht die Flagge Schwarzweißrot/von unsres Schiffes Mast*, das um seines jüdischen Komponisten willen verboten gewesen war, plötzlich wieder hervorholte, so klang es nun aus allen deutschen Sendern jedesmal im Anschluß an den Tätigkeitsbericht der Unterseebootwaffe, das Lönssche Lied vom Seemannsabschied:

»Gib mir deine Hand,
deine weiße Hand.
Denn wir fahren, denn wir fahren,
denn wir fahren gegen Engelland! Ahoi!«

Das Volk nannte es das Niegelungenlied. 1946

Werner Bergengruen auf dem Balkon seines Hauses in München-Solln, 1937.

Der Schreibtisch

Max von Pettenkofer, Mediziner, Chemiker und Pharmazeut, Doktor der Heilkunde und Königlich bayerischer Hofapotheker, 1818 geboren, 1901 gestorben, hat die Wissenschaft der Hygiene begründet und in stürmischem Tempo vorangetrieben.

Das war der Mann, aus dessen Besitz mein Schreibtisch stammte. Dieser Tisch kam aus seinem Nachlaß an einen seiner Schüler und Mitarbeiter, an Martin Hahn, der ein Onkel meiner Frau war. Er starb 1934, und der Schreibtisch fiel uns zu. Seine Dimensionen erlaubten es nicht, ihn in unserem kleinen Zehlendorfer Reihenhäuschen aufzustellen. Er verblieb einstweilen auf einem Speicher, und erst, als wir 1936 das neuerworbene Haus in Solln bei München bezogen, nahmen wir ihn zu uns. Er widersetzte sich dem Transport auf der zum Oberstock führenden Treppe und mußte in einem umständlichen Verfahren über den Balkon und durch dessen breite Fenstertür hinaufgeschafft werden. Da stand er nun in meinem Arbeitszimmer, er war mein Schreibtisch, wie er ehemals Pettenkofers Schreibtisch gewesen war, und an meinem bisherigen wurden von nun an Schularbeiten gemacht oder auch unterlassen. Ich selbst war in meiner Jugend viel zu sehr mit meinen außerhalb des Gymnasiums brodelnden Interessen beschäftigt, als daß ich ein zuverlässiger Schularbeitenverfertiger hätte sein können. Ohne meinen Kindern zu nahe zu treten, möchte ich meinen, es sei auch bei ihnen nicht viel anders gewesen.

Es gibt eine Photographie, die Pettenkofer im Schlafrock an seinem Schreibtisch zeigt. Sein Biograph vermerkt, dies Bild habe in der Pettenkoferschen Familie eine besondere Wertschätzung genossen. Ohne Mühe erkannte ich auf ihm meinen Tisch wieder.

Es war ein gut gearbeitetes Stück in den sparsamen, klaren Formen, die das aus dem Empire-Stil erwachsene Biedermeier liebte, ohne Aufbau, ohne Verzierungen, mit rötlichem Kirschbaumholz fourniert. Die Platte trug eine Bespannung von rotem Kaliko. Der Schreibtisch war so geräumig, wie alle Schreibtische sein sollten, und doch nicht über Gebühr groß oder gar unförmig. Er maß genau zwei Meter in der Länge, so daß ein Langarmiger ihn im Sitzen gerade noch beherrschen und verwalten konnte; und ich gehöre nun einmal zu diesem Geschlecht, aus welchem Grunde ich auch in der Jugend als Säbelfechter meine Vorteile genoß. Die Platte bot Bequemlichkeit und Raum nicht nur für ein behagliches Ausbreiten der schriftlichen Arbeit. Sie hatte auch Platz für allerlei Allotria; dergleichen gehört nun einmal zu einem Schreibtisch. So hatte sie Platz auch für meinen recht großen Tabakskasten und das damals für unentbehrlich gehaltene Telefon. Später habe ich fast sechzehn Jahre telefonlos gelebt, und dieser Zustand erschien mir preferabel. Dennoch hat er sich nicht aufrechterhalten lassen – das ewige Los des Preferablen.

Der Schreibtisch ruhte auf acht viereckigen, nach unten zu sich biedermeierlich verjüngenden Beinen und hatte die Form einer Brücke. In den viereckigen Hohlraum unter der Mitte teilten sich mein Papierkorb und meine Irish-Setter-Hündin Fee, der Hund aller Hunde, dem ich in Carions Polydor ein kleines Denkmal gesetzt habe. Über den Papierkorb ist nicht viel zu sagen, des Hundes aber werde ich noch gedenken. Für den Augenblick nur so viel: er hatte die liebevolle und sanfte Seele einer Stiftsdame, (was ihn aber nicht hinderte, ein eifriger, freilich erfolgloser Jäger zu sein), dazu die Anmut einer ganz jungen. Kein Hund hat mich so verstanden wie er, obwohl er nicht eigentlich klug war; aber er hatte jenes Verständnis, das aus der Liebe quillt.

Der Schreibtisch stand rechts vom Fenster, mit der Längsseite gegen die Wand, die mein Arbeitszimmer von meinem Schlafzimmer trennte. Von ihm aus waren es nur wenige Schritte bis zur Glastür, hinter der über dem Garten das Halboval des Balkons hinausragte. Hier pflegte sich, des Futters gewärtig, mein Meisenvolk zu versammeln. Dies Futter bestand vorzugsweise aus Sonnenblumenkernen.

Sonnenblumenkerne sind ölhaltig, und so wurden sie bei Kriegsbeginn rationiert. Das heißt, sie durften in dem nun zum Verkauf kommenden Reichseinheitsvogelfutter nur noch einen bestimmten Prozentsatz ausmachen. Das übrige bestand aus irgendwelchen wenig appetitlichen Sämereien, die von meinen verwöhnten Meisen nicht angerührt wurden. Ich bat die Verkäuferin, mir doch nur Sonnenblumenkerne zu geben, ich wolle die Zutaten ja gern mitbezahlen, aber nicht genötigt sein, sie heimzutragen und vergeblich den Vögeln hinzustreuen.

»Bitte sehr, wir haben jetzt Krieg!« antwortete sie scharf.

»Ja, gewiß«, sagte ich, »ich hänge auch jeden Tag die erste Seite des *Völkischen Beobachters* zum Fenster hinaus. Aber was glauben Sie, die Meisen haben es noch immer nicht begriffen.«

Unter der Kundschaft erhob sich ein ungutes Gemurmel, und ich zog es vor, mich zu empfehlen.

Zurück zum Schreibtisch! Meine Frau hatte einen noch aus der Zeit ihres medizinischen Studiums stammenden Schädel mit in die Ehe gebracht, dem ich – ein Freund des Memento, nicht des Lamento mori – alsbald eine ehrenvolle Stelle auf meinem schwarzeichenen, später den Kindern übergebenen Schreibtisch anwies. Ich war ihm gut und nannte ihn Max. Manchmal steckte ich ihm eine Zigarette zwischen die leidlich erhaltenen Zähne. Es störte mich nicht, daß der Schädel möglicherweise von einem hingerichteten Raubmörder stammte, wozu die brutale Form des Kinnes und die vortretenden Knochenwülste über den Augen gepaßt hätten. Es versteht sich, daß Max auch auf dem neuen Schreibtisch, dem Pettenkoferschen, seinen Platz fand.

Ich weiß nicht mehr, was mich bewogen hat, meinem Raubmörder den Namen Max zu geben. Bestimmt habe ich nicht daran gedacht, daß in meiner Familie der Name Maximilian und dessen Abkürzung Max nicht selten war und daß ich selbst mit meinem zweiten Vornamen Maximilian heiße. Wahrscheinlich habe ich die Namensgebung in unbewußtem Gedenken an eine in frühester Kindheit von mir sehr geliebte und Max genannte Puppe vollzogen. Dieser Max war ein »Lichatsch«, also ein Kühner oder, denn »Lichatsch« ist ein Hauptwort, ein Kühnling, das heißt, er trug das klassische Kostüm des russischen Kutschers, und mit dem leuchtendroten Hemd, dem ärmellosen Wams aus schwarzem Samt und der Pfauenfeder an der schwarzen Kappe gehörte er zur Aristokratie des Kutschervolks. Kein Lichatsch gab sich mit gewöhnlichen Gäulen ab, er war stolz auf seine Blutpferde, er fuhr wie der Teufel und ließ sich hoch bezahlen. Ja, ein Lichatsch war so recht ein Märchenheld, und wenn man als Kind einem auf der Straße begegnete, wie er stattlich, bärtig, bunt und selbstbewußt auf dem Bock thronte, dann war auf den ganzen Tag ein Stück Glanz gefallen. Und nun erst, wenn man mit ihm hatte fahren dürfen!

Hirschenstraße 36 in München-Solln.
Hier lebte die Familie Bergengruen von 1936 bis 1942.

Die Bombengaudi

Es fällt auf – mir gewiß, vielleicht auch dem Leser –, daß ich von meinem Pettenkoferschreibtisch immer in der Vergangenheitsform gesprochen habe, obwohl ich doch der Meinung bin, mich seiner heute noch zu bedienen, ja, eben jetzt an ihm zu sitzen. Dies ist ein Irrtum, obzwar nicht gänzlich. Die Sache liegt nicht einfach, ich muß sie auseinandersetzen.

Im Herbst 1942, also fast zwei Jahre nach Erscheinen des Berliner Romans, beging ich meinen fünfzigsten Geburtstag. Die alte Frankfurter Zeitung forderte mich auf, irgendeinen Beitrag zu schicken, mit dessen Abdruck sie den Tag markieren wollte. Ich sandte ihr das vor etwa zwei Wochen geschriebene Gedicht *Die himmlische Rechenkunst*, und sie veröffentlichte es zum vorgesehenen Termin.

Es war damals bereits die Zeit der Luftalarme, doch hatten die Angriffe noch nicht den Ernst, die Wucht und Unentrinnbarkeit von später. Die alliierte Luftwaffe befand sich, artilleristisch gesprochen, im Zustande des Sich-Einschießens. Wirkliche Treffer galten als seltene Unglücksfälle, und die Menschen pilgerten in Scharen hin, um ein zerstörtes Haus zu betrachten. Verglichen mit den Fürchterlichkeiten der folgenden Jahre war alles harmlos.

Es war nicht meine Gewohnheit, bei nächtlichem Alarm das Bett zu verlassen. Nur wenn die Kinder aufgewacht waren, setzten wir uns mit ihnen ins Vorzimmer. Unser Keller war für Luftschutzzwecke wenig geeignet und das Vorzimmer der einzige Raum des Hauses, der keine Außenwände hatte, sondern von anderen Räumlichkeiten umgeben war. Um die Kinder abzulenken und die Zeit bis zur Entwarnung hinzubringen, spielten wir mit ihnen »Mensch, ärgere dich nicht«. Für dies Würfelspiel mit seinen so ausgeprägten Parallelen zum Auf und Ab menschlicher Schicksale habe ich schon in meiner Kindheit eine Vorliebe gehabt. Noch heute spiele ich es gern.

Es war drei Tage nach meinem Geburtstag, und allerlei Gaben standen noch auf dem festlich geschmückten Tisch im Erker des großen Wohnzimmers, darunter ein Dutzend Burgunderflaschen und ein stattliches Paket Kaffeebohnen, damals schon kostbare, aber unentbehrliche Seltenheiten, Geschenke der Hanseatischen Verlagsanstalt. In der Nacht saß ich, noch angekleidet, am Schreibtisch. Es wurde alarmiert, die Kinder wachten auf, Tochter und Sohn; unsere Älteste, der Schule bereits entwachsen, war damals bei Verwandten in Hessen. Wir machten uns im Vorzimmer an unser Spiel. Das war nicht anders als sonst.

Die Detonationen kamen näher, das Motorengeräusch verstärkte sich. Noch meinten wir, es werde alles abgehen, wie man es gewohnt war und fast verlangen zu können glaubte. Dann ging das elektrische Licht aus, über uns krachte und dröhnte ein Donnerschlag, etwas stürzte polternd zu Boden, allerlei Dinge flogen umher. Es war augenblicks klar, daß wir unser Haus verlassen und im Keller des gegenüberliegenden einen Unterschlupf suchen mußten. Im Getöse war jede Verständigung unmöglich, nur noch das überlaut geschriene »Raus!« meiner Frau erreichte mein Gehör.

Ich durchquerte die Küche, um über die Veranda ins Freie zu gelangen. Es schien unmöglich, sich in der Schwärze, im vertrauten, nun rätselhaft veränderten und verstellten Raum zurechtzufinden. Nach meinem Gefühl hat diese Durchquerung eine halbe Stunde gedauert, in

Wirklichkeit mag es sich um Minutenbruchteile gehandelt haben. Immer wieder war der Weg verbaut, immer wieder fiel mir Möbelartiges auf Kopf und Schultern, ich stolperte und fiel, lag am Boden, kroch und kam wieder zur Höhe. Endlich war ich im Garten und fand hier meine Tochter. Frau und Sohn waren abhanden gekommen. Wir liefen in die stockdunkle, donnernde, von feindseligen Gegenständen durchwirbelte Nacht. Irgendwo schoß, nicht sehr überzeugend, die Flak. Das Haus, dem wir zustrebten, war unauffindbar, es war ein leichtes Bauwerk und jetzt verschwunden, spurlos wie Aladins Palast.

Wir gelangten in einen nachbarlichen Keller. Das Bombardement hielt noch eine Weile an, hat aber nicht mehr viel Schaden angerichtet, wenigstens nicht in unserer unmittelbaren Nähe. Nach der Entwarnung fanden beide Familiengrüppchen sich bei nahewohnenden Freunden zusammen, bei dem Maler Otto Neumann und seiner Frau.

Meiner Frau war in unserem Vorzimmer eine aus den Angeln gerissene Tür auf den Kopf gefallen. Sie hatte eine Weile bewußtlos gelegen, ich vermute, es werde nicht länger gewesen sein als meine Küchendurchquerung. Dann war sie mit unserem Sohn ins Freie gelangt, und nun hatten sie ebenfalls vergeblich nach Aladins Zauberschloß gesucht, und auch als es hell wurde, war es nicht mehr vorhanden. Beide hatten dann gleich manchen anderen ein Asyl im tiefen und stabilen Keller des Wirtshauses zum Hirschen gefunden, von dem unsere Straße ihren Namen hatte.

Die Kinder waren unverletzt, meine Frau und ich einigermaßen blutig zugerichtet. Doch, hernach bei Tageslicht besehen, waren es doch weniger Gefechtsverwundungen als vielmehr Andenken an Wirtshausraufereien*, bei denen Maßkrüge auf feindliche Köpfe geschleudert werden. In einem Ohrläppchen bewahre ich immer noch einen verkapselten Splitter aus Glas, Mörtel oder Holz. Meine Frau war härter mitgenommen, das Gesicht verschwollen, verquollen und verfärbt, und es hat lange gebraucht, bis die Kopfschmerzen sie gänzlich freigaben.

Alle zwei Stunden kameradschaftlich einander ablösend, bewachten Otto Neumann und ich bis zum Tagesanbruch das Haus, dessen Türen für jedermann offenstanden. Vielleicht war das eine überflüssige Vorsicht. Doch hat schon der nächste Tag und erst recht die weitere Folgezeit uns darüber belehrt, wie bereitwillig der Mensch in Notzeiten ist, seine Bestände durch entschlossenen Griff nach unbewachten Habseligkeiten aufzufüllen.

Meine Frau fand sich ein, inzwischen vom diensthabenden Arzt verpflastert und verklebt. Wir sahen uns im Hause um. Notdürftig, mit Kerzen und Taschenlampen, suchten wir ein Bild zu gewinnen. Allzuviel Licht durfte man nicht machen, denn das Verdunklungspapier vor den Fenstern war zu Fetzen gerissen, und die Polizei hätte einem auf den Hals kommen können. Die Wand zwischen meinem Arbeits- und Schlafzimmer, an der diesseits mein

* Für Wirtshausraufereien hatte der Nationalsozialismus den volltönenderen Namen Saalschlachten, wie er auch Kostümierte gern als Uniformträger bezeichnete. Überhaupt gehörte es zu den Eigentümlichkeiten jener Jahre, daß nichts bei seinem wirklichen Namen genannt wurde. Krankenmorde hießen Euthanasie oder Vorverlegung des Todesfalles, statt von Magermilch wurde amtlich von entrahmter Frischmilch gesprochen, und die Gefängniswillkür, der die Häftlinge schutzlos preisgegeben waren, trug den von wohlwollender Fürsorge zeugenden Titel Schutzhaft. Ein mir nicht persönlich bekannter Dichter des Regimes kondolierte mir schriftlich zur Bombengaudi und begann seinen Brief mit der Bemerkung, er habe zu seinem Bedauern gehört, daß mein Haus baufällig geworden sei.

Schreibtisch, jenseits mein Bett stand, war eingestürzt. Riesige Brocken bedeckten mein Bett. Es war gut, daß ich nicht geschlafen, sondern *Mensch, ärgere dich nicht* gespielt hatte. Anfangs dachten wir noch an Reparaturen. Aber das Gebäude war durch und durch erschüttert, und so verfügte am nächsten Tage die Behörde mit Rücksicht auf die Einsturzgefahr die sofortige Räumung.

Es hatte bei uns nicht gebrannt, denn was niedergegangen war, das waren keine Brandbomben gewesen, sondern nur Luftminen, wenn das gutmütige Wörtchen »nur« hier gestattet ist. Aber man hatte damals noch nicht sehr viele Erfahrungen gesammelt, auf Grund deren sich die Wirkungen beider Geschoßtypen hätten vergleichen lassen können, und so blieb der Vorgang eindrücklich genug. Daß ihm, wie allen Katastrophen, zugleich etwas Befreiendes und Verjüngendes innewohnte, habe ich leidenschaftlich empfunden. Über vieles war man mit einem Schlage hinausgehoben. Wagenladungen von Kulturschutt waren endlich beim Teufel. Vieles haben wir verschenkt, und fast fiel es mir schwer, mich nicht von allem leichterhand loszusagen. Es ist uns zustatten gekommen, daß meine Frau hierin mehr Vernunft hatte als ich. Ein wenig hatte mich eine Galgenlustigkeit erfaßt, und ich hätte rufen mögen: »Verkaufts mei Gwand, i fahr in Himmel!« Unmöglich war es mir, in das öde Geschimpf über die Verworfenheit der schurkischen Engländer einzustimmen, in welchem manche der Unbeteiligten sich ergingen. Schließlich hatte doch unser Adolf als erster erklärt, er werde die englischen Städte ausradieren, – nur daß die Engländer nicht bloß das bessere Gewissen, sondern auch die besseren Radiergummis hatten. Übrigens waren diese Gummis damals noch nicht bis zur Vollkommenheit entwickelt. Die englischen Flieger, deren Künste anfängerhaft waren und die noch nicht mit den später so wohlbekannt gewordenen »Weihnachtsbäumen« arbeiteten, hatten offenbar nach den neuen Industrieanlagen bei Mittersendling gesucht und im Dunklen die Orientierung verloren.

In nächster Nähe des Hauses befand sich unser Bahnhöfchen. Der Stationsvorsteher, dessen Niesen meine arme Fee so in Schrecken zu setzen vermochte, war in Sorge um seine Hasen* aus dem Hause gestürzt. Vielleicht meinte er, sie bedürften des tröstenden Zuspruchs ihres Herrn, wie meine Fee seiner bedurft hätte.

Ach, meine Fee, gutes Hundchen, braunes Hundchen! Wie hätte sie die Schrecknisse dieser Nacht bestehen sollen? Sie ist sanft und ohne Furcht dahingegangen, freilich nicht ohne Leiden. Sie war überzüchtet und wie so viele ihrer anmutigen Rasse für Krankheiten anfällig. Der Tierarzt hoffte immer noch, sie über die schwere Nierenentzündung hinwegzubringen. Ich hatte diese Hoffnung nicht mehr. Es war hart, den Kräfteverfall, die Abmagerung, die Traurigkeit mitanzusehen. Anderthalb Jahre vor der Bombengaudi hatte ich sie einschläfern lassen. Sparge rosis lapidem. Gutes Hundchen, braunes Hundchen!

Ich denke mir, unser Stationsvorsteher, dem wohl auch ein Rosenknöspchen auf den Grabstein zukommen mag, werde die freundliche Gesinnung, die er allen Menschen entgegenbrachte, auch für die Tiere gehabt haben. Aber er kam nicht bis zu seinen Hasen. Der Luftdruck der Minenexplosion zerriß ihm die Lunge. Er war augenblicks tot.

* Unverbesserlich norddeutschen Lesern diene zur Nachricht, daß die Kaninchen in der bayrischen Schriftsprache als Stallhasen, im Umgangsidiom einfach als Hasen bezeichnet werden.

Vor einem solchen Schicksal hatten uns die Wände des Hauses beschützt. Sie selbst konnte niemand schützen, und so waren sie draufgegangen.

Unklar blieb das physikalische Auswahlprinzip, mit dem der Dämon der Zerstörung arbeitete. Logischerweise zerbrach das Zerbrechliche. Doch wieso galt dies Gesetz nicht für Brillen? Auch einige Spiegel kamen davon. Aber wie hatten Glas- und Holzsplitter und winzige Mörtelpartikelchen den Weg in unaufgeschlagene Bücher gefunden? Noch heute fällt mir beim Öffnen eines selten benutzten Bandes mikroskopisches Gerümpel dieser Art entgegen.

Der nächste Tag war ein Sonntag, und alle hatten Zeit. Vom frühen Morgen an füllten Bekannte und Unbekannte unseren Garten. Alle waren voll freundschaftlicher Teilnahme, denn das Schicksal, das uns betroffen hatte, war zu jenem Zeitpunkt noch ein exzeptioneller, ein sozusagen heroischer Unglücksfall. Erst später ist es das deutsche Nationalgeschick geworden. Gute Menschen, darunter auch solche, die wir kaum oder gar nicht kannten, brachten Mocca, Wein, Cognac, Zigaretten. Wir waren populär, und wir waren interessant. Die Vogelfutterverkäuferin sagte strahlend: »Nein, wie gut Sie schon wieder aussehen! Es ist doch wirklich wunderbar, wie schnell in so großen Zeiten alles verheilt!«

Unter den anteilnehmenden und helfenden Gästen, die sich im warmen Septembersonnenschein im Garten drängten, war auch Carl Muth, der väterliche, verehrte Freund. Ich sehe den Fünfundsiebzigjährigen noch vor mir, wie er, unermüdlich sich bückend, die verstreut unter den Büschen liegenden Manuskriptblätter des Berliner Romans auflas. Mir selbst lag nicht viel an ihnen, das Buch war ja gedruckt und erschienen. So suchte ich ihm diese Mühsal auszureden. Er aber beharrte auf seiner Absicht und sagte, fast ein wenig vorwurfsvoll: »Wenn Sie die Blätter nicht wollen, – ich will sie.«

Ich nehme an, daß sie in den nächsten Jahren, als auch sein eigenes Haus getroffen wurde, dort zugrunde gegangen sind. Ebenso ging es mit Briefkisten, Akten, Mappen und noch manchen leicht brennbaren Habseligkeiten, die wir bei Muth und anderen Gefälligen einstellen durften und die ich in den nächsten Tagen mit dem Handkarren zu ihren Herbergen fuhr. Nichts von allem habe ich wiedergesehen. Nur das Silber kam heil davon, wir hatten es in Großhesselohe bei guten Freunden, bei Walter Behrend, dem ehemaligen, von den Nazis verdrängten Feuilletonredakteur der *Münchner Neuesten Nachrichten*, und seiner lieben Frau Amélie geborgen. Das Haus war alt und fest, und der Keller hatte die Tiefe eines Schachts; wenn mir recht ist, ging es sechzehn Meter zu ihm hinunter.

Auch Neugierige fehlten nicht und waren lästig. Wir hatten alle Hände voll zu tun, und es war uns nicht nach Geschwätz zumute. Diese Leute, die sich großmutsvoll zur Hilfe anboten, standen überall im Wege und deuteten nur mitunter kraftvolle Zupackbewegungen an wie arbeitende Soldaten beim Herannahen eines unerfahrenen Vorgesetzten.

Zahlreich waren die wirklich zupackenden Helfer. Die Behörde hatte verschiedene Organisationen aufgerufen, darunter die älteren Jahrgänge der Hitlerjugend. Viele verdienen Ruhm, sie griffen tüchtig zu als, wie die offizielle Redewendung lautete, Helfer im Sinne der Volksgemeinschaft. Aber nicht alle waren auch Helfer in und nach meinem Sinne, einige sorgten zugleich für sich, und manches, das Wert, aber keinen großen Umfang hatte, verschwand in Hosentaschen. Es war in dem Gewimmel größtenteils fremder Menschen unmöglich, die Augen überall zu haben.

Endlich, am späten Nachmittag, war das Gröbste getan. Was nicht dem allertäglichsten Gebrauch diente, Heilgebliebenes, Beschädigtes, aber nicht geradezu Zerstörtes war auf Lastwagen verladen und zur öffentlichen Möbelaufbewahrungsstelle abgefahren worden. In der Hauptsache waren es Möbel, Bücher, Bilder, Haushaltsgerät, Kleidungsstücke, bis zum Bersten vollgestopfte Schubladen, Schränke, Koffer, vieles behelfsmäßig verpackt, denn an Verpackungsmaterial mangelte es bereits, und insbesondere Kisten waren schwer aufzutreiben.

Es wurde kühler, langsam verlief sich die Menge. Haus und Garten waren verödet und fremd. Es verlangte mich nach einem eindrucksvollen Finale, einer kleinen Demonstration, einem deutlich wahrnehmbaren Schlußpunkt.

Ich ergriff meinen Max und setzte ihn in die »öde Fensterhöhle« meines der Straße zugekehrten Schlafzimmers. Bald merkte ich, daß ich Anstoß erregt hatte, aber die Wahrheit zu sagen, um ein wenig Anstoß war es mir ja zu tun. Vorüberkommende, aus dem Walde zurückkehrende Sonntagsspaziergänger blieben stehen, machten einander auf die makabre Dekoration aufmerksam und redeten eifrig. Allerlei Funktionäre gesellten sich dazu, offenbar hatte es sich herumgesprochen. Es kamen verlegene Männer, einzeln oder in kleinen Deputationen, und taten so, als hätten sie mich auf einen mir unterlaufenen Toilettenfehler hinzuweisen. Ich antwortete, es handele sich keineswegs um ein Versehen, sondern um den Wunsch, der Situation einen Ausdruck zu geben. Man nahm wohlwollend an, ich hätte am Ende einen Nervenschock erlitten und man müsse Nachsicht mit mir haben. Niemand versuchte zu befehlen oder zu drohen. Sie baten, sie flehten, ich möge doch ums Himmelswillen den Totenschädel zurücknehmen. Sie redeten mir gut zu und appellierten an meine Einsicht. Einsichtslos, halsstarrig fuhr ich fort, mich zu sträuben. Aber sie ließen nicht ab, und schließlich, erschöpft und übernächtig, wie ich war, tat ich ihnen den Willen. Immerhin hatte eine Stunde lang oder deren zwei jeder Nachbar, jeder des Weges Kommende sich an meiner Schaustellung weiden können.

Ich nahm Max aus dem Fenster und warf ihn in den Garten. In jenen Jahren ist dergleichen manchem Schädel widerfahren. Er kam auf ein Schwertlilienbeet zu liegen, und die schwarzen Augenhöhlen starrten gleichgültig zum Fenster empor. So sah ich ihn noch mehrere Tage. Dann, eines Morgens, sah ich ihn nicht mehr. Vielleicht ist er in das Reich der anatomischen Kabinette heimgelangt.

An den von Max geräumten Fensterplatz stellte ich an jenem Sonntagabend die große steife Papptafel, die mit unendlichen Paragraphen bedruckt war und eine Überschrift im Stile von »Luftschutzordnung« trug. Da standen markante Sätze, etwa: »Nach Eintritt eines Luftschadens« – es war aber weniger die Luft, eher der Bombenabwurf, was Schäden verursachte – »begibt sich die Hausgemeinschaft unter Führung des Hausluftschutzwarts« – gern schaltete ich an dieser Stelle: »im Gleichschritt« ein – »in den nächsten öffentlichen Luftschutzraum und erwartet dort weitere Verfügungen«.

Max im Fenster hatte als ein provokantes Menetekel gewirkt. Aber gegen den ironischen Loyalitätsakt der Papptafelaufstellung konnte doch niemand etwas einzuwenden haben. Vielleicht hat er Befremden hervorgerufen, indessen keinen Unwillen, wenigstens keinen mir merkbar gewordenen. Nach einigen Tagen war übrigens die Papptafel nicht mehr zur Stelle. Ich nehme an, sie werde, als noch verwendungsfähig, zu den behördlichen Beständen zurückgekehrt sein. Meine Frau und ich verließen das unkenntliche Haus und gingen zu den gastlichen Neumanns. Aber noch tagelang kehrten wir zu Aufräumungs- und Sucharbeiten aller Art in seinem Gerippe ein. Ich kroch auf dem Fußboden herum und klaubte die geburtstäglichen Kaffeebohnen aus Schutt und Glassplittern, eine jede einzeln, und daß sie in altem Burgunder hatten schwimmen dürfen, das konnte ihnen nur gut getan haben.

Mit Rührung begegnete ich unter einer Gerümpelschicht jener bunten Papptafel, auf der unser *Mensch, ärgere dich nicht*-Spiel seine Geschicke hatte abrollen lassen. Obwohl sie unseriöseren Zwecken dienstbar war als die doppelt so große, aber hundertmal so langweilige andere Papptafel, die mit den Luftschutzparagraphen, hatte sie kaum weniger Widerstandsfähigkeit bewiesen als diese. Sie war so heil wie ein Ritterschild nach der Schlacht, über und über mit Beulen, Kratzern und Dellen bedeckt, aber in Wesen und Substanz erhalten. Ich steckte sie zu mir. Später, als es etwas ruhiger geworden war, habe ich ein wenig an ihr herumkuriert und dann das getreue, lustige, weisheitsvolle Spiel meinem Sohn als ein Erinnerungs- und Familienstück übergeben. Auf die Rückseite schrieb ich:

»Und ob beim Krachen der Granaten
dir Haus und Hirn in Stücke bricht,
dies Eine laß dir raten:
Mensch, ärgere dich nicht!«

Es ist Zeit, daß ich zu meinem Schreibtisch zurückkehre, und zur Möbelaufbewahrungsstelle, in der er seine Notunterkunft gefunden hatte, alle Fächer bis obenhin gefüllt und verschlossen. Er hatte die Bombengaudi überstanden. Ein Bein war lädiert, jeder Schreiner hätte es in Ordnung bringen können, doch waren alle Schreiner gegen Rußland marschiert. Aber nun hatte das Schicksal es mit dem Pettenkofertisch anders im Sinn.

Je mehr der Bombenkrieg fortschritt, um so mehr füllte und verengte sich der Raum. Immer mehr mußte zusammengerückt und übereinandergetürmt werden, und immer schwerer wurde es, bis zum eigenen Besitz vorzudringen und sich den Überblick zu erhalten. Immer mehr Menschen gingen aus und ein, brachten Sachen oder holten sie wieder ab. Wenn meine Frau und ich während des Krieges nach München kamen und nach unserem Eigentum sehen wollten, dann geschah es immer häufiger, daß wir etwas uns Gehöriges mitten in einem Haufen fremder Gegenstände erblickten, so als habe es von jeher dort seinen rechtmäßigen Platz gehabt. Eine Gesteinsschicht schob sich über die andere, neue Gebirge türmten sich, und unter ihnen lag begraben, was früheren Erdperioden angehörte. Es gab Verwerfungen, Unterhöhlungen, Einstürze. Erosionsvorgänge schufen unterirdische Kanäle, durch die davongeschwemmt wurde, was sich nicht zu behaupten wußte.

Die Amtsstelle, die für das Möbelasyl zu sorgen hatte, verlor mit der Zeit wohl jede Kontrolle. Ich mache ihr keinen Vorwurf, die Zeit litt es nicht anders. Als ich dann zuallerletzt meine Bilanz machte, erwies es sich, daß auch der Pettenkoferschreibtisch sich von mir abgewandt hatte und ins Defizitäre gegangen war.

Nein, wir werden uns nicht wiederbegegnen. Ich denke jetzt, ich habe damit, daß ich meinen Max verstieß, eine Schuld auf mich geladen. Vielleicht ist Max, der muntere Lichatsch und Raubmörder, für den Schreibtisch etwas wie ein Schutzgeist gewesen, dessen ich diesen nicht hätte berauben dürfen. Vielleicht hat Max es bewirkt, daß die Zimmerwand aufs Bett stürzte und nicht auf den Schreibtisch. Ich trennte die beiden voneinander, und beide haben mich verlassen.

Am Pettenkoferschreibtisch hatte ich sechseinhalb Jahre verlebt und versessen. Diese Zeit war nun abgelaufen. Jetzt begann eine Periode fremder, oft behelfsmäßiger Schreibtische. Einige von ihnen wurden zu vertrauten und geliebten Stücken. Doch waren sie keine Besitztümer. Voller Liebe denke ich an einen gastlichen Tiroler Schreibtisch mit auswärts gestellten, gedrechselten Beinen. Seine von hellem Holz eingefaßte Schieferplatte hat treu und geduldig manches Novellenmanuskript getragen.

Im Jagdhaus Schönburg am Achensee
lebte die Familie Bergengruen von 1942 bis 1946.

Ballade vom Wind

Preist den Wind! Gott gab dem Winde
oberhalb der Erdenrinde
alles in sein Eigentum,
alle Meere, alle Länder,
gab ihm Masken und Gewänder:
Tramontana und Samum,
Zephyr, Blizzard, Föhn und Bora,
Mistral, Eurus und Monsun,
Hurrikan, Passat und Ora
und Tornado und Taifun.

Schuf ihn zum Herold und Herrn der Gezeiten,
ließ ihm Willkür und gab ihm Gesetze,
Sternenbilder heraufzugeleiten
und dem Gewitter den Weg zu bereiten,
wies ihm Rennbahn und Ruheplätze.

Wälderdurchbrauser und Steppendurchschweifer,
dunkler Bläser und heller Pfeifer,
hetzt er Schwalbe und Kormoran,
wühlt in den Mähnen der jagenden Rosse,
schleudert er Drachen, Schiffe, Geschosse,
Adler und Geier aus ihrer Bahn.

Kerzenverlöscher und Flammenschürer,
Nebelzerteiler und Wolkenführer,
schäumiger Wellen johlender Freier,
Trinker der Tränen, Zerreißer der Schleier,
rauchblau, schwärzlich und hagelweiß,
Tücherbauscher,

Seelenberauscher,
kindlicher Spieler und zorniger Greis.

Ungebändigt im Springen und Streunen,
reißt die Dächer er von den Scheunen
und von den Herzen die Schwermut los,
kühner Beflügler, ewiger Dränger,
mächtiger Löser und Kettensprenger,
Felsenrüttler und Wipfelbeuger,
großer Zerstörer und größerer Zeuger,
Flötenruf und Posaunenstoß,
reisiger Feger des Himmelshauses,
Abbild des pfingstlichen Geistgebrauses –
preiset den Wind! Der Wind ist groß.

Als der alte Ruhelose,
Segelmacher, Seebefahrer
früh am Sankt Josephitag
auf dem letzten Bette lag,
und die junge Krankenschwester
mit der weißen Flügelhaube
sich zu ihm herniederbeugte,
fuhr erschrocken sie zurück.
Von den bartumstarrten Lippen
sprang ihrs wie ein Stoß entgegen,
und der Haube weiße Flügel
flatterten wie Schneegewölk.
Wars ein Aufschrei, dem die Laute
nicht mehr sich gefügig zeigten?
Wars ein Seufzer, wars ein Hauch?
Schreie nicht noch Seufzer haben
solche Kraft und solche Wildheit.

Nein, die ruhelose Seele
schied sich ungestüm vom Leibe,
und die Schwester schlug ein Kreuz.
Schloß ihm mit geübten Händen
sanft die wasserblauen Augen,
öffnete den Fensterspalt.

Hui! Da schoß es durch das Zimmer
auf des Bettes Ecke her.
Bilder klirrten an den Wänden,
Glasgefäße auf dem Tisch.
Mit Gefauche und Gezisch
stieß es an die Spiegelscheibe,
trübte sie für Augenblicke.
Wie ein eingeflogner Vogel
prallte es von Wand zu Wand,
bis es blind das Fenster fand.

Draußen heulten die Gefährten,
Totengeister, Wirbelwinde,
Wolkenreiter, Wasserfurcher
ihrem endlich Heimgekehrten
tausendstimmig zum Empfang.
In den Telegraphendrähten
brauste wilder Märzgesang,
daß die Fahnen an den Stangen,
Hemden sich am Seile blähten,
vom Gesims die Regentraufen,
Schindeln von den Dächern sprangen.
Fetzen, Staub und Kehrichthaufen
wirbelten aus ihrer Ruh.
Und wie leichte Sommerfäden

bogen sich die Lindenäste.
Zweige brachen, Blitzableiter
rasselten und Fensterläden,
Türen schlugen krachend zu.

Die vertrauten Sturmgeschwister,
Wasserfurcher, Wolkenreiter,
Wirbelwinde, Totengeister
stoben weiter.
Und sie fauchten in Spiralen
um ergraute Kathedralen,
rannten auf den Orgelboden,
griffen, rasende Rhapsoden,
in die Pfeifen und Register,
jagten aus den Wolkenhöhen
immer wilder, immer gröber
weißlichgraue Regenböen,
Sonnenstrahlen, Schneegestöber,
Hagelschloßen vor sich her,
zausten Schiffe in den Häfen,
peitschten das geliebte Meer,
tobten um der Berge Schläfen,
stürzten sich auf Bruch und Forsten,
daß die schwarzen Tannenborsten
tief sich bogen, hoch sich sträubten.
Ohne Pause und Erlahmen
liefen sie durch Sumpf und Heiden,
durch das bleiche Gräserhaar,
griffen sie nach Nuß und Weiden,
daß zu schäumendem Besamen
herrlich Gold und Silber stäubten!

Und der alte Ruhelose,
Segelmacher und Matrose
jagte mit der Geisterschar
aller Gräberwelt zu Häupten,
dem Lebendigen zum Preise,
wie es vor dem Anfang war.

Also trieben sie die Reise,
trunken, als ein toller Schwall,
fuhren sie in Windgottsweise
jauchzend um den Erdenball.

1943

Der Wanderer

Der Mondennebel hebt sich weiß.
Du gehst und gehst. Auf weß Geheiß?

Wohin? Am Wege hier und dort
stehn Totenbäume, schwarz verknorrt.

Du wanderst. Und im Fernen wird
ein letzter Wagen angeschirrt.

1943

Dies Irae, Erstausgabe des Gedichtzyklus,
geschrieben im Sommer 1944, verlegt 1945
im Zinnen-Verlag bei Kurt Desch in München.

Die endlose Nacht

Nacht für Nacht, bis der Frühwind
den Fenstervorhang gebläht,
lagen wir schlaflos und haben
nach schmächtiger Hoffnung gespäht.
Aber die Nacht nahm kein Ende.
Kein Hahn hat zum Morgen gekräht,
als der eine, der anzeigt,
wie Treue die Treue verrät.

1944

Die letzte Epiphanie

Ich hatte dies Land in mein Herz genommen,
ich habe ihm Boten um Boten gesandt.
In vielen Gestalten bin ich gekommen.
Ihr aber habt mich in keiner erkannt.

Ich klopfte bei Nacht, ein bleicher Hebräer,
ein Flüchtling, gejagt, mit zerrissenen Schuhn.
Ihr riefet dem Schergen, ihr winktet dem Späher
und meintet noch Gott einen Dienst zu tun.

Ich kam als zitternde geistesgeschwächte
Greisin mit stummen Angstgeschrei.
Ihr aber spracht vom Zukunftsgeschlechte
und nur meine Asche gabt ihr frei.

Verwaister Knabe auf östlichen Flächen,
ich fiel euch zu Füßen und flehte um Brot.
Ihr aber scheutet ein künftiges Rächen,
ihr zucktet die Achseln und gabt mir den Tod.

Ich kam als Gefangner, als Tagelöhner,
verschleppt und verkauft, von der Peitsche zerfetzt.
Ihr wandtet den Blick von dem struppigen Fröner.
Nun komm ich als Richter. Erkennt ihr mich jetzt?

1944

Anmerkung

Dem Gedicht *Die letzte Epiphanie* liegt die mir sehr vertraute altrussische Vorstellung zugrunde, wonach Gott oder Christus dem Menschen in Gestalt eines Bedürftigen, Gefährdeten, Verfolgten und Leidenden erscheinen kann. Das Volk sagte in Rußland früher, man müsse bei jeder Mahlzeit ein Gedeck mehr auflegen, weil man nicht wissen könne, ob nicht Christus selbst in der Gestalt eines Bettlers, Pilgers, Sträflings etc. zu einem kommen werde. In meinem Gedicht kommt er in verschiedenen Gestalten: als Jude, als zum Tode durch Gift oder Gas bestimmte Geisteskranke, die der Vorstellung von einem herrlichen, gesunden, von allen Erbkrankheiten freien Zukunftsgeschlecht geopfert wird, als Knabe, wobei auch an die Jugend der polnischen Oberschicht zu denken ist, die man umbrachte, damit dem Volk nicht später eine neue, nach Rache verlangende und zur Führung fähige Elite heranwüchse (»ihr aber scheutet ein künftiges Rächen«); in den ersten drei Zeilen der letzten Strophe sind die nach Deutschland verschleppten Kriegs- und Zivilgefangenen der feindlichen Völker gemeint...

Mit der Bezeichnung »Letzte Epiphanie« ist nicht an das Jüngste Gericht gedacht. Vielmehr kommt Gott oder Christus – das lasse ich offen – im Rahmen der 1933 begonnenen Epoche ein letztes Mal, nachdem er in allen vorhergegangenen Erscheinungen abgewiesen worden ist, und zwar jetzt in der unabweisbaren des Richters.

In der ersten Hälfte der vierziger Jahre

In der ersten Hälfte der vierziger Jahre, etwa vom Jahre 1942 an, vollzog sich in meiner literarischen Arbeit oder vielmehr in deren auf die Öffentlichkeit gerichteten Seite eine einschneidende Veränderung. Ich erkannte immer deutlicher, daß ein Publizieren sinnlos wurde, auch innerhalb des schmalen Raumes, den die nationalsozialistischen Behinderungen mir offenließen. Das Papier war knapp und streng bewirtschaftet, die einzelnen Auflagen waren niedrig. Bücher gelangten nicht mehr in die Hände, in die man sie wünschte. Das Buch war, wie man sagte, »Mangelware« geworden. Der Buchhändler gab es nur noch bevorzugten Kunden, vielfach solchen, die ihm ein Äquivalent nicht in Form des immer wertloser werdenden Bargeldes, sondern in Gestalt von Waren, etwa Zigaretten, Rasierklingen, Lebensmitteln oder Medikamenten, zu liefern vermochten. Honorare konnten nicht locken, denn angesichts des Mangels an Waren konnte man nicht viel mehr Geld verbrauchen, als das Existenzminimum betrug, und der kommende Verfall der Währung war nicht mehr zu verkennen; vielmehr nicht der kommende, sondern der längst eingetretene, aber einstweilen durch allerlei Manipulationen am Offenbarwerden noch gehinderte.

Der Verlust des Krieges, der Zusammenbruch des Dritten Reiches war mir von allem Anfang an gewiß; hier habe ich nie gezweifelt, wenn ich auch die erforderliche Zeitspanne zu kurz eingeschätzt habe. Ich beschloß, Manuskripte zurückzuhalten und nur noch für die Schreibtischschublade, das hieß: für die Zukunft, zu arbeiten. Ich wollte beim Beginn der neuen Aera etwas im Vorrat haben, mit dem ich vortreten könnte. So lehnte ich –, auch bevor im Verlagsgewerbe, in der Welt der Zeitungen und Zeitschriften auf Grund behördlichen Eingriffs jene großen Stillegungen eintraten, die von der *Deutschen Allgemeinen Zeitung* in merkwürdiger Analogie zu dem Wort »Kraft durch Freude« unter der Schlagzeile »Kraftgewinn durch Kulturverlust!« angekündigt wurden –, alle Vorschläge von Verlegern zur Herausgabe neuer Bücher ebenso hartnäckig ab wie die Einladungen von Journalen zur Mitarbeit. Ich erinnere mich, daß innerhalb einer langen Zeit, die einzige derartige Aufforderung, der ich nachkam, die Bitte der *Frankfurter Zeitung* gewesen ist, ich möge ihr, da sie ihr Erscheinen einzustellen habe, für eine der letzten Nummern noch ein Gedicht überlassen; dies tat ich umso bereitwilliger, als ja in der *Frankfurter Zeitung* vor mehr als zwei Jahrzehnten mein erster Roman veröffentlicht worden war –, zugleich der erste Roman, den dies Blatt überhaupt brachte, denn bis dahin (1922) hatte es als einzige der großen deutschen Tageszeitungen merkwürdigerweise keinen Romanteil enthalten –, und ich während der letzten Jahre häufig an ihrem Feuilleton mitgearbeitet hatte. Sonst aber ließ ich mir allenfalls Zweitdrucke noch entreißen, und willkommen blieben mir nur die immer spärlicher werdenden Möglichkeiten, Neuauflagen meiner bisherigen Bücher herauszubringen.

Bei einer solchen Umstellung von der Gegenwart auf die Zukunft konnte es einem dazwischen kalt ums Herz werden. Mitunter überkam einen ein Schwindelgefühl der Irrealität, die Empfindung, sich in einer immer dünneren, kaum mehr das Atemschöpfen gestattenden Atmosphäre zu befinden und endlich einen überhaupt luftleeren Raum zum Aufenthalt gewählt zu haben. Es war eine vielleicht nicht unbeträchtliche Probe, dies Festhalten an einer Zukunft, der es möglicherweise nie beschieden sein würde, Gegenwart zu werden, oder an deren Gegenwärtigkeit teilzunehmen vielleicht einem selbst nicht mehr erlaubt war.

Nun entwickelten sich neue Formen der dichterischen Einwirkung auf die Menschen. Sie waren nicht eigentlich neu; neu indessen waren die Dimensionen, zu denen sie gediehen. Dieser Formen waren vornehmlich zwei.

Kriegs- und Notzeiten stellen urtümliche Verhältnisse wieder her. Alles wird auf Urformen menschlichen Lebens zurückgeführt. Nachdem das Buch als geistiger Faktor immer mehr ausschied, trat das Abschreiben und Vervielfältigen von Gedichten, Aufsätzen, Erzählungen und Buchkapiteln in den Vordergrund. Das war schon fast, als habe Gutenberg umsonst gelebt. Jeder schrieb ab, was ihm gefiel, mit der Hand oder mit der Schreibmaschine, und machte es seinen Freunden zugänglich. Viele im amtlichen oder wirtschaftlichen Leben stehende Menschen haben die Möglichkeiten, die ihre Kanzleien, Bürokräfte und Vervielfältigungsapparate ihnen boten, in der großzügigsten Weise eingesetzt. Unendlich vieles ist in den Pfarrämtern von freiwilligen Helfern und Helferinnen, insbesondere von den Pfarr- und Gemeindeschwestern, abgeschrieben oder abgezogen worden. Welches Maß an mühsamer, anonym gebliebener Arbeit hier oft nach Feierabend, oft bei Nacht, oft zwischen zwei Luftalarmen und oft in ständiger Erwartung eines polizeilichen Eindringens in aller Bescheidenheit opferwillig geleistet worden ist, das läßt sich gar nicht abschätzen. Sehr viel ist in Nonnenklöstern getan worden; so kam eine uralte klösterliche Tradition wieder zu Ehren. Es versteht sich, daß gerade bei diesen Stellen solchen Dichtungen und Dichtern der Vorzug gegeben wurde, von denen eine mittelbare oder unmittelbare Stärkung der im Widerstand gegen das Terror-Regime und seinen Krieg benötigten seelischen Kräften erwartet werden durfte. So führt für mich von diesen Feststellungen eine Verbindungslinie zur Erinnerung an Nachtstunden, in denen meine Frau und ich politische Flugblätter oder Berichte oder Predigten des Grafen Galen mit der Maschine abschrieben. Ich habe diese Flugblätter dann zu Rad an die Briefkästen gebracht und immer Briefkästen verschiedener von unserer Gegend abliegender Münchner Postbezirke benutzt.

Wer diese Zeit nicht in Deutschland miterlebt hat, der macht sich keinen Begriff davon, bis zu welchem Grade der Intensität sich das Bedürfnis nach dem Trost des dichterischen Wortes entwickelt hatte, und ganz besonders gilt das von der Lyrik. Übrigens ließ die hierher führende Entwicklung in ihren Anfängen sich bereits gegen Ende der zwanziger Jahre beobachten; damals begann im Protest gegen die auf allen Gebieten sich movierende und ihre natürlichen Grenzen überflutende Sachlichkeitsmode das Verlangen nach einer über den Rahmen der sogenannten Gebrauchslyrik hinausgehenden lyrischen Dichtung sich zu regen. So kam denn jetzt die Sitte des Abschreibens vornehmlich der Verbreitung lyrischer Gedichte zugut.

Die Abschriften wurden abermals kopiert, und diese Wiederabschriften desgleichen, und so ging es dann fort. Dabei korrumpierten sich natürlich die Texte, wie es ja auch mit den Texten der Evangelien oder antiker Autoren unter den Händen mönchischer Abschreiber und Wiederabschreiber gewesen ist. Es gab Entstellungen, Verstümmelungen, Fortlassungen und gelegentlich auch Zusätze. Autoren wurden verwechselt, Gedichte von Jochen Klepper wurden mir, Gedichte von mir Reinhold Schneider zugeschrieben.

Die andere Form, in welcher der Kontakt zwischen dem Dichter und seinem Publikum sich vollzog, war die der Vorlesung. Hier erlebten wir eine merkwürdige Rückbildung in Zustände, die denen etwa der Minnesängerzeit oder gar dem antiken Rhapsodentum ähnelten. Die nationalsozialistischen Literaturbehörden veranstalteten riesige Autorenabende für ihre Günstlinge. Oft wurden diese wenig besucht, oft wurden die Plätze vorwiegend von den Angehörigen der hierzu kommandierten Organisationen eingenommen. Andere Autoren wurden für ähnliche Veranstaltungen empfohlen oder waren doch zugelassen. Es gab eine vom Propagandaministerium herausgegebene Namensliste, auf Grund deren die Buchhandlungen oder Vereinigungen, die einen Dichterabend zu arrangieren wünschten, ihre Wahl zu treffen hatten. Ich fehlte begreiflicherweise auf dieser Liste, und als im Jahre 1941 eine mutige Buchhandlung in Osnabrück mich zu einer öffentlichen Vorlesung geladen hatte, zog sie sich einen scharfen und drohenden Verweis seitens des Propagandaministeriums zu. In Leipzig und Dresden verbot die Geheime Staatspolizei meine Abende. Dagegen waren halböffentliche Vorlesungen an manchen Orten möglich, sehr oft im Rahmen kirchlicher Zusammenkünfte, die man freilich gelegentlich auf kaltem Wege, nämlich im Winter durch Heizverbote, bei denen man sich auf die Notwendigkeit der Kohlenersparnis berief, zu verhindern trachtete. Von solchen Möglichkeiten habe ich trotz der immer schwieriger werdenden Reiseverhältnisse einen weitgehenden Gebrauch gemacht, bis schließlich Fahrten auf größere Entfernungen kaum mehr zu leisten waren. In Freiburg, wo die nationalsozialistischen Behörden toleranter waren als in vielen anderen Städten, – überhaupt konnten hier wie auf manchen verwandten Gebieten die lokalen Unterschiede erstaunlich groß sein! – habe ich in kirchlichen Versammlungsräumen vor über siebenhundert Zuhörern, meist Studenten, lesen können, ohne daß die Polizei einschritt; in Österreich, aber auch in den meisten anderen Gegenden des Altreichs wäre so etwas undenkbar gewesen. Zustatten kam es mir bei solchen Anlässen, daß »kirchliche« Veranstaltungen, denen allerdings kein öffentlicher Billettverkauf und auch keinerlei öffentliche Ankündigung, es sei denn von der Kanzel herab, vorangehen durfte und die auch nur in kircheneigenen Räumen zugelassen waren, lediglich der Kontrolle der Polizei unterlagen, während »literarische« Abende von den örtlichen Vertretungsorganen des Propagandaministeriums genehmigt werden mußten. Diese hätten mein Auftreten natürlich unterbunden; die niederen Polizeibehörden dagegen nahmen als selbstverständlich an, daß ein Gedichte oder Novellen vorlesender Autor auch in den vorgesehenen Beziehungen zum Propagandaministerium stehen müsse. Dergleichen nachzuprüfen lag nicht in ihrer Kompetenz. Außerdem unterstanden sie ja dem Propagandaministerium nicht, und wer zu Himmler geschworen hatte, pflegte Goebbels und die Seinen als einen Klüngel von Intellektuellen zu verachten; man hatte keinen Grund, seinen Instanzen gefällig zu sein oder gar Richtlinien von ihnen zu erbitten. Derartige Verworrenheiten innerhalb der angeblich und scheinbar so präzise funktionierenden nationalsozialistischen Maschinerie konnte man sich oft zu nutze machen.

Noch wichtiger aber und intensiver als diese halböffentlichen Veranstaltungen waren wohl die ungezählten Vorlesungen in privaten, oft zahlenmäßig gar nicht einmal so eng begrenzten Kreisen, die auch mancher persönlichen Aussprache Raum gaben. Das alles hatte einen katakomben- und konventikelhaften Charakter und wirkte weit über seine äußeren Begrenzungen hinaus. Übrigens gingen von hier aus Verbindungsfäden zu dem oben geschilderten Abschreibesystem, denn immer wieder nach solchen Veranstaltungen wurde ich um Maschinendurchschläge der vorgetragenen Gedichte gebeten, die nun wiederum abgeschrieben, unter der Hand weitergegeben und auch an die Soldaten im Felde verschickt wurden. An sich fand diese Methode den Behörden gegenüber vielfach eine Rechtfertigung darin, daß ja Bücher kaum mehr hergestellt und verkauft wurden, so daß ein Abschreiben von Gedichten, Erzählungen, Betrachtungen nicht unter allen Umständen von vorneherein suspekt zu sein brauchte. Freilich wurde später jede nicht behördlich genehmigte Vervielfältigung als strafbar angesehen, und ganz besonders, wenn sie nicht Namen und Adresse des Vervielfältigers trug; hier half man sich damit, daß man Namen und Adresse eines unlängst Gefallenen benutzte.

Nach dem Zusammenbruch des Dritten Reiches gab es in allen literarischen Dingen eine Periode des Stillstands. Dann begann das allmähliche Wiederanlaufen. Aber alles ging unendlich viel langsamer, als wir es uns vorgestellt hatten. Es kamen jetzt ganze Stöße von Verlegerbriefen, die einander so ähnlich waren, daß man hätte meinen mögen, die Schreiber hätten einen Briefsteller für Verleger als gemeinsame Vorlage benutzt. Jeder bot goldene Berge und versicherte, nirgends würde mein bisheriges und künftiges Œuvre so gut aufgehoben sein wie gerade bei ihm. Er habe die besten Beziehungen zu den Okkupationsbehörden und werde voraussichtlich in wenigen Tagen die Lizenz zur Wiederaufnahme seiner Tätigkeit erhalten. Hinter den meisten dieser Anerbietungen steckte nicht viel. Oft waren es redliche Selbsttäuschungen, oft auch windige Reklamemachenschaften.

Zu den charakteristischen Erscheinungen dieser ersten Zeit nach der Kapitulation gehörte es auch, daß ungezählte Leute von der Feder und ungezählte Verleger lyrische Anthologien vorbereiteten und um Beiträge baten. Der Vorgang war verständlich, denn das Verlangen nach Dichtungen war sehr groß und konnte noch am ehesten auf diesem Wege befriedigt werden. Offenbar aber wurde auch hier viel mehr geplant und angekündigt als angesichts der schwierigen Verhältnisse und der Papierknappheit wirklich ausgeführt werden konnte. Es sind jetzt seit dem Zusammenbruch fast zwei Jahre vergangen, und noch habe ich keine einzige neue Anthologie zu sehen bekommen oder verläßlich von ihrem Erscheinen gehört. Übrigens verdient der Umstand Erwähnung, daß es sich beim weitaus größeren Teil dieser Anthologien um religiöse Lyrik von spezifisch christlicher Färbung handeln sollte.

Die schwierigen und unübersichtlichen Postverhältnisse hatten es mit sich gebracht, daß die Verbindung zwischen Verleger und Autor oft abgerissen war und man lange Zeit nicht wußte, ob dieser oder jener den feurigen Strudel überdauert hatte und zum Wiederauftauchen die Kraft besaß. Ein völliges Chaos herrschte in allen urheberrechtlichen Fragen. Niemand wußte, wie weit alte Verträge noch galten oder durch vis major außer Kraft geraten waren. In jeder der vier Okkupationszonen regierte eine verschiedene Auffassung; sie authentisch zu eruieren war nicht möglich. Auch innerhalb der Hierarchie der Militärregierungen waren die maßgebenden Auffassungen offenbar nur von ungefähr bekannt.

Endlich gelangte ich aus Österreich in die Schweiz (Mai 1946). Da durfte ich mir Hoffnungen machen, zu klareren Verhältnissen zu gelangen. Aber auch hier zeigte es sich, daß wir die Zeiträume, innerhalb deren man zu halbwegs dauerhaften Provisorien –, denn an Definitiva wagte man noch nicht zu denken –, kommen konnte, viel zu kurzfristig bemessen hatten.

1947

Das Nebelhaus

Und da quoll aus dem Nebel ein Haus,
irgendwo, nirgendwo,
schwarz schien es und nieder und krumm,
feucht roch es nach fauligem Stroh.
Und wir pochten die Wirte heraus.

Wir sahen sie nicht,
und sie sprachen halbstumm.
Wir haben ein Rascheln gehört,
irgendwo, nirgendwo,
ein Scharren und Rücken,
hastig und aufgestört.

Sie luden uns zu Feuer und Licht
und gewärmtem Wein.
Wir traten hinein,
irgendwo, nirgendwo,
und wir mußten uns bücken.

Und sie hatten nur Stimme und kein Gesicht,
und die Haut ward uns kalt wie Gestein:
zu Feuer und Licht,
zu gewärmtem Wein
luden sie uns nicht.
Irgendwo, nirgendwo
luden sie uns zu Gericht.

1946

Die unordentlichen Staatsbürgerschaftsverhältnisse

Die unordentlichen Staatsbürgerschaftsverhältnisse gehören zu meinem Leben und haben manche Parallelen innerhalb meiner Verwandtschaft und des Kreises meiner Landsleute überhaupt. Wir alle noch aus dem neunzehnten Jahrhundert Stammenden sind als Untertanen des russischen Kaisers geboren. Inzwischen aber hatte die Kette der politischen Verwicklungen begonnen. Hierbei denke ich vor allem an die von Petersburg aus betriebene Russifizierung meiner Heimat, die viele nicht ertragen zu können meinten und der sie die Emigration, meist nach Deutschland, vorzogen. Diese Emigrationen waren nur das Vorspiel größerer und schauerlicherer Geschehnisse. Mein Vater hat es auf vier Staatsangehörigkeiten gebracht, ich bin um eine Kleinigkeit hinter ihm zurückgeblieben.

Gleich nach dem Zweiten Weltkrieg, als wir noch unseren Wohnsitz in Tirol hatten, bemühte ich mich um Erlangung der österreichischen Staatsangehörigkeit, die mir 1947 denn auch verliehen wurde. Elf Jahre später, nachdem wir uns in Baden-Baden seßhaft gemacht hatten, hätte ich die Wiedereinbürgerung in Deutschland sofort erreichen können, doch widerstrebte es mir, die österreichische Staatsbürgerschaft aufzugeben. Es wäre mir als eine Verleugnung der Dankbarkeit erschienen, die ich dem österreichischen Staat für den mir in schwierigen Zeiten gewährten Schutz schuldete. Ich strebte also eine doppelte Staatsbürgerschaft an, wie sie eine Zeitlang auch mein Vater besessen hatte, die ich im Jahre 1961 dann auch erlangte.

1962

In der Schweiz, im Nachkriegsdeutschland und wieder in Italien

Schon 1929 hatten die Vorarbeiten zu seinem Roman Herzog Karl der Kühne von Burgund, *erschienen 1930, Werner Bergengruen in die Schweiz geführt: die Schlachtfelder von Grandson und Murten, die Stadt Nancy waren zu erkunden, die hohe Politik an den Höfen von Burgund und Luxemburg und die Differenzen zwischen Karl und den Eidgenossen.*

Als das Ehepaar Bergengruen im Mai 1946 in Zürich ankam, holte sie der junge Verleger Peter Schifferli zusammen mit seinem Bruder am Bahnhof ab und brachte sie zu seinen Eltern. Sie wurden in deren Schlafzimmer untergebracht, Schrankraum war knapp, das Essen überreichlich, die Gespräche trafen beiderseits nicht immer ins Schwarze. Der Verlag ›Die Arche‹ bestand damals aus zwei winzigen Zimmern, war gerade erst gegründet worden und konnte den Ankömmlingen zunächst nur Almosen anbieten. Eine Arbeitsbewilligung für Bergengruen war im ersten Jahr nicht zu erhalten. Trotzdem wollten Bergengruens bleiben. Wohin hätten sie auch gehen sollen? In Deutschland gab es ohne Wohnraum keine Zuzugsgenehmigung, ohne diese keine Lebensmittelkarten.

Aber einflußreiche Schweizer halfen, aufmerksam gemacht durch den Literarhistoriker Emil Staiger, der Bergengruen schon zu Beginn der vierziger Jahre am Bodensee anläßlich einer Lesung kennengelernt hatte. Im Spätsommer 1946 konnte eine möblierte Dreizimmerwohnung an der Gloriastraße bezogen werden. Zürich, die Stadt der Banken, der Betriebsamkeit, die Stadt Gottfried Kellers, in der Joyce und Lenin lebten, wo die Dada-Bewegung entstand, nahm Bergengruen nun gefangen. Das geordnete und so normale Leben in der Schweiz aber empfand er als bedrückend und trotz allem Wohlwollen, das ihm von vielen Seiten entgegengebracht wurde, fühlte er sich fremd und unverstanden.

Geld war weiterhin knapp, die Freude am Essen und Trin-

ken dagegen riesengroß. Beim Zusammentreffen mit baltischen Freunden, die ebenfalls auf Einladung von Gönnern dort waren, erfuhr Bergengruen, daß Sigismund von Radecki, der ohne Arbeitsbewilligung einen Artikel in der Neuen Zürcher Zeitung *veröffentlicht hatte, 61 Franken Buße zahlen mußte, die er aber wieder nur durch Arbeit verdienen konnte ... Nach seiner Arbeit gefragt, antwortete Bergengruen daraufhin: »Ich arbeite am Aufbau oder doch an der Erhaltung meiner äußeren Existenz.«*

Gastfreundliche und gesellige Schweizer aus allen Landesteilen luden das Ehepaar Bergengruen ein, man arrangierte Lesungen, und Bergengruen schrieb nach Deutschland: »Gottlob hat hier jedes Heckennest seine literarische Gesellschaft.« Der Winter 1948/49 brachte eine willkommene Unterbrechung ins Schweizer Dasein: Im Auftrag des Herder-Verlages reiste das Ehepaar Bergengruen nach Rom, um eine Biographie dieser Stadt zu schreiben. Rom war für Bergengruen mehr als die Kapitale Italiens: Er sah in dieser Stadt den »Zentralpunkt eines geistigen Kosmos« und war sich klar darüber, daß er ein »Kontinentalstratege« bleiben würde. Sein Blick ging von Rom aus zurück nach Osten, der ihm verschlossen war, nach Riga, Reval und St. Petersburg. Capri hatte er schon 1924 aufgesucht, Venedig und Rom in den dreißiger Jahren gesehen. Jetzt reiste er aus dem Zürcher Winter in den römischen und sah diesen Aufenthalt als einen Höhepunkt seines Lebens an. In den fünfziger Jahren besuchte er Florenz und die Lombardei, das Kernland des alten Langobardenreichs.

Auch nach der Rückkehr in die Schweiz trieb es Bergengruen immer wieder aus dem betriebsamen »Frenetikon« (Verballhornung von Effretikon am Zürichsee) in den Süden des Landes. Er entdeckte das Tessin, er liebte Ascona, wo inzwischen der Verleger Peter Schifferli residierte, jenes Städtchen »an der nördlichsten Bucht des Mittelmeeres« – so Karl Kerényi –, Magnet für Künstler und Prominente, für Flaneure, Weltverbesserer, Sonderexistenzen, Außenseiter, Relikte und Fossilien aus vergangenen Zeiten, hier in dieser mediterranen Welt.

Als Auftragsarbeit übersetzte er aus dem Russischen Dostojewskis Traum eines lächerlichen Menschen, *der im Arche Verlag erschien.*

Aus Deutschland kamen Anfragen nach Vorlesungsreisen und Veröffentlichungen. Und so fuhr Bergengruen über Wochen und Monate wieder los, den Koffer voller Manuskripte und Nescafédosen. Er las in Kellern, Privathäusern, Kirchen und Gartenwirtschaften, debattierte nächtelang mit Heimkehrern und Studenten und übte auf seine Zuhörer eine starke Wirkung aus. Inzwischen hatten die Spannungen und Debatten zwischen deutschen Emigranten und den im Dritten Reich im Lande Gebliebenen begonnen. Auch Bergengruen blieb davon nicht verschont.

Im Mai 1947 notierte Bergengruen resigniert: »Das erste Jahr nach dem Krieg ist eins meiner unproduktivsten gewesen.« Und damit begann ein Kampf, der bis an sein Lebensende, 18 Jahre später, dauerte: um die Wahrung des persönlichen Freiraumes, der ihm das Schreiben ermöglichte. Die täglichen Postberge, die Bittstellerbriefe waren kaum zu bewältigen, und ihre gewissenhafte Beantwortung verschlang täglich mehrere Stunden.

»Habe Ihren Spanischen Rosenstock *gelesen, bitte senden Sie mir ein Kaffeepaket«, heißt es da. Oder: »Bitte sammeln Sie doch Ihren täglichen Kaffeesatz, trocknen Sie ihn sorgfältig und senden Sie ihn einer treuen Leserin.«*

Noch 1945 erschien im Arche Verlag, etwas später als in Deutschland, der Gedichtzyklus Dies irae *und die Erzählung* Der spanische Rosenstock, *den gleichzeitig in London zusammen mit der Novelle* Die drei Falken *die Kriegsgefangenen-*

hilfe deutsch herausbrachte. Noch aber war Bergengruen an verschiedene deutsche Verlage gebunden. 1947 kam endlich ein Generalvertrag mit dem Arche Verlag zustande, zu der inzwischen auch der junge Friedrich Dürrenmatt gestoßen war. Er stellte sich in Bern der Tochter Bergengruens mit den Worten vor: »Grüezi, Fräulein, ich bin Euer Gegenteil – ich heiße nämlich Dürren–matt!«

Nach unzähligen Behördengängen erhielt Bergengruen schließlich die Arbeitserlaubnis, und nun war hüben wie drüben der Weg für Neuauflagen frei: Der Großtyrann, Am Himmel wie auf Erden, *der Lyrikband* Die verborgene Frucht *kamen 1947 heraus, vieles, was noch unveröffentlicht in der Schublade lag, konnte nun publiziert werden.* Das Feuerzeichen, *ein Roman, den Bergengruen noch am Achensee angefangen hatte, wurde in Zürich beendet und in der NZZ vorabgedruckt. Aber zu einem geregelteren Leben und Arbeiten kam Bergengruen kaum. Erst 1948 suchte er wieder die alten Novellenentwürfe heraus und klagte, seit dem Kriegsende keine einzige Novelle geschrieben zu haben. Besuche und Post raubten ihm die Zeit.*

Im Juni 1951 endlich konnte in Oerlikon, Beckhammer 33, eine moderne, unmöblierte Wohnung gemietet werden. Im gleichen Jahr reiste Bergengruen an den Tiroler Achensee, um den Rest seiner dort lagernden Habseligkeiten zu holen. Das Wiedersehen bewegte ihn sehr: »Ich bin halt doch zu einem Drittel Tiroler«, schreibt er einem Freund, »die anderen zwei gehen auf den Osten und Italien drauf.«

Noch in den fünfziger Jahren hatte Ascona den Hauch von Bohème bewahrt: »Republik der Heimatlosen, des Lumpenproletariats«, hatte Erich Mühsam 1905 den Ort genannt. Hier hatten die Dadaisten den Monte Verità zum »Weltdorf« erklärt, von dem aus eine radikale Lebenserneuerung gelingen müsse.

Hier war auch der baltische Edle Elisar von Kuppfer heimisch gewesen, Ästhet und Genießer in mancherlei Hinsicht.

Im nahen Arcegno siedelte Bergengruen seinen »Rittmeister« an, einer der Letzten, ferne Widerspiegelung der Romanfiguren früherer Zeiten, der Herrscher und Gewalthaber. Heiter-resigniert hat er seinen Frieden mit der Welt gemacht, ein nachsichtig-milder Causeur, dem Gelassenheit nun gelingt. Ein zweites Autoren-Ich? Der Rittmeister ist Bergengruens persönlichste Figur, freigebig plaudert er aus der Privatschatulle. Und der Erzähler Werner Pawlowitsch ist Biograph dieses »blanken Narren« aus dem alten Rußland, der nun in kleinen Verhältnissen lebt. Autor und Gegen-Ich geraten beim Wein immer tiefer ins Fabulieren, nicht mehr die scharf geschliffene Pointe blitzt auf, sondern es plätschert amüsant-anekdotisches Geplauder.

Der letzte Rittmeister *erschien 1952, zwei Jahre später, gesellte sich aus Genf* Die Rittmeisterin *dazu, Musa Petrowna, die mit dem Rittmeister befreundet war. Zu Bergengruens 70. Geburtstag erschien der dritte Band der Rittmeister-Trilogie:* Der dritte Kranz, *eine Novellen- und Anekdotensammlung aus früheren Jahren.*

1950 hatte Bergengruen einen größeren Lyrikband zusammengestellt mit dem Titel: Die heile Welt. *Der war nicht neu. Wilhelm Lehmann hatte 1941 ein Gedicht geschrieben, das diese Überschrift trägt und dessen letzte Zeile lautet: »Die Welt ist heil«.* Bergengruen wurde dieses Motto, das einen Soll-, nicht einen Ist-Zustand anspricht, heftig verübelt. Vor allem Theodor W. Adorno sah darin »süße Suggestionen, mit denen die Reklame unsere Wirklichkeit verstellt«. Nach Auschwitz noch ein Gedicht zu schreiben sei barbarisch.***

* Wilhelm Lehmann, *Entzückter Staub. Gedichte.* 1946

** Theodor W. Adorno, *Jargon der Eigentlichkeit.* Essay. Frankfurt 1957

In der zweiten Hälfte der fünziger Jahre begann Bergengruen mehr und mehr statt der Spannung und Leistungsfähigkeit, die ihm die Zeit des Nationalsozialismus abverlangt hatte, eine Öde und Leere in der Geschäftigkeit des Stadtlebens zu empfinden. Verpflichtungen wie Vortragsreisen, Akademiesitzungen, Korrespondenzen und Pflichtlektüren füllten seine Tage. Lichtpunkte waren ihm die Treffen mit den Schweizer und deutschen Freunden im Café Odeon, trinkfeste Gespräche mit Emil Staiger bei De Boni in Zürich und gelegentliche Fluchtbewegungen in den Süden.

Eine Kur in Baden-Baden ließ die Bergengruens schließlich an einen Umzug denken: Ein eigenes Haus an diesem charmanten Ort würde vieles ändern. Im März 1958 war es soweit: Das Haus Zeppelinstraße 34 in Baden-Baden konnte bezogen werden.

Der Abschied von den Zürcher Freunden fiel schwer. Wieder war ein Jahrzwölft vorüber, und sechs Jahre in Baden-Baden waren Werner Bergengruen nun noch zugemessen.

Foto auf Seite 211:
Werner Bergengruen
im Gespräch mit Studenten
in Deutschland, 1948.

Werner Bergengruen und sein Verleger Peter Schifferli, 1962.

Ein Ortswechsel

Ein Ortswechsel ist mehr als eine Veränderung der Lebenslokalität; er ist, im Guten wie im Bösen, ein vollkommener Neubeginn, selbst wenn er nur als vorübergehend gedacht wird. Wie wir, nach Heraklit, nicht zweimal in denselben Fluß steigen können, so gibt es auch keine Rückkehr an denselben Ort.

Der Mensch wird ja geführt und soll sich dieser Führung getrost überlassen. So ist auch dafür gesorgt, daß der mit einem Ortswechsel zusammenfallende Abschluß einer Lebensperiode zu dem Zeitpunkt geschieht –, nicht früher, aber auch nicht später, was freilich oft erst lange hernach offenbar wird –, da einerseits der Grad der Sättigung erreicht, andererseits der Gehalt der Periode und ihre Örtlichkeit ausgeschöpft ist. Darum soll man geduldig sein, wenn ein herbeigewünschter Wechsel scheinbar allzu lange auf sich warten läßt, und fügsam, wenn ein nicht oder noch nicht gewünschter plötzlich auf einen zutritt.

Daß die Ortswechsel im rechten Zeitpunkt geschehen, das mag selbst von solchen gelten, die schmerzlich und erzwungen scheinen. Es geschieht ja allemal nur das Fälliggewordene: das Fällige, nicht das Zufällige. Auch erzwungene Ortswechsel, etwa in Gestalt von Verbannung oder von unfreiwilliger Flucht, werden dem Menschen gegeben, wann und weil er ihrer bedarf: damit er sie fruchtbar machen lerne oder an der unbestandenen, vielleicht unbestehbaren Probe seiner Schranken inne werde. 1946

Wiedersehen mit Freunden in den fünfziger Jahren.

Max Rychner
Odeon, Freitagnachmittag

Ein Stammtisch, das gilt doch allgemein als eine bourgeoise Sitte, ebenso komischer wie harmloser Art. Es treffen sich dort Männer, deren Uhren vor dreißig Jahren stehengeblieben und nie mehr aufgezogen worden sind; was sie äußern, ist demnach von vornherein vorgestrig.

Im Odeon, dem Café am Bellevueplatz beim See, Zürich, lassen sich seit mehr als zwei Jahrzehnten am Freitagnachmittag einige Männer der Feder an einem Tischchen nieder – selten wird eine Frau dazugebeten, nur falls sie weither und für kurze Zeit kommt –, doch ein Stammtisch ist das nicht eigentlich, sondern ein planmäßig improvisiertes Symposion von der Sorte, wie sie im alten Wiener Kaffeehaus ihre klassische Stätte fand. Ganz in Ordnung ist es denn, daß der erste, der sich einfindet, zwar kein Wiener, aber immerhin ein pragbewußter Prager ist. N. O. Scarpi, unser Altmeister aller Feuilletonkünste; dann kamen herbei Walther Meier, der gewaltige Leser, heraustretend aus dem Säulenwald seiner *Manesse-Bibliothek der Weltliteratur*, Erwin Jaeckle, Chefredakteur der *Tat*, der Musiker Ernst Heß, Robert Faesi, gelegentlich auch Emil Staiger, wie eine ungeduldige Sternschnuppe durchschneuzend Peter Schifferli, und dann eben auch der Schreiber dieser Zeilen. Freudig wird ein zugereister Fremdling aufgenommen, so schon Heinz Helmerking, wenn er aus der literarischen Avantgardistenstadt St. Gallen herüberkommt in das weniger weit vorn liegende Zürich, so Schriftsteller oder Schriftgelehrte aus meistens deutschen oder aus allen anderen Ländern.

Gleich nach dem Kriegsende kam auch Werner Bergengruen einmal und in der Folge fast jedesmal, in der Krawatte verschiedenartigste Steine, die meine Blicke behexten und festhielten, in der Hand, zierlich schräg gehalten, einen zierlichen Stock, in den Tintenfaß und Feder eingebaut sind, einen zarten schlanken Stock aus Zeiten vor der Schreibmaschine, geschenkt von königlicher Hand einem Dichter, von dem er auf interessanten Ab- und Umwegen schließlich in die richtige, nämlich in Bergengruens Dichterhand gelangte. Die Biographie des Stockes ist epischer Natur und kann einzig von seinem Besitzer legitim erzählt werden, in seiner raschen Sprache, deren schlanker Körper die baltischen Härten und Kanten, sein Knochengefüge aus Konsonanten zum Ausdruck bringt. So anders als unser alemannischer Singsang war seine Rede intoniert, die in schnellen Stößen ohne große Abweichungen von ihrem eher tiefen Grundton hervorkam, geprägt und deutlich, die Worte oder Silben schärfer abgesetzt, als wir es in unserem, trotz dem »ch«, gern verwischenden breiten Vokalgetön voneinander zu hören gewohnt sind. Das schien mir übereinstimmend mit der auffallenden Architektur des Dichterschädels, mit seinen ebenmäßigen lang und straff wirkenden Flächen, ja es paßte auch zu den Durchziehernarben an der linken Wange, die etwas von akademischer Jugend bewahren, von Festivitäten vor dem ersten Weltkrieg, von forschen Augenblicken, wo man nach geschnarrten Befehlen halb geehrte, halb belachte Kampfrituale vollzog. Der sanfte Poetenstock lag in einer Hand, die eine Klinge zu führen wußte; die Stimme hatte befehlen, schweigen und auf eine Weise erzählen gelernt, wie es an den Geschichten vom letzten Rittmeister und der Rittmeisterin wohl stellvertretend für so viele seiner Werke erkennbar ist.

Alles an dem schlanken Sechziger, der sich da zu uns setzte, war in eine Stileinheit bezogen, die von der Natur selbst entschieden, aber nicht gewaltsam erstellt schien; das heißt, auf unsere Runde bezogen, er hatte eine gute Gegenwart, in der einem wohl war. Er sank in den Fauteuil, dessen braunes Leder noch Höhe und Ende sowohl des Jugendstils wie des Expressionismus und Dadaismus fast ohne sichtbare Leidensspuren überstanden hatte, einer wortlosen, langsam wirkenden Vergänglichkeit unterworfen. Werfel, Wedekind, die Lasker, Kraus, Annette Kolb, Schickele, Flake, Rubiner, Klabund, Hugo Ball, Arp, Hülsenbeck, Tzara: sie alle hatten hier gesessen bei Kaffee und Kipfel; manche von ihnen hatten sogar auf den dunkelrot marmorierten Tischen Blätter ausgebreitet und, begabt mit der Gabe der Versunkenheit inmitten Stimmengewirrs, sie beschrieben. Das Bild eines literarischen Cafés wurde einem hier geboten wie – in Zürich – nur noch gegenüber im Terrasse, wo 1917 Lenin und Trotzki mit andern Offizieren des Bolschewismus sich versammelt hatten.

Wenn Bergengruen dann sprach, gab es zu lachen. Aus seinem Leben wußte er unzählige Begebenheiten, die er zu kleinen Geschichten durchgeformt hat und vorbringt, als sprängen sie soeben als helle kleine Körper aus dunkler Erinnerung. Gut zugespitzt hat er sie; er gehört noch zu einer Generation, die weiß, wie man vor gespannten dankbaren Zuhörern eine Anekdote anlegt bis zum scharfen Winkel in ihrer raschen überraschenden Entwicklung, bis zur Pointe, weiß, wie man in breiterer Erzählung Wirkungen ins Auge faßt und erzielt, indem man sie verfolgt als wären gerade sie das Gleichgültigste. Ihm ist die Sprache verfügbar wie einem Schriftsteller, der sich täglich am

Schreibtisch ausgiebig und konzentriert mit ihr befaßt, Stunden, nach denen das Sprechen eine Entspannung ist, in der man indessen immer noch leicht über die unter Druck erreichte Fülle der Worte und Wendungen zu verfügen vermag. Eine Entspannung – vielleicht aber eine andere Art von Angespanntheit; die sichere Sprachführung bei erheblichem Tempo bezeugte es. Lieber blieb er beim erzählten Leben und seinen Kontrastfügungen, als daß er sich in Erörterungen der Gelehrsamkeit einließ, wie sie an diesem Tisch leicht entstehen und vergehen konnten. Einen älteren gesellschaftlichen Grundsatz ließ er nie ganz aus dem Blick, nämlich daß solche Unterhaltung als ein Hin und Her mit Witz und Brio springend in Gang zu halten sei – er konnte es, und der andere, der es ebenfalls kann und bei uns saß, der Prager, hielt es ebenfalls so.

Persönliches wurde von Bergengruen spärlich, ohne Betonung, eigentlich mit dem distanzierten Blick des Zuhörenden auf die Sache vorgebracht, konventionell, um sich selbst und das Eigene, das Rampenlicht meidend, im Schatten zu halten. Rampe, Scheinwerfer, Beifall konnte er ja jederzeit haben, soviel er wollte, auf anstrengenden Vorlesereisen war er öffentliche Person und Repräsentant; er und seine Dichterimago wurden gefeiert. Hier, im Odeon, unterdrückte er alles, was an den Repräsentanten erinnert hätte, auch die Privatperson wurde diskretest zur Geltung gebracht; das Wort »ich« war ihr wenig geläufig, am ehesten kam es in heiter getönten, witzig ausgeformten Erinnerungen vor, niemals pathetisch. Mit keinem Worte wurden die für ihn und seine Familie schwierigen Zeiten zu Beginn des Schweizer Aufenthaltes auch nur angetönt. Ebensowenig waren die wiedergekehrten guten Zeiten an ihm abzulesen, er blieb sich, so wie wir ihn kannten, durch die Zeit hin erstaunlich gleich. Kein Wort auch über seine Arbeit, die beständige außergewöhnliche Leistung, Buch um Buch, neben dem erzählenden Werk schönste unter seinen Gedichten; Schweigen war über die Stunden am Schreibtisch gebreitet, von dem er sich erhoben und mit dem Spazierrohr bewehrt hatte. Vielleicht hätten wir das Schweigen brechen sollen, da er es schon nicht tat ... Mag sein, daß es ungebrochen bleiben wollte, daß es in solchen Stunden in besonderem Maß zu seiner Person gehörte, die in den Weiten des russischen Lettlands in der Jugend gelebt und auf deren gleichgültigem, ebenem Hintergrund die Menschenschicksale unter erdenweit und himmlisch bezogenen Bedingtheiten zu schauen, dann mit wendender Gewalt in sich zu erfahren bestimmt war. Für Augenblicke gewinnt ja das Ungesagte in einem Menschen mehr Gegenwart als alles, was er gesagt, geschrieben, gesungen hat.

Eines Tages brach er auf und verließ unsere Stadt. Seither fehlt an den Freitagen im Odeon jene einzigartig, nämlich bergengruenisch sich ankündende Freude beim Erscheinen des Plauderers und Schweigers mit dem Stabe.

Robert Faesi
Erzählkunst

Bergengruen ist, wie man sich einen Erzähler unwillkürlich vorstellen möchte, ein guter Zuhörer, ein angeregter und anregender Gesprächspartner, gesellig und spendefreudig ... Erzählkunst steckt als Urimpuls in ihm. Er gewährt ihr unbefangen den Lauf. Eins reiht sich, wie's eben kommt, kurzweilig ans andere. Er überläßt sich der

Laune des Augenblicks, dem holden Kunterbunt der Erscheinungen. Und sein eigner Genuß daran teilt sich wie dem Hörer, so dem Leser, unwillkürlich mit.

Vor allem gibt er der Sinnenfreude noch unbefangen Raum. Welch bunte Palette, frisch, saftig, keck: eine wahre Augenweide. Und zu den sich weidenden Sinnen gehört gar nicht zuletzt der Gaumen, die Gurgel, der Schnaps sogar – Bergengruen stammt ja aus dem Norden, und selber habe ich an seinem Tisch im nüchternen Oerlikon den besten Wodka vorgesetzt bekommen – vollends der Wein löst ihm und seinen Zechkumpanen die Zunge ... Ascona, 1962

Meine Freude an Raritäten

In einer der apokryphen alttestamentarischen Schriften, im vierten Buch Esdras, lese ich mit Vergnügen: »Einer, der seltene Dinge besitzt, hat mehr Gefallen daran als der Eigentümer gewöhnlicher Sachen.«

Meine Freude an Raritäten und Kuriositäten aller Art beruht auf meiner Liebe zum Individuellen. Mechanisch und serienweise hergestellter Gegenstände bediene ich mich und finde manches an ihnen zu loben, Zweckmäßigkeit, Brauchbarkeit, Handlichkeit. Aber lieben kann ich doch nur Dinge, die ein Individuum zum Urheber haben, einen lebendigen Menschen, und es hat nichts zu sagen, daß ich ihn nicht kenne und daß er vielleicht schon seit langem tot ist. Und selbst wenn ein Goldschmied bestimmte Stücke, ein Stockmacher bestimmte Stöcke in Menge hergestellt hat, jedem einzelnen von ihnen kann doch ein Hauch der Einmaligkeit anhaften. Ich spüre die Hand, die den Gegenstand geschaffen, bei ererbten Dingen auch die Hand, die sich mit ihnen zu schaffen gemacht hat, bei zufällig in meinen Besitz gelangten die Hand des Voreigentümers. All das sind Kontakte mit einer noch genährten Welt, nicht einer destillierten. 1959

Werner Bergengruen, Foto von Hans Staub, 1946.

Der Ring

Weh und Leid! Der goldne, alte,
steingezierte Fingerring
rollte in die Felsenspalte,
leis erklirrend, und verging.

Werde frei und laß ihn fahren!
Weiß er doch, wohin er fiel.
Müßig wohl nach tausend Jahren
scharrt ein Hirte, halb im Spiel.

Zwischen Trümmern und Gestäude
blitzen sieht er Gold und Stein!
Und in seines Mädchens Freude
wirst auch du zugegen sein.

1948

Warum schreibe ich?

Zwei Fragen werden nicht ganz selten an mich gerichtet, eine persönlich gefärbte und eine mehr auf das Grundsätzliche zielende. Beide sind nahezu identisch: die Frage, was ich mit meiner Dichtung denn eigentlich wolle, und die andere, worin ich Aufgabe und Sendung des Dichters und der Dichtung erblicke. Beide Fragen setzen mich jedesmal in Unbehagen und Verlegenheit. Eigentlich könnte ich sie nur mit einem Achselzucken beantworten.

Lege ich aber diese Fragen mir selber vor und formuliere ich, beide zusammenfassend, folgendermaßen: »Warum schreibe ich?«, so bin ich augenblicks mit der bündigsten aller Antworten bei der Hand. Sie lautet: Weil es ein offenbar elementares Bedürfnis meiner Natur ist, weil ich dem Triebe nachgeben will und muß, der mich von früher Jugend an beherrscht hat; anders vermöchte ich nicht zu leben. Es lockt, nein, es nötigt mich, im Gedicht das auszusprechen, was als Empfindung und Anschauung mich überwältigt. Und es lockt und nötigt mich, in der Epik und insbesondere in ihrer strengsten und höchsten Form, in der Novelle, den Menschen in seiner Freiheit und in seiner Notwendigkeit zugleich zu sehen und in der scheinbaren Regellosigkeit, Willkürlichkeit und Zufälligkeit unseres irdischen Geschehens jener Gesetzlichkeit nachzuspüren, die mir als Unterpfand der Richtigkeit und Rechtmäßigkeit des Weltgefüges und aller in ihm stattahabenden Bewegungen erscheint . . .

Ich will zwei Worte zitieren, die scheinbar einander widersprechen, eher jedoch einander ergänzen und wohl geeignet sind, ein Licht auf die in Rede stehenden Bewandtnisse fallen zu lassen.

Das eine stammt von Jean Paul und lautet: »Keine Zeit bedarf so sehr des Dichters wie jene, die ihn entbehren zu können glaubt.« Das zweite ist von Eichendorff gesprochen worden, also von einem Manne, dem wohl niemand, der ihn ein wenig kennt, ein weltfremdes, hochmütig sich absonderndes Ästhetentum wird nachsagen wollen, einem Manne, in welchem wir wohl einen der reinsten Dichter unserer Sprache verehren mögen. Eichendorff sagt: »Die Poesie will und soll zu nichts brauchbar sein.«

Das hieße denn: Die Dichtung ist um ihrer selbst willen da, und vielleicht ist es ihre höchste Aufgabe, sich unbeirrt in solcher Aufgabenlosigkeit zu behaupten ...

Der Schreibende wird die Menschen daran erinnern, daß es Dinge gibt, die um ihrer selbst willen da sind, um ihrer selbst willen aufgenommen werden wollen und sollen, außerhalb jedes menschlichen Zweckdenkens, es sei nun politischer, wirtschaftlicher oder moralischer Natur, in welchem sonst bis zur Unerträglichkeit alles Leben gefangen liegt ... Das Höchste kann nur absichtslos geschehen. Und von hier aus wird sich uns ein Zugang zu jenem Eichendorff-Wort eröffnen, nach dem die Poesie zu nichts brauchbar sein will und soll ...

Die zeitlichen Situationen, sie mögen den Betroffenen sich noch so sehr als ein Absolutes darstellen, sind etwas Fließendes, etwas Verfließendes. Das Bleibende ins Bild zu stellen, das ist die Aufgabe des Dichters heute und morgen, wie sie es gestern und ehegestern gewesen ist.

Charlotte und Werner Bergengruen in Rom, Winter 1948/49.

Was ist mir der Inbegriff Italiens?

Was ist mir der Inbegriff Italiens? Ich glaube, eine niedrige, graue, halb eingefallene Feldsteinmauer, auf der eine Lazerte umherhuscht, über der Mauer ein Ölbaum und dahinter nichts als ein unendlicher Himmel mit seinem Licht. Das ist die Essenz – alles andere, vom antiken Tempel bis zur Barockkirche, könnte fehlen. Aber es fehlt nicht. 1950

Ein Mailänder, der vor Sehnsucht nach Hannover stirbt, gehört nach italienischer Auffassung ins Irrenhaus, und nach der unsrigen ebenfalls. Die deutsche Sehnsucht nach Rom und nach Italien überhaupt schmeichelt dem Italiener, und er erklärt sie sich leichthin mit religiösen, klimatischen, ästhetischen Motiven. Ihre tieferen Hintergründe, aber auch ihre Dimensionen, sind ihm unverständlich, und es ist ja nicht seine Art, sich über Unverständliches den Kopf zu zerbrechen. Wüßte er, was im Deutschen vorgeht, wenn er nur die Worte Rom oder Umbrien hört, so würde er die ganze Nation beurteilen wie jenen Mailänder: Verrückte, allenfalls gut dazu, daß man sie ins Land kommen läßt und ihnen das Geld abnimmt.

Ich sagte einmal, vielleicht ein wenig zu impulsiv, zu einem gebildeten Italiener, wirklich glücklich sein könne ich nur in Italien. Ich vergesse nicht den Blick vollkommener Verblüffung, ja Fassungslosigkeit, mit dem er mich ansah, und den Ton seiner Frage: »Perché?« Es war genau so, als hätte ich ihm erzählt, ich könne mir nur in St. Helena die Nägel schneiden. 1949

Antikes Grab

Weißer Marmor wob dem Pinienschatten
eine sanfte Helle ein.
»Titiena ihrem süßen Gatten
setzte diesen Stein.«

Blätter, die im linden Herbsthauch fielen,
rinnen abseits gülden durch das Licht.
Und zwei gelbe Schmetterlinge spielen,
sich umkreisend. Und sie enden nicht.

1948

Rom

Die Begegnung mit der südlichen, der mittelmeerischen Welt ist mir von jeher die naturnotwendige Ergänzung zum angestammten Besitz der nordöstlichen gewesen. Erst von dieser Begegnung meine ich ein wahrhaft abendländisches Maßbild empfangen zu haben.

Als der Plan eines Rom-Buches auftauchte, ein Plan, mit dem das Haus Herder dem verborgensten Verlangen meines Herzens entgegenkam, da befiel mich im ersten Augenblick eine Empfindung gleich der, welcher Platen in seinen *Venezianischen Sonetten* angesichts des Markusplatzes Ausdruck gegeben hat: »Soll ich ihn wirklich zu betreten wagen?« – das beklommene Zögern vor der Gunst und Gebewilligkeit des Schicksals. Nun, dies Zögern wurde überwunden, ich betrat abermals meinen Markusplatz, und hierbei erinnere ich mich gern daran, daß die

Piazza Venezia in Rom ja in alten Zeiten auch als Markusplatz bezeichnet worden ist. In jenen dunklen Jahren hätte ich mir nicht ausmalen können, daß mir noch einmal der Tag erschiene, an dem ich, wie Goethe am 1. November 1786 sagen durfte: »Ja, ich bin endlich in dieser Hauptstadt der Welt angelangt!« Aber der Tag kam, und es war sogar ebenfalls ein mächtiger 1. November, der Tag Allerheiligen, und ich glaubte mich ermächtigt, hierin ein heilverheißendes Zeichen wahrzunehmen.

Vom ersten Augenblick an war ich der alten Rom-Verzauberung, der alten Rom-Trunkenheit wieder preisgegeben, jener vollkommenen Überwältigung, die einem in meinen Jahren nicht mehr oft widerfährt; und so mag es einem nachgesehen werden, wenn man geneigt ist, eine neue Jugend des Herzens von ihr zu datieren. Aber nun liegt in der römischen Atmosphäre ein Element der Klarheit und Besonnenheit, die dem rauschhaften Glück die Waage hält und es fruchtbar macht, ohne es zu mindern. In dieser Mischung von Rausch und Besonnenheit ließ ich mich treiben. Ich möchte nicht sagen, ich hätte Augen und Ohren offen gehalten, denn diese Redewendung klingt zu sehr nach einem Willensakt, während es doch so ist, daß einem in Rom ganz ohne das eigene Zutun eine kaum mehr für möglich gehaltene Öffnung aller Sinnesorgane geschieht, die einer neuen Öffnung der Seele entspricht. Die Wahrnehmungen drängten an, und unvermerkt begann auch schon jene Rechenschaftsablage, die sie von mir forderten; die Eindrücke akzentuierten sich, und es gesellte sich eins zum andern. Es war eins der glücklichsten Halbjahre meines Lebens, und vielleicht darf ich hoffen, etwas von jenen Beglückungen werde in mein Buch eingegangen sein und im Herzen des Lesenden widertönen.

1949

Römische Erinnerungen

Rom ist nicht eine Stadt der Vergangenheit, nicht eine Stadt der Vergangenheiten. Es macht seine Einzigartigkeit aus, daß sich immer neue Gegenwartsschichten bilden. Und doch ist es nicht richtig, nach dem Vorbilde der Ausgräber von Troja hier von Schichten zu sprechen. Eine solche Anschauungsweise müßte, auf Rom angewandt, mechanisch vergewaltigend erscheinen, und man wird ja auch bei einem lebenden Wesen die Jahresablagerungen und Zuwächse nicht als Schichten bezeichnen. Alles durchdringt, alles bedingt einander. Rom hat keinen musealen Charakter, wie etwa, um in kleineren Verhältnissen zu sprechen, Rothenburg ob der Tauber. Der Vorstellung, Rom hätte vor zweitausend Jahren unter Denkmalschutz gestellt werden können, eignet etwas Beklemmendes, etwas Schauerliches. Denn dies ist eine Stadt des Lebens, nicht eine Stadt konservierender Archäologie. Das Leben aber wird an irgendeinem Punkte immer wieder auf die Grenze stoßen, da die Pietät lebensfeindlich wird, und wird, da es ja sich selber nicht verneinen kann, diese Grenze, gleichgültig oder bedauernd, hinter sich lassen. Kraft, Fortgang, Beständigkeit des Lebens bezeugen sich auch noch in den Vandalismen, mit denen die unschätzbarsten Nachbleibsel alter Zeit den kleinen, oft so kurzwierigen Zwecken und Bedürfnissen des Alltages geopfert werden. Im Winzigen gehören hierzu schon die häufigen Straßenumbenennungen, die jedem Wandel des politischen Augenblicksbildes folgen, Stadtpläne wertlos machen und dem Fremden, aber auch dem Einheimischen, so oft die Orientierung erschweren. Im großen jedoch werden Marmorstatuen zu Kalk gebrannt, Göttertempel und Grabmäler von machtgierigen Geschlechtern in städtische Trutzburgen umgeschaffen, Monumente als Steinbrüche, antike Sarkophage zur Viehtränke oder zum Abspritzen staubiger Lastautos benutzt. Dergleichen ist die Gepflogenheit des Lebens.

Vergänglichkeit und Dauer als die beiden Pole alles irdischen Daseins sind in Rom in einer unvergleichlichen Weise einander nahegerückt, ja miteinander verschmolzen, gleichwie Heiterkeit und Schwermut, Lärm und Schweigen, Hast und Gemächlichkeit, gedrängteste Enge und vergeuderischste Weiträumigkeit hier näher als irgendwo sonst beisammenliegen. Diese Gleichzeitigkeit, dies Neben-, Mit-, Durcheinander des Gegensätzlichen gehört zum römischen Bilde, und es haben ja auch in den vergangenen Zeiten Heiligkeit und Leidenschaft, Wildheit und Maß hier hart beeinander gewohnt.

Das Leben geht weiter, es kann geschehen sein, was da will. Und hat es einmal den Anschein, als solle es zum Erliegen kommen, meint man siebzig, hundert, zweihundert Jahre nichts als Zerfall, Verödung, Absterben zu gewahren, es behauptet sich dennoch; es überdauert.

Dies Leben pulsiert nicht, es vibriert, es schäumt, kocht, quirlt, tost und funkelt in allen Farben. Der Nordländer hat bereits die Empfindung pulsierenden Lebens, wenn er eine größere Anzahl von Menschen sich mit oft unbegründeter Eile durcheinander bewegen sieht. Was er indessen hier gewahrt, das ist nicht eine bloße Steigerung des ihm vertrauten Elements, sondern eigentlich ein neues. Und so müssen wir uns auch das alltägliche Leben im antiken Rom denken: nicht in der Feierlichkeit senatorischen Faltenwurfes, die freilich auch ihren Anspruch zu behaupten wußte, sondern im Daseinsgebrause und -gebrodel. Ausrufer, Garköche, Wurstmacher, Wein-, Obst-, Fisch-, Kuchen- und Spezereiwarenhändler werden die Straßen der alten Hauptstadt mit dem gleichen Lärm erfüllt haben, der uns heute, oft betäubend, entgegenbrandet. Aber dicht neben einem tobenden und tosenden Verkehr, dicht neben donnernden Kraftwagenfährten kann jählings eine ungeheuere Stille, ja eine schwermütige Verlassenheit sich auftun, und neben der giftgrün erstrahlenden elektrischen Lichtreklame, die in kreischenden Buchstaben den Ruhm des Cinema Modernissimo und seiner neuesten amerikanischen Sensationen hinausschreit, steht gelassen, steht überdauernd die schweigende graue Fassade einer barocken Kirche.

Die angemessene Bewegungsart, ja die fruchtbare Lebensweise ist für den Gast Roms das glückliche Schlendern; wenn man so will: das Spazierengehen, und dies Wort kommt vom lateinischen »spatium«, der Raum, so daß man es wohl mit der Wendung »sich des Raumes mächtig machen« verdeutschen kann. Man muß sich treiben lassen und nicht streben, ein Besichtigungsprogramm abzuarbeiten. Ich liebe das Wort »besichtigen« nicht, das eine Überlegenheit des Besichtigers gegenüber seinem Objekt auszudrücken scheint. (Generäle besichtigen Regimenter, Ministerialräte besichtigen Gefängnisse, Schulen, Krankenhäuser und Büroräume, und wer besichtigt wird, hat zu zittern.) Auch das tote Wort »Sehenswürdigkeit« ist mir verhaßt. Wer von St. Peter, vom Pantheon oder Forum als von Sehenswürdigkeiten spricht, täte besser, diese Stätten ungesehen oder, in seinem Jargon zu reden, unbesichtigt zu lassen. Ich möchte jedem, der nach Rom kommt, wer er auch sei, etwas von pilgerhafter Demut, Ehrfurcht und Erschütterbarkeit des Herzens wünschen, wie die großen Romfahrer aller Zeiten sie empfunden haben: Petrarca, Winckelmann, Goethe, die Nazarener, Platen, Feuerbach, Marées, Conrad Ferdinand Meyer oder Jean Paul, der nie einen Fuß über die Alpen gesetzt und uns doch die zauberhafteste, liebevollste und zuletzt wahrste Schilderung Roms hinterlassen hat, und alle die tausend anderen, von deren Seelenzustand uns nichts überliefert ist, sie mögen nun Kaiser, Pilger, Künstler oder was immer gewesen sein. Aber so groß ist die umschaffende Kraft dieser Stadt, daß die pilgerhafte Ehrfurcht in dem, der sie nicht mitbrachte, hier plötzlich erweckt werden kann; und am Ende wird sie selbst erwachen in der Brust jener von sehr weit hergekommenen, mit prächtigen Scheckbüchern ausgestatteten Reisenden, die in ein paar Tagen alles Interessante abzumachen oder sich doch an Hand ihres Reisebuches vom tatsächlichen Vorhandensein alles dort Aufgeführten zu überzeugen wünschen und die, um auch diese Fragen noch geschwind klarzustellen, sich gelegentlich erkundigen, ob Julius Cäsar und Raffael eigentlich miteinander bekannt gewesen seien und ob die Engelsburg wohl im Altertum als Gasometer gedient habe.

Der Schlenderer ist freilich in Gefahr, ein Ziel zu verfehlen, weil er unterwegs immer wieder verlockt sein wird, abzuschweifen und auf eigene Faust Entdeckungen zu machen, die kein Reisehandbuch verzeichnet; und es mag ihm auch manches entgehen, das im Reisehandbuch wie ein alter Cognac oder Tokajer mit vielen auszeichnenden Sternen versehen ist. Nimm, Schlenderer, solche Gefahren getrost in Kauf! Alles, was in Rom des Schauens, ja des tiefinnerlichen Sichzueigenmachens würdig ist, kannst du doch nicht bewältigen. Dafür werden dir unversehene Freuden zufallen. Und vielleicht wird die Erinnerung an eine kleine, unberühmte, baufällige Kirche, an eine unscheinbare, nur von Katzen belebte Mauerecke, an ein vergessenes Muttergottesbild über einer bröckligen Haustür dir später einmal mit einem süßen Erschrecken ins Herz fallen und dir zu einem ewigen Hausrat der Seele werden.

An den Geschmack dieses Fisches, jenes Gewürzes, an den Saft dieser Frucht, an die Farbe und den Duft jenes Weines wirst du dich erinnern. Und mit welchen Ahnungen erfüllte es dich, als du zum ersten Male an dieser oder jener Stelle des schwarzgrauen römischen Basaltpflasters jählings einen hohlen Klang unter deinen Schritten wahrzunehmen meintest! (Der Gedanke an moderne Kanalisationsanlagen kam dir erst später.)

Eines Vormittags gingst du durch eine stille, von Mauern eingefaßte Gasse. Auf einer Stufe saß pfeiferauchend ein alter Mann. Quer über das Pflaster schlich eine schwarz und gelb gestreifte Katze, machte halt, sah sich gleichgültig nach dir um und setzte ihren Weg fort. Einmal huschten zwei Nönnchen vorüber. Sonst begegnete dir niemand. Es geschah nichts, aber sooft diese Erinnerung in dir aufsteigt, ist es dir, als sei ein ganzes Stück deines Lebens mit ihr verbunden.

Du erinnerst dich an den Duft frisch gerösteten Kaffees, an den abendlichen Gassengeruch gebratener Maronen, an die Schaufenster der Antiquitätenläden in der Via del Babuino, an die Spanische Treppe mit ihrer leuchtenden Blumenseligkeit und dem zaubervollen Spiel der geraden, gebrochenen, geschwungenen Linien, das sich zuletzt in ein reines, wohllautendes Ebenmaß löst. Und du erinnerst dich an den schwingenbreitenden antiken Adler im Eichenkranz, der in der Vorhalle von Santi Apostoli das

Andenken Sixtus' V. hütet. Du denkst an ungezählte, oft abseits der Kirchen stehende Glockentürme, deren viele dir namenlos geblieben oder doch geworden sind, viereckige, rötliche, unverputzte Backsteinbauten mit zierlichen weißen Säulenstellungen, meist ohne sichtbare Bedachung, häufig mit frei schwebenden Glocken, und du denkst an Kirchen, deren Namen schon wie Glockengeläut klingen.

Du erinnerst dich an eine Dämmerungsstunde. Die Stämme der Pinien waren aus der Entfernung nicht mehr sichtbar; die seitwärts sich ausbreitenden Kronen aber, innerhalb der Gruppe alle von gleicher Höhe, griffen ineinander, und so zog ein langer, dunkler Küstensaum, in der Luft schwebend, sich wie ein schmaler, unbeweglicher, unverrückbarer Wolkenstreifen über den Horizont.

Alle diese Dinge gehören in das Schatzhaus deiner römischen Erinnerungen; und wohl noch einige mehr.

Florenz. Bergengruens Kaffeehaus vor der Porta di San Miniato.

Florenz. Grabmal einer jungen Frau in der Kirche Santa Felicita.

In Florenz

Süße, unnennbare Bezauberung!

Damals in Florenz hat sich mein Herz an das linke Arnoufer gehängt, so wie es mich in Rom immer nach Trastevere und in die janikulensische Hügelgegend gezogen hat. Damals in Florenz hatte ich mir einen bestimmten Morgenspaziergang zur Gewohnheit werden lassen.

Zuerst kam ich an dem Haus vorbei, in welchem Dostojewski den Idioten vollendet hat. Nun, das ist lange her, so genau wird man es nicht mehr wissen, und die Schrift auf der Gedenktafel drückt sich ungewöhnlich behutsam aus. In jedem Falle, hier irgendwo mag es gewesen sein, und ich stelle mir Dostojewski ebenso gern in der Nähe des Palazzo Pitti vor wie Gogol in der Via Sistina in Rom, oder war es die Via Gregoriana? Der Morgenblick auf die Gedenktafel ist ein Aufblick und Auftakt, und gleich daneben betrete ich ja auch den kleinen Platz von Santa Felicità, zu deutsch: den Platz der heiligen Glückseligkeit; und ich, der ich von der unaufsehentlichen Gewalt der Worte und der Namen hoch zu denken gewohnt bin, ich meine mir damit einen wegebehütenden Talisman für den Tag gewonnen zu haben, ein vorbeugendes Heilmittel gegen die Traurigkeit, welche die Seele verdunkeln, gegen den Verdruß, der sie erniedrigen will.

Regelmäßig gönne ich im Vorübergehen einen Blick dem barocken Grabmal in der Vorhalle der Kirche Santa Felicità. Über einem geschweiften Sarkophag von dunklem Marmor, der als Hochrelief aus der farblosen Mauer tritt, erhebt sich, flankiert von den trauernden Musen der Malerei und des Gesanges, die Porträtbüste einer jungen Frau. Sie ist modisch gekleidet, das heißt: modisch im

Sinne ihrer, nicht unserer Lebzeiten. Ich betrachte die ebenmäßige, freie Stirn, die kräftige, nicht zu kleine Nase, die schönen Lippen, den ins Weite gerichteten Blick der großen Augen. Sie hat etwas Kühnes und Stolzes im Gesichtsausdruck; es scheint, als müsse sie imstande gewesen sein, mit dem Entschluß eines Augenblicks alles Geringere hinter sich zu lassen. Ich weiß nichts von ihr, als was die lateinische Grabschrift sagt.* Sie starb dreiundzwanzigjährig vor mehr als dreihundert Jahren. Sie hieß, Erzengelin und Griechengöttin zugleich, Arcangela Palladini und war mit einem Herrn aus Antwerpen namens Johannes Broomans verheiratet. Ehedem habe sie den Herrschern Etruriens gesungen, jetzt singe sie Gott. Die Grabschrift fordert nicht, wie es sonst wohl gebräuchlich ist, den des Weges Kommenden auf, gebetsweise der hier Ruhenden zu gedenken; wer vor den Ohren Gottes singen darf, welcher menschlichen Gebete könnte der noch bedürfen?

Meine Gedanken befassen sich gern mit der jungen Frau. Sicher ließe sich, ginge man antiquarischen Studien nach, manches über sie erfahren. Was hülfe es mir? Es könnte wohl mehr sein, als die Grabschrift zu wissen gibt, nicht bedeutsamer.

Die rühmenden Worte stellen auch eine Beziehung zwischen dem Familiennamen Palladini und der Göttin Pallas her. Die Hingeschiedene sei in den Farben dem Apelles, mit dem Stift der Pallas, im Gesange den Musen gleichgekommen. Sie wird Sirene des Landes Toskana, Muse Ita-

* *Anmerkung:* Grabinschriften sind mir von jeher anziehender gewesen als Börsenberichte; meist auch leichter verständlich. Immer drängt es mich, die schwer lesbaren unter ihnen zu entziffern. Und ich lasse mich nicht beirren durch die Drohung eines römischen Volksaberglaubens, von dem Cicero berichtet: wer alte Grabschriften lese, verliere sein Gedächtnis.

liens genannt. Und das Distichon, in das die Grabschrift müdet, beginnt mit den Worten:

»Sparge rosis lapidem – streue mit Rosen den Stein ...«

Möge die heilige Glückseligkeit ihr Anteil geworden sein!

Wie oft im sich ankündigenden, beginnenden, sich vollendenden Frühling bin ich hinter Santa Felicità die steilen, graugelblichen Gassen südostwärts hinangestiegen, manchmal noch im Morgennebel, manchmal fröstelnd. Ich, ein ängstlicher Mensch, der verkehrsreiche Plätze gern im Schutze eines Kinderwagens überschreitet, ich liebte diese Gassen, die wenig befahren, aber auch wenig begangen werden. Man möchte sie verlassen nennen, läge nicht in diesem Wort etwas Trauriges; und sie sind doch von nichts anderem erfüllt, als von einer zärtlichen, wiewohl elegischen Heiterkeit. Süße, unnennbare Bezauberung!

Bezauberung? Was denn für eine Bezauberung? Aus welchen Elementen denn sollte sie sich nähren? Aus einem Stückchen Himmel, einem Stückchen Mauer, einem Stückchen Ölbaum. Das wäre alles? Ja, alles, in Wahrheit alles, das Universum in seiner Essenz.

Ich bin an das Stadttor gelangt, an die Porta di San Giorgio, da haben die Ölbäume begonnen. Rechterhand treten die alten Befestigungen aus dem Grün, barocke Bastionen, scharfwinklig vorspringend, droben lungern ein paar müßige Soldaten herum, einer singt, das ist wie in der Oper. Hoch über seinem, hinter mir sich abschwächenden Gesang, hoch über dem lieben Gezwitscher der Vögel steht am stillen bläulichen Himmel bescheiden der blasse Tagmond.

Alles verkündet die gelassene Heiterkeit, Unerschütterbarkeit, ja Unanzweifelbarkeit des Daseins. Diese Erde ist wohlgesinnt, jeder Zweig ist eine Hand, die sie liebreich hinstreckt. Süßer Boden, allem Lebendigen hold, allem Gestorbenen leicht! Der Schwung der Hügel, sanft und mutig zugleich, kehrt in der Kuppel wieder. Alles hat nur ein Ziel: das Leben still zu verherrlichen.

Mit der Porta San Giorgio ist die Höhe des Hügelkammes erreicht. Von nun an zieht meine Gasse, bald breiter, bald enger, vielfach gewunden, auf ebenem Boden dahin. Selten begegnet ein Mensch. Noch seltener geschieht es, daß ein vom Motor getriebenes Fahrzeug die Stille aufreißt; ist es vorüber, so hat sich hinter ihm die Stille augenblicks wieder geschlossen. Ja, schon der Widerhall der eigenen Schritte scheint unangemessen.

Es gibt keinen einzigen Laden, keine einzige Schankstätte. Selten werden die Gartenmauern durch Häuser unterbrochen, etwa geistliche Stiftungen oder alte, stattliche Wohnsitze. Sie haben hohe, abweisende, immer geschlossene Tore; manche unter diesen lassen sich nur von innen öffnen, als hätten sie gebieterische Geheimnisse zu hüten. Auch die Gartenmauern sind hoch. Hinter ihnen werden wie Schaum die silbernen Wogen der Ölbaumkronen sichtbar. Ölzweige hängen freigebig über die Mauern und Efeuranken mit den kleinen schwarzblauen Trauben ihrer Früchte. Einmal läßt ein Orangenbaum eine Frucht niederfallen.

Mitunter höre ich ein Rascheln. Eine Leiter wird gegen den Stamm gelehnt, aus der Baumkrone taucht wie ein Flurgott ein bärtiger Alter. Es ist die Jahreszeit, da auch heute noch wie in vergilischen Tagen das überschüssige Zweig- und Laubwerk von den Ölbäumen geschnitten wird. Treue, dauernde Erde!

Warum ergreift es mich so? Warum wird das Herz der alten, sanften Berauschung nicht müde? Graues Gemäuer, graue Ölbäume, kleine graue Vögel – aber hinter diesem Grau schläft alle Farbigkeit der Welt; ja, alle Farbigkeit will sich ahnungsvoll in ihm ausdrücken.

Das Herz ist erfüllt von einem nicht nachzuschildernden Glücksgefühl, nichts erwartend, nichts erhoffend, denn was auch käme, es müßte Veränderung sein; die Stunde aber ist vollkommen. Sie hat keinen Namen, wie Luftwellen und Baumzweige, Blätterschatten und Gemäuerbrokken keine Namen haben als die ihrer Gattung. Die Stunde ist vollkommen. Ich bin von ihr umschlossen wie eine Nuß und gleich der jungen, noch ungereiften Nuß nicht vom Gehäuse zu trennen.

Ich komme vorbei an der winzigen, rührenden Kirche des heiligen Leonhard, des uralten Pferdebehüters und Gefangenenbefreiers. Plötzlich setzen ein paar rötliche Häuser und Mauerstücke ihren leidenschaftlichen Aufruf ins Graue: jene verblichene und doch im Licht aufjauchzende Farbe, der man in Florenz so selten begegnet – anders als in anderen Städten der Halbinsel, anders insbesondere als in Rom, der alten Stadt der Kardinalsgewänder und der pupurnen Kaiserkrönungen.

Wo meine Gasse, die erst nach dem ritterlichen Sankt Georg, dann nach Sankt Leonhard benannt ist, rechtwinklig auf die große, stolze und berühmte Hügelstraße stößt, kehre ich um. Ich schlendere zum Georgentor zurück, doch passiere ich es nicht, sondern steige an der Außenseite der Stadtmauer in östlicher Richtung zu Tal. Sonntags oder an Werktagsabenden ist die ungepflasterte Gasse von Liebespaaren still belebt; sonst liegt sie in Einsamkeit. Links habe ich die häuserhohe, verfallende, hier und da dichtberankte, hier und da von vortretenden Wehrtürmen gegliederte Mauer. Schutt und Abfall, Tonscherben und Ziegelbruchstücke, durchlöcherte Schuhe und rostige Blechgefäße häufen sich am Mauerfuß, von grünem, dornigem Wachstum überwuchert. Auch eine ehemalige Kinderbadewanne ist dabei. Es riecht nach Feuchtigkeit, Erde, jungem Jahr, bitter und kräftig. Rechts ziehen sich niedrigere Gartenmauern hin, dahinter Ölbäume, Ölbäume, Ölbäume, keiner dem anderen gleich, alle aber zärtlich, grün, grau, silbern. Plötzlich steht über ihnen hoch droben in der Ferne die lichte Fassade von San Miniato.

Dann bin ich unten vor dem in die graurötliche Mauer rundbogig geschnittenen Stadttor, das nach San Miniato heißt. Ich durchschreite es, betrete den halbkreisförmigen Platz und bleibe wohl eine Weile vor dem öffentlichen Wachhause stehen. Es ist eine langweilige und zweckmäßige Baulichkeit, und man darf nicht an das wunderbare Waschhaus von Siena denken, in welchem vor sechs Jahrhunderten die kleine Caterina die buntfleckigen Hemden der Färbersfamilie Benincasa gewaschen hat; die Frauen von Siena waschen dort noch heute. Aber es macht mir doch Freude, dem waschenden Frauenvolk des linken Arnoufers ein wenig auf sein Geschnatter und Gelächter zu hören, das aus den offenen Türen und Fenstern dringt, ein wenig den Geruch nasser, frischer Wäsche zu atmen, ja auch den Geruch der Kernseife, mit der wir als Kinder beim Baden gewaschen wurden. Denn an Kinder wandte man zu jener Zeit noch keine Toilettenseife, – das hätte als Verwöhnung gegolten. Gebadet wurden wir in der Küche oder in einem schwer erklärbaren fensterlosen Nebenraum, das heiße Wasser wurde vom Herde genommen und in die hölzerne Wanne gegossen; damals gab es in alten Häusern noch keine Badezimmer, nicht einmal bei der Familie Hohenzollern in Berlin. Noch Wilhelm der Erste, der alte Kaiser, der vier Jahr vor meiner Geburt starb, besaß keine Badewanne, aber es gab da eine Abmachung mit dem Hotel zum König von Portugal, oder war es das Hotel de Saint-Pétersbourg, wonach er eine der Hotelbadewannen mitbenutzen durfte. Davon habe ich die ältere Generation oft erzählen hören. Am Sonnabend, denn in jeden Ländern gibt es keinen Samstag, wurde die Wanne am Spätnachmittag von zwei Bedienten ins Schloß getragen, und die Leute auf der Straße sahen ihr mit respektvoller Gutmütigkeit und auch wohl mit ein klein wenig Rührung nach und sagten lächelnd: »Majestät badet. Wie schnell doch wieder die Woche vergangen ist!«

Ach, wieviel Kindheitserinnerungen knüpfen sich an Badewannen, an den Geruch der Kernseife und der frischen, kühlen Wäsche! Gute, alte Anna!

Nun, unter den bejahrteren Häusern von Florenz werden auch heute noch manche ohne Badezimmer sein. Vielleicht sind ja auch Kaffeemaschinen wichtiger als Badeeinrichtungen. Und da bin ich auch schon wieder durch das Stadttor hinausgetreten und gleich dahinter, zur Rechten, in meinem kleinen Kaffeehaus eingekehrt.

Ich wollte, es schriebe einmal jemand eine Natur- und Weltgeschichte des italienischen Kaffeehauses. Da wäre viel zu sagen, und es käme mehr zustande als eine bloße Monographie. Die ganze Soziologie der Halbinsel gelangte zum Vorschein, daneben die Gesellschaftshistorie der weißen Völker. Man denke nur an das Caffè Greco in Rom, an die venezianischen Kaffeehäuser Florian an der Südseite, Quadri am Nordrande des Markusplatzes, an den Kater

Hidigeigei auf Capri oder an das Caffè Pedrocchi in Padua. Es ist einmal das größe Kaffeehaus Europas gewesen, ein Treffpunkt der Welt, ein Schnittpunkt von Welten, und es sind seinethalben Menschen aus allen Ländern nach Padua gekommen. Das ist jetzt zwölf Jahrzehnte her, und es ist wohl kein Zufall, daß es noch zu Paduas österreichischer Zeit errichtet worden ist, ein nobles, klassizistisch-biedermeierliches Bauwerk mit stattlichen Säulen; Tag und Nacht steht es offen, und nach alter österreichischer Gepflogenheit ist es noch heute wohlversehen mit Zeitungen aller Länder und Sprachen. Ich bin gern in ihm gesessen, und über Apennin, Poebene und Etsch hinweg winke ich ihm grüßend zu! Und dann die tausend winzigen, hurtigen Bars, blitzend von Nickel und bunten Likörflaschen, bunten Apéritifflaschen, blitzend von Munterkeit, Heiterkeit, Geschäftigkeit und Gespräch, und die engen, trübe beleuchteten dörflichen Lokalitäten, die es sich nicht leisten können, jede Tasse eigens zu bereiten – der Kaffee steht in einer riesigen Blechkanne auf dem Herde, und es kann vorfallen, daß er nach Sassolino schmeckt, weil der Vorbenützer des Glases sich einen Schuß dieses gewürzigen Anisschnapses dazubestellt hat. Es gibt Stehcafés und Sitzcafés, Cafés der Studenten, Soldaten Chauffeure, Hochstapler, Bauern- und Fremdenfänger; Schach-, Domino-, Kartenspielercafés. Es gibt die mit schäbiger Flottitüde ausgestatteten Kaffeehäuser, die kein Behagen aufkommen lassen, windig und auf den Augenschein, wie der Fechtunterricht in Schauspielschulen, es gibt die mit einem Milchgeschäft verbundenen und die mehr dem Weinausschank benachbarten – da sind unzählige Eigentümlichkeiten zu beachten, und ich, gewohnt, an welchen Ort ich auch komme, mich im Kaffeehause einheimisch zu machen, im

Kaffeehause mein Metier auszuüben, ich beachte sie gern. Ich schriebe wohl auch mit Lust das Buch über die Kaffeehäuser Italiens, hätte ich mir nicht andere Schreibereien in den Kopf gesetzt. Sicher würde der schätzbare Autor jenes unschätzbaren Buches auch meines Kaffeehauses vor der Porta die San Miniato gedenken. Es ist anders als die meisten seiner Bestimmung . . .

Ich will nicht sagen, mein Kaffeehaus sei das beste unter sämtlichen seinesgleichen. Ich weiß nich einmal, ob es seinesgleichen hat. Aber ich bin nun einmal in dieses Etablissement vor der Porta di San Miniato hineingeschaffen, und so steht mir die Wahl nicht mehr frei. Ich habe es zu lieben, und ich liebe es.

Sicher hat es viel des Liebenswerten. Allein schon die Wirtin* und ihre weiße Katze sind unserer Zuneigung würdig; beide bejahrt, füllig, die Geselligkeit liebend, einander ähnlich, wiewohl die Wirtin, ihrer massigen Breite zum Trotz, eher von flinker, die Katze von unumstößlich träger Beschaffenheit ist. Doch umfängt unsere Zuneigung auch die fast armlangen, blindgoldfarbenen, altmodischen Metallbuchstaben, die an Stelle eines gemalten Firmenschildes über der Tür an der grauen Hauswand befestigt sind; das »a« im Worte »Caffè« ist abhanden gekommen, aber warum sollte man die Lücke füllen, sie wird keinen Gast am Eintritt hindern. Weiter umfängt unsere Zuneigung den in der Art einer Brustwehr gemauerten Schanktisch, welcher an der dem Feinde zugekehrten Seite mit quadratischen weißen Kacheln belegt ist; jede einzelne wird von grünblauen, an Seerosengerank erinnernden Ju-

* Anmerkung: In der Toskana wird der Damenbart im allgemeinen kranzförmig getragen; erst weiter im Süden überwiegt die Form des Henri-Quatre.

gendstilornamenten umzogen und, wie es scheint, von ihnen auch im Gleichgewicht erhalten. Ja, diese Zuneigung umfängt den ganzen felsgrottenähnlich gewölbten Doppelraum, in dessen rückwärtigem Teil ein ungeheueres altertümliches Billard steht. Ich habe niemanden auf ihm spielen gesehen, freilich bin ich immer bloß des Vormittags dagewesen. Nur einmal sah ich zwei Schulbuben, die sich vermutlich krank gemeldet hatten, mit viel Zank, Gelächter und Geschicklichkeit ohne Queues ein bocciaähnliches Spiel auf dem grünen Tuche treiben. Wahrscheinlich kenne ich, ein Vormittagsgast, das eigentliche Leben meines Kaffeehauses nicht. Wie es hier nachmittags und abends zugeht, bleibt mir verborgen. Ebensowenig erfahre ich, was nachts in Katasterämtern und Heimatmuseen geschieht, und wer hat schon einmal die abgekehrte Seite des Mondes oder den Revers eines Grabreliefs erblickt? Man muß sich bescheiden.

Ich erinnere mich auch nicht, die Rückseite meines Kaffeehauswirtes gesehen zu haben; sicher böte sie nicht viel des Bemerkenswerten. War er überhaupt zugegen, so stand er leblos vor, nicht hinter dem Schanktisch, mit dem Rücken gegen die Kacheln gelehnt, und führte in dieser Stellung, ohne sich je umzudrehen, lange, aber pausenreiche Gespräche mit seiner Frau, die hinter der Brustwehr strickte oder lächelnd und unter maßvollem Seufzen das verlangte Getränk zubereitete. Er war grauhaarig und schon in dem Alter, da einem mit Gottes Willen manches Haar vom Haupte und mancher Sperling vom Dache fällt. Er trug gestickte Pantoffeln und las viele Zeitungen; doch liebte er es nicht, ihren Inhalt zum Gesprächsgegenstande zu erheben. Hierfür war die Witterung erschaffen worden und ihr wechselnder Einfluß auf das menschliche Befinden, insonderheit das der Schultern, des Nackens und der dem Rheumatismus unterstellten Oberarme. Alle diese Körperteile liebte er anschaulich zu reiben, zu streicheln und zu drücken, wobei er es nie unterließ, den Gästen bedeutungsvolle, um Aufmerksamkeit werbende Blicke zuzusenden. Nie habe ich ihn einen Handgriff tun sehen. Handgriffe sind die Prärogative der Frauen.

»Warten Sie einen Moment«, sagte er, als ich einmal in Abwesenheit der Wirtin um einen Wermuth bat. Dieser Aufforderung zu Ehren hatte er die Zeitung so weit sinken lassen, daß sein Gesicht von der Nase aufwärts zum Vorschein kam. Gleich danach deckte er es wieder zu; aber vielleicht hat man hierbei wahrgenommen, daß ich im Recht bin, wenn ich behaupte, das Gesicht seiner Frau strahle mehr Wohlwollen, Heiterkeit, Beweglichkeit, Lach- und Schwatzlust aus als das seine.

Unser aller, mit dem Steigen des Jahres freilich sich schmälerndes Wohlwollen – das der Wirtsleute, das der Katze und das meine – richtet sich auf den Braciere, und wir zwei Letztgenannten sind seine beharrlichsten Liebhaber. Ein Braciere ist ein Verwandter des Scaldino, also des Wärmtopfes, und der Scaldino ist ein tönernes Gefäß, das wie ein Henkelkorb aussieht und Kohlenglut enthält. Der Braciere dagegen ist der Definition entzogen, denn gar mancher behälterartige Gegenstand kann als Braciere gebraucht werden. Hier ist es ein halbmeterhoher, würfelförmiger Blechkasten, der ursprünglich mit buntbedrucktem Papier beklebt war; einige verbliebene Fetzen lassen erkennen, daß er ehedem von einer berühmten Mailänder Großbäckerei hergestellte Biscotti enthalten hat. Er ist bis oben hin mit Asche gefüllt; unterhalb glimmt das verkohlte Strauchholz. Da ihm wie allen Gebäckdosen eine

Vorrichtung zum Anfassen fehlt, wird er durch ein behutsames Schieben mit dem Fuße fortbewegt. Auf diese Weise gelangt er zu mir, und auf diese Weise kehrt er sicherlich nach meinem Aufbruch an die Brustwehr oder hinter sie zurück.

Ach, es gab noch vieles in meinem Kaffeehause, dem man gut sein mußte. Es gab weder ein Rundfunkgerät noch eine Registrierkasse, und das Telefon war versteckt hinter großen, gläsernen, wie Goldfischbassins aussehenden Bonbondosen und wenig geneigt, sich auffinden zu lassen. Oberhalb der vielen staubigen Likörflaschen, die in drei Reihen auf Wandbrettern von staubigem Glase standen, hing ein Muttergottesbild, ein Farbdruck aus der großen und grellen Zeit der Neuruppiner Bilderbogen, und darunter brannte ein elektrisches Lämpchen, wie eine Kerze geformt. Es gab einen Marmortisch und eine Anzahl hölzerner Klapptischchen mit grünlichen, an den Rändern eingerissenen Wachstuchdecken, dazu hölzerne Gartenstühle. Ein paar winzige Tischchen und Stühlchen, wie für eine Zwergenhochzeit bereitgestellt, standen auch draußen vor der Tür, mildere Tage erwartend und von ein paar betrübten Kübelgewächsen umgeben. Später, als der Frühling sich zur Entfaltung anschickte, habe auch ich mich manches Mal hier im Freien niedergelassen.

Südlicher Hafenmarkt

Wenn der Seewind unendliche Frische
früh in die schluchtigen Gassen drängt,
rot und silbern erblitzen die Fische,
Früchte flammen, mit Feuchte besprengt.

Lattiche grünen und Artischocken,
Knollen spreizen sich weißlich zu Kauf.
Esel wiehern. Verkrüppelte hocken.
Stümpfe von Händen recken sich auf.

Bleicher Würste enthäutete Schlangen
tuscheln und zischen und krachen im Fett,
und durch die wabernden Dämpfe in langen
Wellen kreischen Diskant und Falsett,

schwillt der Kinder jauchzendes Zanken,
zwergischer Greisinnen schrilles Gekeif.
Augen funkeln von bösen Gedanken,
aber das schützende Horn ragt steif.

Eng verkeilt zwischen Ständen und Scharren,
Hunderte, Tausende drängen sich zu.
Triefenden Abfall zerstampften die Karren,
faulige Strünke zertritt der Schuh.

Rostigen Apparaten entrissen,
blechernes Rasseln, Geheul und Gequiek,
plötzlich hat sich's ins Ohr dir verbissen:
Drehorgellieder! Matrosenmusik!

Schwärzlich schillert es, bläulich metallen,
unverscheuchbar, von Göttern verhängt –
blutrotes Fleisch, von Insekten befallen
und nun von glühendem Mittag versengt.

Unrat türmt sich aus Nächten und Tagen,
nichts verheimlicht und nichts bedeckt,
farblos die Ratte, die heute erschlagen,
gelb die Katze, die gestern verreckt.

Wäsche flattert, bunt und verschlissen,
prall vom Atem der Schreier gebläht.
Schreier sind alle, und alle wissen:
laut ist das Leben! Der Tod ist spät.

Leben prasselt aus Hinterhalten,
Leben, das nichts als sich selber lebt,
das aus tausend Rissen und Spalten
wimmelnd, würmend ans Helle strebt,

Leben, brünstig verknäult und verschlungen,
gellend und geil, von Süchten durchtobt,
Leben, niemals zu Ende gesungen,
niemals genug geliebt und gelobt!

Dann aber jäh durch Gebrüll und Signale,
Brodem und Glut und dunstenden Wein
stürzt aus dem schwarzen Kirchenportale
donnernd die Stille in dich hinein.

1961

Das Netz
Novelle

Auf einer schroff emporragenden Insel des Mittelmeeres galt vormals ein Recht, daß jede des Ehebruchs überführte Frau vom Schwarzen Felsen zu Tode gestürzt wurde; unabhängig davon, ob der Gatte die Bestrafung verlangte oder aber zu einer Aussöhnung bereit war, – denn es wurde hier ein Vergehen nicht so sehr gegen den Gatten erblickt als vielmehr gegen die Gesetzlichkeit und Ordnung der Ehe. Und es war auch bestimmt, daß derartige Urteile in Tagesfrist vollstreckt werden sollten.

Die Ortschaft, an die wir denken, lag auf der Höhe und war vom Strande her auf einem gewundenen und dennoch steilen Wege in mühsamem, nicht ganz wenig Zeit erfordernden Anstiege zu erreichen; der Schwarze Felsen fiel unweit der Kirche fast senkrecht zu den Strandklippen ab. Dort unten gab es spitze Zacken, Höhlen und von Meerwasser erfüllte Grotten. Der Fuß des Felsens galt als kaum zugänglich. Der Hafen lag weiter ab; er war unbedeutend und wenig belebt. In seiner Nähe lagerten verstreut ein paar Fischerhütten. Ihrer eine stand im Eigentum eines Mannes, der sich jetzt seines Gewerbes wegen für eine Reihe von Tagen entfernt hatte, denn im Gegensatz zu seinen Nachbarn trieb er den Fischfang nicht nur in der Nähe der Küste, sondern auch auf der hohen See.

An der Frau dieses Mannes sollte ein Urteil der geschilderten Art vollstreckt werden. In seiner Abwesenheit nämlich war ein Schiff mittlerer Größe, das einer kleinen, an Bord jedoch nicht vornehmbaren Ausbesserung bedurfte, im Hafen vor Anker gegangen. Das Schiff lief wieder in

See, und nun wurde gegen die Frau des Fischers, die um ein Erhebliches jünger war als ihr Mann, von Nachbarinnen und Nachbarn die Anzeige eingegeben. Die Beweise waren schlüssig, die Frau leugnete nicht lange. Sie schien verstört. Nach dem Steuermann gefragt, wußte sie nur mit halblauter Stimme zu antworten: »Er hat mich umarmt. Wie in einem Netz hat er mich gefangen.«

Man teilte ihr mit, daß sie morgen nach dem Frühläuten der Urteilsvollziehung gewärtig zu sein habe, führte sie wieder in das oben, zwischen der Kirche und jenem Felsabsturz gelegene Turmgefängnis und schickte den Ortspriester zu ihr, der sie getauft und auch ihre Ehe eingesegnet hatte.

Inzwischen war der Gatte dieser Frau heimgekehrt. Er war ein hochgewachsener Mensch von ungewöhnlicher Leibesstärke und Gewandtheit, aber ernst, schweigsam und über jugendliche Jahre hinaus. Die Leute am Hafen empfingen ihn mit Befangenheit und Bedauern, einige mochten nicht sprechen, doch hatte er in kurzem erfahren, was geschehen war und zu geschehen sich anschickte. Er wandte sich ab und ging zu seiner Behausung.

Die Nachricht von seiner Rückkehr verbreitete sich auch im oberen Ortsteil. Die Einwohner nahmen an, er werde hinaufkommen, um seine Frau zu sehen, und auch nächsten Morgens werde er zugegen sein.

Seine Rückkehr war auch dem Priester bekannt geworden. Er teilte sie der Frau mit, nachdem sie die Sakramente empfangen hatte. Sie antwortet, sie habe nur noch den einen Wunsch, seine Vergebung zu erlangen, bevor sie stürbe.

»Ich denke, da Gott dir vergeben hat, wird es dir auch an seiner Vergebung nicht fehlen«, sagte der Priester.

Es war Sommer und lange vor Frühläuten bereits taghell. Die Gefangene wurde an den Ort der Vollstreckung geführt, an dem sich viele Männer und Frauen eingefunden hatten. Auch Menschen von unten, aus der Hafengegend, waren gekommen. Die Kirchenglocke läutete, dünn und schrill, wie es ihre ärmliche Art war.

Die junge Frau sah bleich aus, und die Blässe ihres schmalen Gesichts trat neben dem schönen schwarzen Haar und den schönen schwarzen Augen noch merklicher hervor. Sie ging in aufrechter Haltung. Die Hände waren ihr über dem Rücken zusammengebunden. Sie sah sich unruhig um; es war offenbar, daß ihre Blicke ihren Mann suchten. Sie sprach halblaut mit dem neben ihr gehenden Priester. Dieser sah sich ebenfalls um, machte dann eine Gebärde der Verneinung und schien ihr darauf ein paar zuredende Worte zu geben.

Die Frau stand jetzt nahe am Abhang, der viele hundert Fuß hinunterreichte, vor dem Ortsrichter, welcher zugleich der Gemeindeälteste war. Dieser schickte sich schon an, das Urteil noch einmal zu verkündigen, aber da ergriff der Priester das Wort und bat namens der Frau um einen Aufschub; sie habe den Wunsch, von ihrem Manne Abschied zu nehmen, und es sei wohl darauf zu rechnen, daß er in kurzem zur Stelle sein werde. Der Richter beriet sich mit einigen Männern.

Obwohl diese ungeduldig waren, denn der eine wollte in seinen Weinberg, der andere zu seinen Fischernetzen, ein dritter in seine Werkstatt, wurde der Verurteilten eine Frist zugestanden. Und zwar wurde gesagt, man wolle so lange warten, bis die vorrückende Sonne den unten gelegenen Küstenstreifen erreicht habe, und sei bis dahin ihr Mann noch nicht gekommen, indessen auf dem oberen

Wegstück hinter der letzten Kehre bereits sichtbar geworden, so wolle man abermals warten, bis er den Vollstrekkungsort erreicht habe. Im anderen Falle sei ihre Zeit abgelaufen.

Die Frau nickte zum Zeichen ihrer Dankbarkeit.

Während des Wartens sprachen die Leute raunend von dem Fischer und daß er weder am Abend ins Gefängnis noch jetzt hierher gekommen war. Manche wunderten sich darüber, einige in ihrer Hartherzigkeit hießen es gut, wieder andere fanden es unbillig, daß er seinen freilich rechtmäßigen Zorn so weit treibe, ihr nicht zu vergeben, und sich auch angesichts ihres Todes nicht mit ihr auszusöhnen wünsche. Einer der aus der Hafengegend Hinaufgestiegenen wollte den Fischer tags zuvor gesehen haben, wie er von unten her an der Wand des Schwarzen Felsens umhergeklommen und erst beim Dunkelwerden in seine Hütte zurückgekehrt sei. Da nun dies Felsgelände für so gefährlich galt, daß anders als in selbstmörderischer Absicht niemand dort umhersteigen werde, so wurde unter den Anwesenden die Vermutung geäußert und aufgenommen, der Fischer habe in seiner Verzweiflung sich zu Tode stürzen wollen, müsse aber dann zu der Meinung gelangt sein, ein ehebrecherisches Frauenzimmer sei es nicht wert, daß ein Mann seiner Art sich ihrethalb das Leben abspreche.

Die Frau sagte kein Wort mehr, auch zu dem Priester nicht. Sie blickte abwechselnd hinunter zum Strande und auf den staubweißen Weg, der zwischen den Weinbergsmauern heranführte.

Der Strand lag jetzt im Licht. Der Gemeindeälteste winkte. Die Frau wurde ihrer Fesseln entledigt, wie es Sitte war, gleich als hielte man es für einen Mangel an Achtung vor dem Tode, einen Menschen gebunden vor sein Angesicht treten zu lassen. Von dieser Sitte wich man nicht ab, obwohl es vorgekommen war, daß Missetäterinnen sich aus allen Kräften an den Richter oder an den zum Henker bestimmten Mann zu klammern gesucht und gewaltsam hatten abgewehrt werden müssen. Diese Frau aber tat nichts solcher Art.

Sie stand jetzt hart am Abhang. Der Richter wiederholte die Worte des Urteilsspruches und zerbrach ein weißes, sorgsam geschältes Stäbchen, während ihr der Priester das Kruzifix zum Kusse hinhielt. Sie wandte den Blick noch einmal dem Wege zu, auf dem nichts zu sehen war als ein halbwüchsiger Bursche mit einem beladenen Esel.

Es war jetzt so still, daß man unten zwischen den grottenreichen Klippen die See seufzen und donnern hörte. Dann erhielt die Frau den Stoß.

Alle sahen ihr nach, doch war sie ihnen so geschwind entglitten, wie eine im Augenblick des Erwachens zergehende Traumgestalt. Man spähte hinab, aber die Gegend da unten am Fuße des Schwarzen Felsens lag noch in Dunst und Schattenbereich, und sie erschien dem Blick um so schwerer durchdringlich, als der angrenzende Küstenstreifen schon von augenblendendem Sonnenlicht erfaßt worden war. See, Boote und Häuser blitzten. Alles schien winzig.

In den späten Vormittagsstunden verbreitete sich im oberen Ortsteil die Neuigkeit, man habe den Fischer und seine Ehefrau gesehen; sie befänden sich in ihrer Behausung. Dies Gerücht, dem zu glauben man sich einstweilen weigerte, verursachte viel Erregung. Der Gemeindeälteste ordnete vier Männer ab; sie sollten die Nachricht durch den Augenschein prüfen und, wenn sie sich bewahrheitete, die beiden gefänglich einliefern. Denn nun erinnerte man sich daran, daß der Fischer ja tags zuvor, an der Felswand umherklimmend, gesehen worden war, und konnte nichts anderes vermuten, als daß er, um die Frau ihrer Strafe zu entziehen, irgendwelche unstatthafte Vorkehrungen ersonnen und getroffen hatte, wiewohl dies wiederum nicht recht glaubhaft erscheinen wollte.

Die Hinuntergeschickten fanden das Ehepaar, als sei wenig geschehen, in seiner Hütte. Der Mann schlief, die Frau stand am Herde. Sie hinkte ein wenig und trug an Armen und Gesicht Spuren blutiger Abschürfungen, sonst aber schien sie wohlbehalten.

»Laßt mich zu Ende kochen und laßt meinen Mann essen, bevor ihr uns davonführt«, bat sie. Dies wurde ihr zugestanden.

Danach wurden sie vor den Richter gebracht. In seiner wortkargen Art beantwortete der Fischer die Fragen, die an ihn gestellt wurden.

Der Richter beriet sich mit seinen Beisitzern, zu denen auch der Priester zählte. Man war zornig auf den Fischer und doch voller Bewunderung. Es hieß, er müsse auf eine angemessene Weise bestraft, an der Frau aber die gehinderte Urteilsvollstreckung nachgeholt werden. Doch gab es auch Andersmeinende, und zu ihnen gehörte der Priester, dessen Worte gänzlich in den Wind zu schlagen man sich scheute.

Da nun eine Einigung nicht zustande kommen wollte, so verfiel man darauf, zur Markgräfin zu schicken, die das Kastell ihres verstorbenen Mannes in der Mitte der Insel bewohnte und bei den Leuten an der Küste, obwohl nicht eigentlich als Herrin des Landes anerkannt, doch so hoch in Geltung stand, daß sie sich in manchen Angelegenheiten an sie wandten und ihren Rat oder ihr Urteil erbaten. Einige freilich warnten, – nicht weil sie von der Markgräfin geringer dachten als die übrigen, sondern weil sie befürchteten, es möge sich hieraus eine Gewohnheit entwickeln, die endlich zum Gesetz würde, so daß mit der Zeit ihre Ortschaft unter die richterliche Oberhoheit und zuletzt gar erbliche Botmäßigkeit der Markgrafschaft gelangen könne. Die entgegenstehenden Gedanken aber gewannen die Oberhand, und so wurde ein Bote zu der Markgräfin abgeschickt. Sie ließ sagen, sie werde anderen Tages kommen.

Fast alle Einwohner des oberen und des unteren Ortes waren an der Stelle versammelt, an der die Verurteilte ihre Strafe hatte erleiden sollen; denn hier wollte die Markgräfin Recht sprechen. Die Frau stand dort, wo sie tags zuvor gestanden hatte, und der Mann stand an ihrer Seite. Beide waren gefesselt.

Die Markgräfin kam mit einigen Frauen, Gefolgsleuten und Dienern. Ihr hellgrüner Mantel stand gut zur grünen goldgestickten Schabracke ihres Pferdes; gleichwie ihr weißes Haar zur Weiße des Pferdeleibes. Sie trug weder Schleier noch Hut, und ihr Haar wurde von einem goldenen, in der Sonne blitzenden Netz zusammengehalten.

Man hatte ihr einen Sessel hingestellt, ein wurmstichiges Stück mit abgesplitterter Vergoldung, immerhin das ansehnlichste, das sich hatte auftreiben lassen, denn dieser Sessel gehörte der Kirche und diente dem Bischof, wenn er, was nur alle paar Jahre geschah, vom festen Lande herüberkam, um zu firmen.

Die Markgräfin stieg vom Pferde, trat an den Felsenhang und blickte lange in den Abgrund hinunter, indem sie sich die Örtlichkeit genau erklären ließ, erst vom Gemeindeältesten und seinen Beisitzern, dann von dem Fischer. Hierauf kehrte sie, den Sessel verschmähend, in den Sattel zurück und blieb dort, als wolle sie damit deutlich machen, daß sie nicht allzu langer Zeit bedürfen werde, um den Rechtshandel zu schlichten.

Mit ihren hellen Augen betrachtete sie nun eine Weile die Gesichter der beiden Gefesselten. Dann forderte sie den Fischer auf, zu erzählen. Er tat es ohne Scheu und, seine Natur überwindend, nun auch ohne jenen Wortgeiz, der zu seinen Eigentümlichkeiten gehörte.

Es sei ihm leid gewesen, so sagte er, daß er nicht zu seiner Frau habe kommen können, denn er hätte ihr gern mitgeteilt, was er zu ihrer Errettung vorhatte; aber die Zeit habe ausgekauft werden müssen. Erst mußte er die Helligkeit nutzen, um das Gelände zu erforschen und auszumitteln, welches die gefährlichsten Stellen waren, aber auch, wo sich an den Zacken und Klippenvorsprüngen etwas befestigen ließ. Bis zum Einbruch der Dunkelheit sei er mit seinen Herrichtungen beschäftigt gewesen, und gleich beim Tagesgrauen habe er sie wieder aufnehmen müssen. In der Nacht habe er draußen nichts tun können, denn nicht nur, daß es bei Fackellicht ein unsicheres Arbeiten gewesen wäre, sondern man hätte ihn auch wahrnehmen und sein Vorhaben erraten können. »Und die hier oben, die meiner Frau nach dem Leben standen und von ihrer Absicht auch jetzt noch nicht lassen wollen, die hätten alsdann wohl eine andere Todesart für sie ausgesonnen, und der hätte ich nicht abzuhelfen gewußt. In der Nacht aber war ich beschäftigt, Netze zu flicken und zu verstärken, Seile zu verknüpfen und Säcke und Bettzeug mit Heu und Stroh und Moos zu stopfen und neue Säcke von Segelleinwand anzufertigen. Und in der Morgendämmerung bin ich wieder hinaufgestiegen und habe die Netze gespannt und die Seile befestigt, an denen sie sich hernach vollends hinablassen sollte. Und über dem grauen Gestein ist von oben her nichts von Netzen und Seilen wahrzunehmen gewesen.«

Die Markgräfin stellte noch ein paar Fragen, in denen sich ihr Erstaunen darüber ausdrückte, daß er nicht nur den Mut, sondern auch die Fähigkeit gehabt hatte, bis zu jenen Felsenvorsprüngen hinanzuklimmen und noch die schwere Last an Netzwerk, Seilen und Säcken hinaufzubringen. Dann befahl sie, ihn seiner Fesseln zu entledigen, denn sie habe nicht gern mit Gebundenen zu schaffen, er aber scheine nichts getan zu haben, als was seinen ehelichen und christlichen Pflichten angemessen gewesen sei; diese aber hätten für ihn den Vorrang haben müssen vor jenen, welche die örtlichen Gesetzesbräuche ihm auferlegten; die einen nämlich seien von Gott, die anderen von Menschen gegeben.

Man tat nach ihrem Geheiß, und nun wandte die Markgräfin sich dem Gemeindeältesten und Richter zu und sagte, als einem natürlichen Menschen habe dem Fischer auch das Bewußtsein von einer Rechtswidrigkeit seiner Handlung gefehlt, denn sonst wäre er nach geschehener Rettungstat mitsamt seiner Frau entflohen. Der Richter nickte, wiewohl zögernd, zum Zeichen seines Einverständnisses.

Die Markgräfin fragte, wie das Urteil gelautet habe. Der Richter antwortete: »Es lautete so: diese Frau soll den Schwarzen Felsen hinabgestürzt werden.«

»Ist dies der Wortlaut gewesen?« fragte die Markgräfin nun auch die anderen Männer. Alle bejahten.

»Es hieß also nicht, die Frau solle durch Hinabstürzen getötet werden, und auch nicht, sie solle hinabgestürzt werden, bis sie tot sei? Gut. Dies ist die erste Ursache, aus der die Frau freizugeben ist. Und jetzt will ich euch die anderen Ursachen sagen.«

Die Leute sahen sie mit Spannung an, einige eifrig nikkend, und die Markgräfin fuhr fort: »Die zweite Ursache ist die, daß es sich ziemt, auf ein Eingreifen Gottes zu merken. Ein solches Eingreifen ist geschehen, und die Errettung der Frau bleibt etwas Wunderhaftes oder doch ans Wunderhafte nahe Herangelangendes. Wie ihr Männer selbst mir gesagt habt, hätte es niemand von euch für möglich gehalten, daß ein Mensch von unten her an diesem Felsen emporklimmen und gar eine so schwierige und kunstvolle Arbeit verrichten könnte, wie das Anbringen der Netze es war. Sondern der Natur hätte es entsprochen, wenn er hierbei den Hals gebrochen hätte. Weiter aber möchte ein Zeichen Gottes darin zu erblicken sein, daß der Fischer seine Rettungsabsicht auch erreichte. Denn bei aller Geschicklichkeit und Umsicht hat er doch den Ort nicht mit völliger Genauigkeit berechnen und vorherbestimmen können: die geringste Bewegung beim Absturz, die geringste Wendung, die der Stoß dem Körper der Frau gegeben, konnte die Richtung des Falles so ändern, daß ihr Leib die Netze verfehlte, und mochten sie über eine noch so große Erstreckung gespannt sein. Ebenso hätte es geschehen können, daß das Netz unter dem plötzlichen Aufprall ihres aus so großer Höhe niederfahrenden Körpers riß, und auch, daß dies nicht geschah, möchte ich als ein wunderhaftes Zeichen annehmen.

Meine nächste Ursache ist die folgende. Da Eheleute ja *ein* Fleisch sein sollen, verhält es sich wohl auch so, daß die

Liebe des einen Gatten das Verschulden des anderen zu decken vermag, wofern dies Verschulden nicht gegen einen Dritten gerichtet gewesen ist. So hat der Mann, da er sein Leben wagte, es der Gerechtigkeit als Opfer dargeboten, und das Opfer wurde nicht angenommen. Zwei Leben sind in die Gefahr und fast schon in die Sicherheit des Todes gegeben worden, und dies dünkt mich für ein Vergehen genug.

Meine letzte Ursache aber ist diese. Ihr habt die Frau nach eurem Gesetz strafen wollen, und es ist zu fragen, ob sie nicht in der Tat diesem Gesetze gemäß bestraft worden ist. Denn da sie ja nicht wußte, was ihr Mann zu ihrer Rettung vorbereitet hatte, so hat sie keinerlei Hoffnung haben können und hat allen Schrecken des Sterbens verkostet. Es will auch bedacht sein, daß die Frau dem Tode in die Hand gegeben worden ist, ohne daß sie jenen letzten Trost hat erlangen können, den andere ihresgleichen genossen haben, nämlich daß sie den Mann, an dem sie gefehlt hatte, noch einmal sähe und seiner Versöhnung gewiß würde.«

Die Markgräfin hatte bei den letzten Worten die Fischersfrau angesehen, und da sie jetzt schwieg, mochte diese meinen, sie sei zu einer Äußerung aufgefordert.

»Nein, Frau Markgräfin!« rief sie. »In dem Augenblick, da ich den Stoß erhielt, da habe ich es gewußt, daß mein Mann mir verziehen hatte!«

»Kind, du bist keine geschickte Selbstverteidigerin«, sagte die Markgräfin mit einem Lächeln, und nun lächelten auch einige der Ortsbewohner. Es wollte ihnen danach natürlich erscheinen, daß die Markgräfin befahl, jetzt auch die Frau von ihren Fesseln zu befreien.

Die Markgräfin atmete den Wind, der salzig vom Meere

heraufkam. Sie klopfte ihrem Schimmel den Hals und nahm dann abermals das Wort.

»Ich habe zu urteilen gehabt über die Frage, ob du ein zweites Mal hinabgestürzt werden solltest, und das habe ich getan. Über dein Vergehen aber bin ich nicht zu urteilen eingeladen worden, denn darüber haben ja diese Männer hier bereits geurteilt nach den Gebräuchen, die bei euch gelten. Aber nun will ich dir doch auch hierüber ein Wort sagen. Du hast dich in einem Netz fangen lassen und bist durch ein Netz gerettet worden, denn wie zuvor diesem Fremden, so bist du jetzt deinem Manne ins Netz gegangen. Damit du dessen eingedenk bist, sollst du immerwährend ein Netz tragen, zum Zeichen, daß du nicht gänzlich freigesprochen bist, sondern eine Gefangene bleibst, wiewohl nicht eine Gefangene der Obrigkeit, aber eine Gefangene deines Mannes und seiner Liebe.«

Die Markgräfin nestelte mit beiden Händen an ihrem goldenen Haarnetz. Sie nahm es ab, und während nun ihr dichtes weißes Haar auf den grünen Mantel herniederfloß, warf sie es der Frau zu. Dann lächelte sie, daß ihre schönen Zähne, denen das Alter wenig hatte anhaben können, sichtbar wurden, und sagte, so oft in Zukunft der Mann ein Gericht Fische in ihre Küche bringen werde, könne er einer guten Aufnahme und Entlohnung gewiß sein.

Mit Peter Schifferli im Tessin, 1963.

Arcegno im Tessin, Schauplatz des Romans *Der Rittmeister*.

Robert Faesi
Wer war der Rittmeister?

Wer war es eigentlich, dieses Original von Gottes Gnaden, dessen Namen Werner Bergengruen listig verschweigt, so genau seine Ortsangaben lauten, seine Behausung im versonnenen Arcegno draußen, und sogar der Fleck auf dem Friedhof in Ascona, wo er – aber seit wann ? – unter einem hölzernen griechischen Kreuz – sicher recht friedlich ruht ... Der Anonymus aus Ascona mußte ein Mann nach des Dichters Herzen gewesen sein – wenn nicht gar *aus* seinem Herzen ... Er hatte der Gestalt unverkennbar die eigene Seele eingehaucht. Der Rittmeister, so drängte sich auf, ist ein verkapptes Selbstporträt Bergengruens; wenn auch nur eine seiner vielen Facetten. Er legt selber den Finger auf den springenden Punkt: Rittmeister sei man nicht durch militärische Beförderung, sondern vermöge natürlicher Beschaffenheit ... und dieses Kavalierstums Zeit ist abgelaufen ... 1962

Am Schreibtisch in Zürich-Oerlikon.

Laudatio für Peter Weiss

Von Herrn Veillon, dem verehrten Begründer und Stifter unseres Preises, zu Verwaltern seines Weinberges eingesetzt und auf sein Vertrauen gestützt, haben wir Mitglieder der Jury für den deutschsprachigen Roman es uns, wie alljährlich, angelegen sein lassen, eine Entscheidung zu treffen, die zugleich dem Sinne des Stifters und der gegenwärtigen Situation der deutschen Literatur Rechnung tragen sollte.

Rund sechzig Bücher oder Manuskripte lagen vor. Ohne die Qualitäten zu verkennen, die insbesondere Reinhard Baumgarts *Hausmusik*, Joseph Breitbachs Bericht über Bruno und das *Stadtgespräch* von Siegfried Lenz auszeichnen, haben wir einstimmig beschlossen, den Preis dem Roman *Fluchtpunkt* und damit dem Autor Peter Weiss zuzuerkennen.

Der singuläre Rang dieses vom Verfasser ausdrücklich als Roman bezeichneten Buches schien uns weitaus den Umstand aufzuwiegen, daß man vielleicht darüber streiten könnte, ob der *Fluchtpunkt* im strengeren Sinne ein Roman oder vielmehr eine Autobiographie mit romanhaften Zügen zu nennen wäre. Aber im Rahmen unserer Aufgabe haben wir es ja nicht mit normativen Begriffsbestimmungen zu tun. Wir genießen das Vorrecht, uns freudig zur Außerordentlichkeit der Leistung bekennen zu dürfen; und wir brauchen uns nicht daran zu stoßen, daß der Verfasser das ihm Vorschwebende, ihn Bedrängende und ihn unerbittlich Einfordernde erreicht hat, ohne eine eigentliche Romanfabel zu ersinnen und unter Verzicht auf sonst wohl als unumgänglich sich darstellende Kompositionsgesetze. Er hat keinen Versuch gemacht, vor der Vehemenz seines kompromißlosen Radikalismus sich Maßstäbe zu setzen oder setzen zu lassen, die von etwas außer ihm Liegenden abgeleitet worden wären.

Wollen wir aber daran festhalten, daß Peter Weiss – vielleicht malgré lui – unter die Romanciers geraten ist, so möchte ich mit einem heute ein wenig obsolet gewordenen Wort von einem Entwicklungsroman sprechen. Denn das Leben, das sich hier vor unseren Augen vollzieht, reinigt sich von Zufälligkeit und Willkür, und diese Reinigung mag als ein Entwicklungsprozeß angesehen werden. Der Mensch, dessen Jugend und frühes Mannesalter der Leser begleiten darf, gibt nach so vielen Umwegen, Experimenten und Rekognoszierungen seine Positionsmeldung. Er hat seine Stelle im Ganzen der Welt gefunden und darf sich selber lossprechen. Der Literatenjargon der Vergangenheit hatte für solche Hergänge das Wort »Menschwerdung«. Wir, bescheidener und gegen Pathetik mißtrauischer, begnügen uns, ihm seine Mündigsprechung zu attestieren. Autor und Held, Erzähler und Fährtensucher fallen zusammen, wie in diesem Buch Schriftsteller und Maler zusammenfallen. Wir folgen den Wegen dieser Doppelgestalt von ihrer Kindheit an, wir nehmen teil an ihrer Ablösung vom elterlichen Hause, und an ihrer Weigerung, die Entrüstungen ihrer Umgebung zu den ihrigen zu machen. Und das alles geschieht nun in unserer noch immer so fürchterlich gegenwärtigen Vergangenheit, in den dreißiger und vierziger Jahren, also im Zeitalter der Verfolgungen, und an einem Menschen, den seine Abstammung eindeutig dem Lager der Verfolgten zuweist. Er aber bleibt ein einzelner inmitten eines allgemeinen und doch nicht von ihm auszutragenden Schicksals. Er kann nicht Partei ergreifen, denn von der Welt der Klassifizierbarkeiten hat er sich losgesagt. Er ist kein Aufständischer, kein Refraktär, denn das, wogegen eine Rebellion sich zu richten hätte, wird von ihm nicht einmal als etwas versuchsweise Existierendes anerkannt. Nichts ist ihm so unvollziehbar, so fremd, wie der immer wiederholte Aufruf seiner Freunde, er müsse sich einreihen und müsse zugeben, daß alle Fragen dieser Zeit auf die eine hinauszulaufen haben: »Auf welcher Seite stehst du?« Diese Alternative ist ihm so unfaßlich, daß er sie nicht einmal mit einem Achselzucken beantworten kann. Mit einer Aufrichtigkeit, die von keiner Schonung weiß, sagt er, er hätte auch auf der anderen Seite stehen können und hätte ihn nicht der Großvater im Kaftan davor bewahrt, so wäre er wohl drüben geblieben. Das Schicksal des Verfolgers und das des Verfolgten offenbaren sich ihm als verwandt, Vorder- und Rückseite jener einen Münze, mit der zu rechnen ihm seine Natur verwehrt.

Dies scheint befremdlich, aber stärker als unser Befremden muß wohl in diesem so außergewöhnlichen Fall unser Respekt vor der absoluten Konsequenz und Aufrichtigkeit einer unbeirrbaren Natur sein, die nur eins fürchtet: die Einreihbarkeit in die fertig dastehenden Kader. Fast möchte ich sagen, Peter Weiss sei der einzige, dem wir das Recht zu solchem Verhalten nicht abzusprechen wagen.

Das Emigrantenschicksal mit immer neuen Übersiedelungen und Umzügen treibt ihn von Berlin nach Prag, nach England und in die Schweiz, nach Paris und Stockholm. Ein Umgetriebener schon in jungen Jahren, geht er durch Menschenkreise, Widerfahrnisse, Liebesbeziehungen, Krankheiten hindurch, und was ihn halten zu wollen scheint, fällt jählings wieder von ihm ab, von dem Rastlosen auf der Suche nach sich selbst.

Er steht zwischen zwei Polen; er nennt sie den Pol des

unbändigen Lebens und den Pol des Vergehens, doch ließen sich hier wohl noch manche andere Namen finden. Zuletzt erlangt er jene Freiheit, in der er wie Adam jedem Ding einen Namen zu geben befugt ist. Diese Namensgebung vollstreckt sich in der Sprache; in einer Sprache freilich, die mit keiner der empirischen Sprachen verwechselt werden darf. Und mit dem Gewinn dieser Freiheit endet dieses Buch als mit der letzten endgültig erscheinenden Positionsmeldung, der allerdings – auf des Autors Gesamtœuvre gesehen – noch manche folgen wollen.

Ungeheuer ist im *Fluchtpunkt* die Intensität des Erlebens, bewunderungswürdig die Präzision und der Reichtum der Schilderung, etwa in der Holzfällerepisode in den schwedischen Wäldern. Durch alles Beiwerk zieht sich die Suche nach der nackten Essenz des Daseins und nach den Geheimnissen des eigenen Schicksals. Aber unter den Händen des Autors – fast wäre ich versucht zu sagen: unter seiner linken Hand – erwächst zugleich ein großes Gleichnis menschlichen Daseins.

Einen solchen Mann in eine Schule oder Gruppe eingliedern zu wollen, ist schwer, schwerer als bei vielen seiner Gefährten und Altersgenossen; die Klassifizierungslust der Literargelehrten wird Mühe haben, sich an ihm zu sättigen. Er ist notwendigerweise ein Einsamer, und er selbst bekennt ja, daß er erst spät begonnen hat, die Welt außerhalb seiner selbst wahrzunehmen und zu erfahren.

Rühmen darf ich seine Sprache. Wir haben hier eine Prosa, gejagt und gedrungen in einem, von unverwechselbarer Individualität, aber klar und prägnant, frei von Manier und niemals der Versuchung erliegend, in der uns allen wohlbekannten Art, den Lesenden zu provozieren, zu verblüffen oder zu beschämen.

Verehrter Herr Weiss, wir schätzen uns glücklich, Sie unter unseren Preisträgern zu wissen. 1963

Peter Schifferli
Gruß der Arche

Wer sich einer so illustren Schar von Gästen anschließt, darf sich kurz fassen, zumal auch viele Worte nicht ausreichen würden, um all das anzudeuten, lieber Herr Bergengruen, was ich Ihnen in den nahezu 12 Jahren unserer gemeinsamen Fahrt an Bord der Arche zu verdanken habe. Mein Dank gilt nicht nur dem Autor, sondern auch dem Lehrer und dem väterlichen Freund. Auf die oft gehörte Frage, wo ich eigentlich das Handwerk des Büchermachens gelernt habe, gab es und gibt es nur die eine Antwort: daß ich aus der ›Schule Bergengruen‹ stamme. Wie waren wir doch ahnungslos in allen Künsten der literarischen Navigation, als Sie an Bord der Arche kamen, und wie oft haben Sie Ihrer reichen Erfahrung dem Steuer die entscheidende Wendung gegeben. Und da ich auch bei allen persönlichen Sorgen und Problemen stets auf Ihren Rat und Ihre väterliche Freundschaft zählen durfte, hat das Wort von der »Schule Bergengruen« bald eine viel umfassendere Bedeutung gewonnen . . .

Der überlieferten Vorstellung folgend, wonach Noahs Gäste stets paarweise an Bord der Arche begrüßt wurden, möchte ich heute vor allem auch Frau Lotte Bergengruen in meinen Dank einschließen, ohne deren stets gütige und liebenswürdige Anteilnahme der Geist der Arche nicht denkbar ist.

Abschied von Zürich

Hochverehrter Herr Stadtpräsident!

Meine verehrten Damen und Herren!

Wenn ich jetzt von Zürich scheide, um mich in der Nähe meiner Kinder und Enkel und an den heilsamen Wässern von Baden-Baden niederzulassen, so drängt es mich, vor allem ein Wort des Dankes auszusprechen – zunächst ein Wort des Dankes für die gütige Veranstaltung dieser Zusammenkunft, die mir Gelegenheit gibt, mich von der liebgewordenen Stadt auf eine spezielle und persönliche Weise zu verabschieden.

Aber das Dankgefühl, das mich besonders in diesen letzten, zu Rückblicken stimmenden Zürcher Tagen erfüllt, hat noch andere und weiterreichende Ursachen. Ich bitte Sie, verehrter Herr Stadtpräsident, und Sie alle, meine Damen und Herren, den Dank entgegenzunehmen, den ich der Stadt Zürich und dem ganzen Schweizerlande schuldig bin.

Mein Dank gilt also dieser Stadt, allen ihren Einwohnern, bekannt oder unbekannt, er gilt der Atmosphäre, in der ich hier habe leben dürfen, mithin einem Gesamtfaktor, an dem jeder einzelne Zürcher bis hinunter – oder vielmehr: bis hinauf – zu den Möven am See seinen Anteil hat. Und wenn ich Sie bitte, verehrter Herr Stadtpräsident, diesen Dank weiterzugeben, so stelle ich mir das nicht so vor, daß er nun auf amtlichem Wege bis an die einzelnen Adressaten herangetragen werden sollte, (obwohl bei der bewundernswerten Schweizer Organisationsgabe und Präzision auch das denkbar wäre). Wohl aber glaube ich, diese Dankesempfindungen würden auf eine fluidalatmosphärische Weise ihre Urheber erreichen müssen.

Wollte ich nun versuchen, Ihnen hier gleichsam eine vollständige mündliche Danksagungsliste zu überreichen, so müßte ich Ihre Geduld zunächst wohl bis zur Polizeistunde in Anspruch nehmen und Sie danach in den von mir so geliebten Botanischen Garten bitten, denn in meiner Wohnung stolpert man schon über halbgepackte Kisten, und was die Nachtcafés angeht, nun ... Ich kann also nicht aufzählen, was mir an Gastlichkeit, Entgegenkommen, Förderung, Liebenswürdigkeit und Freundschaft in Zürich zuteil geworden ist. So wollen Sie denn freundlichst ein paar Partes für das Totum nehmen.

Da danke ich denn zuerst jener unbekannten alten Frau, die im Januar 1946 meiner gerade aus Tirol hergekommenen Tochter auf der Straße drei Orangen schenkte, und das heißt: Früchte, die in Deutschland und Österreich seit vielen Jahren nicht mehr hatten heimisch werden mögen; mit diesem Vorgang vollzog sich symbolisch die Eingliederung meiner Familie in eine freundlichere Weltordnung.

Der »Weltwoche« habe ich zu danken für allwöchentliche Bereicherung meiner Bildung. Hierbei denke ich besonders an die in jeder Nummer aufgeworfenen zehn Fragen. Die von mir gemachten Fortschritte wolle man daran ermessen, daß ich anfangs im Durchschnitt vier von den zehn Fragen zu beantworten wußte, während es mir letzthin schon passiert ist, daß ich bis auf sechs oder gar sieben kam. So weiß ich jetzt und hoffe es bis an mein Lebensende zu wissen, daß Mutschtahid eine Bezeichnung für muselmanisch-schiitische Theologen mit dogmatischer Entscheidungsgewalt ist, daß die Wasserorgel um 170 vor Christi Geburt durch Ktesibios in Alexandria erfunden wurde und die Neuen Hebriden aus sechsundzwanzig Inseln bestehen, nicht mehr, aber auch nicht weniger, während die alten Hebriden es bis auf fünfhundert getrieben haben.

Ich bin zum Themenkreis der Bildung und des Geistes gelangt, zwischen welchen beiden, man mag sagen, was man will, ja zum mindesten gewisse Beziehungen bestehen, und da ziemt es sich, daß ich der Zentralbibliothek gedenke, die mir, der ich aus einem abgelegenen Tiroler Dorf kam, Unschätzbares vermittelt hat. Die immer gleiche Freundlichkeit, Gefälligkeit, Geduld und Exaktheit der an ihr Tätigen kann ich nicht hoch genug rühmen. Ich habe der Zentralbibliothek auch noch für eine ganz besondere Überraschung zu danken. Ich begegnete dort nämlich einer stattlichen Kollektion von Büchern aus meiner baltischen Heimat, die ich niemals in Zürich vermutet hätte. Es waren manche Seltenheiten darunter, etwa historische Werke aus der Barockzeit, und ich stellte mit besonderem Vergnügen fest, daß es ein Onkel meines alten Freundes und Landsmanns, des Münchner Malers, Graphikers und Sammlers Rolf von Hoerschelmann gewesen ist, der diese Bücher in einer dankbaren letztwilligen Verfügung der Zentralbibliothek vermacht hat. Und da ich beim Baltischen angelangt bin, so möchte ich in Dankbarkeit auch aller derjenigen Zürcherinnen und Zürcher gedenken, die vor zwei Wochen bei meiner letzten hiesigen Vorlesung waren. Sie fand statt zum Besten der vielen Notleidenden unter meinen baltischen Landsleuten, und die Veranstalter und ich, wir durften uns dankbar einer stattlichen, aus echt schweizerischer Hilfsfreudigkeit gekommenen Summe freuen.

Meine Damen und Herren, ein Liebhaber des Fondue bin ich seit Jahrzehnten und seit meinen ersten Besuchen auf Schweizer Boden gewesen. Den Schweizer Hausfrauen, Köchinnen und Köchen danke ich dafür, daß sie mir Gelegenheit gaben, zahllose Fondue-Finessen kennenzulernen und so aus einem bloßen Liebhaber zu einem Kenner und mithin zu Recht auch zu einem Lobsänger dieses göttlichen Gerichts zu werden. Einen kleinen Teil des ihnen geschuldeten Dankes meine ich abgestattet zu haben, indem ich viele Menschen jenseits der schweizerischen Grenzen zu passionierten Fondue-Anhängern und manche sogar zu ausgezeichneten Fondue-Herstellern gemacht habe – ich besitze eine stattliche Anzahl schriftlicher Zeugnisse, etwa aus Berlin, Bremen, Göttingen, Braunschweig und anderen Orten.

Ich komme zum Ende. Ein Jahrzwölft habe ich in dieser schönen, lebendigen, alten und neuen Stadt zugebracht, also eine Zeitspanne, die genau der Dauer des berühmten Tausendjährigen Reiches entspricht. Vielleicht erkennen Sie das an die Stadt Zürich, aber auch an die Schweiz gerichtete Kompliment, wenn ich hinzufüge, daß unter den Stationen meiner Lebensreise Zürich die einzige Stadt ist, die mich ein volles Dutzend von Jahren an ihren Boden fesselte. Freilich war ich oft von Zürich abwesend, denn ich habe nun einmal eine Reisefreudigkeit in mir, und ich muß es mir gefallen lassen, daß in einer Hochburg der Psychologie und Psychiatrie, wie Zürich es ist, dieser Zug meines Wesens unumwunden als Wandertrieb bezeichnet wird. Aber eben auf diesen neurotischen oder psychotischen Zug gründen meine hiesigen Freunde ihre Meinung, sie würden mich von jetzt an vielleicht ganz besonders häufig hier sehen.

Jedenfalls nehme ich von Zürich, von der Schweiz Abschied in der Gewißheit, daß ich von den vielen Fäden, die mich mit dem Herzen der verehrten Madame Helvetia verbinden, keinen einzigen werde abreißen lassen.

1958

Herbstlicher Aufbruch

Noch flammen im sinkenden Licht
blutfarben die Georginen.
Eine zitronen verfärbte Ranke
hängt leblos über den Zaun.
Stumm ward der Kirchturm.
Und über geduckten Kaminen
steht der wuchtige Rauch,
aus dunklem Gestein gehaun.

Langsam staut sich das Wasser der Zeit
in der moosigen, steinernen Schale.
Jetzt erreicht es den Rand!
Ein Tropfen quillt über und fällt.
Herdrauch zerstäubt und die Blätter verwehen.
Mit einem Male
hat sich der Wind aus den bräunlichen
Kronen der Eichen geschnellt.

Abermals ist dir so
der jähe Aufbruch befohlen.
Vor dich ins Nieumgrenzte
setze du Stecken und Schritt.

Rauschend fuhr der Kirchenturm auf
mit Glockenschlägen und Dohlen.
Gehe. Der Tropfen fiel.
Winde und Wasser gehn mit.

Du erkennst die Gewässer
der fremden, dämmernden Fläche,

ihren gelassenen Gang,
ihren zornigen Gischt.
Beuge dich nieder. Es sind
noch die nämlichen Bäche,
die dir droben im Bergwald
die glühende Stirne erfrischt.

Höre sie ziehen in raschen,
in ruhevollen Gefällen.
Wie von Flügelschlägen
erzittern Gräser und Ried.
Über dir rauschen der Wind und die Zeit
und zur Seite die Wellen.
Dunkler Geheimnisse Mund,
rauscht das Rohrsängerlied.

1954

Werner Bergengruen
beim Signieren.

Das Städtlein

»Nichts Protziges, nichts Parvenuehaftes hat Baden-Baden, sondern noble Tradition« – so Bergengruen über seinen letzten Wohnort. Schon 1934 hatte er es so gerühmt. Nun war er ein Eingesessener, im eigenen Haus, am neuen Schreibtisch, und Kinder und Enkel lebten in der Nähe.

Baden-Baden war auch die Heimatstadt seines Freundes Reinhold Schneider, der hier geboren wurde, später den Abriß seines Elternhauses miterlebt hat und danach nur noch Gast in seinem »Städtlein« gewesen ist, ein »ortsgebürtiger Fremdling«. Bergengruen war eher ein fremdgebürtiger Baden-Badener, der den neuen Wohnort mit dem Eifer des Konvertiten rühmte.*

Schneiders Tod am Ostersonntag 1958 warf einen dunklen Schatten auf den Neuanfang der Bergengruens, denn wenige Tage vorher war Schneider in der Zeppelinstraße gewesen und hatte beinahe heiter von seinen Eindrücken in Wien erzählt, freilich nicht ohne die schweren Bedrückungen dieses Winters zu erwähnen. 1933 waren sich beide zum erstenmal flüchtig in Berlin begegnet, von 1936 an sahen sie sich öfter und verstanden sich als Bundesgenossen während des Nationalsozialismus. »Heilige unter sich«, hatte man sie spöttisch genannt. Freilich war Schneider eher ein Asket, Bergengruen sehr viel lebensfreudiger und kräftiger. Dem Rotwein waren sie beide zugeneigt, ihrem hilfreichen Wegbegleiter, »denn unser Geschäft ist noch mühseliger und unberechenbarer als viele andere«, so Bergengruen.

Bergengruen hielt auch die Laudatio, als Schneider 1956 den Friedenspreis des Deutschen Buchhandels in der Frankfurter Paulskirche entgegennahm, er wurde 1958 Schneiders Nachfolger in der Friedensklasse des Ordens Pour le Mérite. Im selben Jahr noch wurde der ewige Student W. B. in Mün-

* Hotel Messmer, Baden-Baden. Vgl. Reinhold Schneider, *Der Balkon*, 1956

chen zum Dr. h. c. promoviert, 1962 erhielt er den Schiller-Preis des Landes Baden-Württemberg.

Noch immer war er auf Vortragsreisen, mehr und mehr wurde das Schreiben zum ambulanten Handwerk. Eine späte lyrische Phase Bergengruens ist noch von 1962 an zu verzeichnen. Immer hatte das Todesthema ihn begleitet, nun suchte er noch einmal seine Standortbestimmung, rühmte dies Leben, beschwor die alte Freiheit und Unabhängigkeit und pries unsere Erde, auf der er so gerne zu Hause war.

Am 4. September 1964 starb Werner Bergengruen an einer schweren Erkrankung.

Bergengruens Haus am Merkurberg in Baden-Baden, 1958.

Der wiedergefundene Schreibtisch

Anderthalb Jahrzehnte nach der Bombengaudi dachten wir an eine neue Seßhaftwerdung. Das Haus wuchs heran. Aus Hoffnungen, Gesprächen, Plänen, Zeichnungen und Bauschutt erhob sich endlich ein allerlei Zukunft versprechendes Lebensgebilde.

Zum fünfundsechzigsten Geburtstag, als das Haus zwischen Schwarzwald und Rheinebene schon im Rohbau dastand und nun der Bewohnbarkeit entgegenreifen sollte, schenkte mir meine Frau einen – ja, wie nenne ich das Geschenk? Sagte ich: »einen Schreibtisch«, so wäre zuwenig gesagt; sagte ich: »den Pettenkoferschreibtisch«, so wäre der Mund etwas voll genommen. Am besten und getreuesten wäre es wohl, von »einem Pettenkoferschreibtisch« oder auch kurzweg von einem Pettenkofer zu sprechen.

Ich weigere mich, in diesem Schreibtisch eine Imitation des alten zu erblicken. Zwischen beiden spielt das gleiche Verhältnis wie zwischen dem alten Frankfurter Goethehause und dem heutigen, das nach dem Kriege und seinen gaudiösen Bombenabwürfen errichtet wurde. Ich möchte meinen, die Seele des Pettenkoferschreibtisches habe sich gleich der des Goethehauses in neuem Stoff reinkarniert.

An ihm sitze ich jetzt. Das schwarze Eichenstück ist zu meinem Sohn zurückgekehrt, bescheidener Ersatz für den Schreibtisch meines Urgroßvaters, den mein Vater ihm zugedacht hatte und der im Wirbel des Jahres 1945 zugrunde gegangen oder doch der Sicht- und Greifbarkeit für immer entrückt worden war.

Der neue Pettenkofer ist genau nach den Maßen und in

den Formen des alten angefertigt und rötlich mit Kirschbaumholz fourniert. Von der roten Kalikobespannung haben wir abgesehen. Auch jetzt ist es vom Schreibtisch nicht weit zu den Fenstern, zum Balkon und zu den Meisen.

Ich weiß nichts Authentisches darüber, wie Pettenkofer es mit seinem Schreibtisch gehalten hat. Natürlich war sein Schreibtisch der Schreibtisch eines Gelehrten, und doch vermute ich, dieser vielfacettierte, lebendige Geist werde sich seiner auch bei manchen ungelehrten Anlässen bedient haben. Ich jedenfalls lasse mich von der schönen geräumigen Platte gern zum Ausbreiten meiner Patiencekarten verlocken. Dazu brauche ich nur ein paar Gegenstände aus der Reichweite zu schieben und die Symmetrie ein wenig zu beschädigen; ich liebe ja die unmuseale Ordnung oder Unordnung des Lebendigen.

Was habe ich am Pettenkofer redivivus getrieben? Um ein Erkleckliches habe ich mein Compendium Bergenguenianum vermehrt. Ich habe mich mit einigen Novellenstoffen beschäftigt, ich habe die unerläßlichen Korrekturen gelesen und die unerläßlichen Patiencen gelegt. Weiter habe ich allerlei kleinere Arbeiten meist betrachtenden Charakters zu registrieren, Titulus und diesen jetzt zu Ende gelangenden Auszug aus meiner Bio- und Bibliographie. Doch meine und hoffe ich, der Schreibtisch werde mir noch zu manchem gut sein. Gott, seiner Natur nach ein Gönner, wolle vergönnen, daß sich noch einiges an Entworfenem und Begonnenem zu glücklichem Abschluß bringen lasse. Und wer weiß denn, was für durchaus neue Geister noch plötzlich über einen kommen können?

Von vielen anderen Schreibtischen unterscheidet der meine sich dadurch, daß er nicht zum Aufstellen von Photographien benutzt wird, so wie ich mich auch nie dazu entschließen kann, Photographien in der Brieftasche bei mir zu tragen. Ich behalte mir vor, gelegentlich Gründe für solche zu Gewohnheiten gewordenen Unterlassungen zu erfinden. Photographien, so meine ich, gehören in Mappen oder Kassetten, gleich wie Gemaltes, Radiertes, Gestochenes nach Wänden verlangt, ohne daß man nun immer aufgelegt wäre, ein solches Verlangen zu befriedigen. Was des ferneren auf einem Schreibtisch ebensowenig etwas zu suchen hat wie eine vollelektrische Addiermaschine mit Kontrollstreifen, eine Nationalkasse oder ein Bestrahlungsapparat, das ist die Schreibmaschine. Für sie ist ein Tischchen da, das den Schreibtisch ein wenig erniedrigt, nach Westen zu verlängert und den Betrachter auf diskrete Art an eine Kanzlei erinnern mag. Die Schreibmaschine ist unentbehrlich, doch erwirbt sie sich ihre Meriten in den Nebenbezirken meines Handwerks. Was man im speziellen Sinne Schreiben nennt, das will mit Bleistiften, Tintenstiften, Kopierstiften besorgt werden, Rot-, Blau- und Grünstift nicht zu vergessen. All das muß reichlich vorhanden sein und ist in länglichen, ovalen Schälchen am besten aufgehoben.

Die Schreibtischplatte bietet Raum für eine Anzahl von Dosen und Schachteln, an denen ich Freude habe; für ein paar Mineralien, darunter eine schönfarbige Achatkugel von Pfirsichgröße, die still und kühl in der Hand liegt und auch der Gesichtshaut wohl und lieblich tut; für eine überlebensgroße, kraftvolle, aus Rom stammende Männerhand von Marmor, vermutlich barocker Herkunft, und für mancherlei andere mir ans Herz gewachsene Kuriositäten, Raritäten und Fifferullchens; dazu für jene Utensilien, die niemand recht entbehren kann, als: den ewig eintrocknenden, hartbröckelnden Klebstoff, Briefwaage, Kalender,

Stempel, den roten, selten gebrauchten, auf Kerze und Leuchter angewiesenen Siegellack, einen Blumenstrauß aus dem Garten, ein paar Aschenbecher und was sonst noch zum Leben nötig ist. Nicht ungenannt mag ich eine ziemliche Anzahl von Briefbeschwerern lassen. Meist sind es Marmorfragmente von Palästen und Thermen aus römischer Kaiserzeit, und so ist ein klein wenig Rom, ein klein wenig Altertum mir immer zur Hand. Doch fehlt auch die neuere Hemisphäre nicht. Für sie steht ein Stückchen versteinerten Holzes, an bunten, polierten Marmor erinnernd, blank und glatt geschliffen; es stammt aus einem der nordamerikanischen Waldgebiete.

Mich erhebt der Gedanke, daß meine Briefbeschwerer notwenig sind und keine unnütze Schnurrpfeiferei. Bei offenen Fenstern ist mir schon mancher Schwarzwaldsturm ins Zimmer gesprungen und hat Stöße von unbeschwerten Manuskriptblättern oder Briefen durcheinandergewirbelt. Dergleichen kann jetzt nicht mehr geschehen, der Mensch muß Ordnung halten in seinem Leben.

Mehr habe ich oder gedenke ich nicht zu berichten.

Halt, noch eins, ohne das alles andere dürftig wäre: meine Enkel besuchen mich und stöbern in den Schubladen des Pettenkoferschreibtisches nach interessanten Gegenständen.

Die zweite Bergstraße

Die schwervergleichliche Anmut Baden-Badens wird nicht nur bedingt durch die natürliche Beschaffenheit des Orts und durch die Huld klimatischer Verhältnisse, sondern ebensostark durch den Umstand, daß die Mondänität des Weltbades hier in einer alten und noblen Tradition steht. Baden-Baden hat, und das ist in Orten seiner Gattung wider die Regel, nichts Protziges, nichts Parvenühaftes. Wo es in früherer Zeit dergleichen gehabt haben mag, da ist es von der Patina der Vergangenheit überzogen und damit seiner Widrigkeit ledig geworden. Seine altmodische Eleganz entfaltet ihren ganzen Charme in den blaßgewordenen Photographien aus der Mitte des vorigen Jahrhunderts, die etwa die Iffezheimer Rennen, die Spielsäle, die Fürstenzusammenkunft von 1860, die Promenade auf der Lichtentaler Allee zeigen. Diese Allee war der Korso der europäischen Welt, damals als das Second Empire von Frankreich strahlte und die neue Großbourgeoisie triumphierend an die Seite der alten Geschichtsmächte trat.

Die Strecke von Baden-Baden oder schon von Karlsruhe nach Süden erscheint mir als eine geradwegige Fortsetzung der Bergstraße. Zur Linken habe ich das hohe dunkle Gebirge, zur Rechten die fruchtbare Rheinebene. Aber alle Verhältnisse sind größer und ernster, auch mangelt die eng aneinander gedrängte Vielfalt bergansteigender Städtchen und Burgen. Wie der Blick über die Ebene von der eigentlichen Bergstraße aus durch die pfälzischen Berge begrenzt wird, so hier durch die Vogesen. Diese zweite Bergstraße reicht bis an das inselhaft in die Ebene vorgeschobene Vulkanmassiv des Kaiserstuhls und nach Überwindung des Engpasses von Riegel bis nach Freiburg, oder, wenn man weitherziger sein will, bis nach Basel. In der Zwetschgengegend von Bühl hat sie ihre Entsprechung zum Obstreichtum der Bergstraße. Der Vergleich läßt sich bei gutem Willen bis zur Komik ausspinnen, indem man etwa für beide Strecken als Nordpunkt je eine ehemalige Großherzogsresidenz mit Technischer Hochschule und als Südpunkt je eine badische Universitätsstadt bezeichnet. Die Freude der Fahrt ist auf beiden Straßen gleich, sie hat die schöne Verheißung des Südens, die großen Fernzüge jagen vorüber, an ihr liegen weiterhin tausend Orte der Sehnsucht, bis hinunter nach Neapel.

Werner Bergengruen in Baden-Baden.

Baden-Baden

Heuer bin ich zum ersten Male in meinem Leben, ein veritabler Kurgast, und ich bin es in Baden-Baden.

Baden-Baden ist keine Stadt ohne Stufen. Es hat Treppen, sie werden hier Staffeln genannt, und man hat Rathaus-, Kirchen-, Sonnen-, Jesuiten- und Steinstaffeln; außerhalb der Altstadt kommen sogar Bismarckstaffeln vor – großzügigerweise, denn Bismarck hat Kissingen bevorzugt.

Die Staffeln künden schon an, daß Baden-Baden nicht wie so viele andere Kurorte eine Talstadt ist. Es zieht sich vom Oostal empor zur Altstadt und darüber zum neuen Schloß, und dies topographische Dreigliederungsgesetz kehrt in der ganzen Landschaft wieder: unten die Rheinebene, in der Mitte das Rebland, droben der Schwarzwald. Wer sich durch die Katakomben des alten Römerbades führen läßt und ein klein wenig architektonische Phantasie hat, der gewahrt auch hier diese Dreistufigkeit; die antike Anlage steigt am Abhang hinan, von sicherer Hand dem Gelände angepaßt, unten das Soldatenbad, in der Mitte das der Offiziere und Beamten, oben das Kaiserbad.

Die frische, flache, klare, geschwinde, von den Schwalben geliebte, von der Lichtentaler Allee liebenswürdig begleitete Oos ist früher eine Völker- oder doch Stammesscheide gewesen. Auf dem rechten Ufer saßen die Franken, auf dem linken die Alemannen. Zugleich war sie die Grenze zwischen den Bistümern Speyer und Straßburg. Weil sie sich vom Nachbarbischof mehr versprachen als vom angestammten, haben die Lichtentaler Cisterciensernnen vor langer Zeit einmal den Fluß umgeleitet, so daß sie auf seine andere Seite gelangten. Deutlich gewahrt man noch heute den auffallenden, das Kloster ausklammernden Bogen des Flußbettes.

Ich wohne auf der alemannischen Seite. Zur Kur mache ich mich ins Fränkische auf. Auch sonst wechselt man sehr häufig von einem Ufer zum anderen hinüber. Dies geschieht mit Hilfe der zahllosen zierlichen Brücken und Brückchen. Ich hatte mir vorgenommen, sie gewissenhaft zu zählen, wie ich es in Rom, Florenz, Königsberg und Genf getan habe, denn in welcher Stadt es auch sei, die Anzahl der Brücken hat für mich ihre Bedeutung; ich bevorzuge die Zahlen eins, drei, sieben und zwölf; sie sind, ich brauche ein Wort der schönen Lau, meine holden Zahlen. Aber jedesmal, wenn ich in solcher Absicht die Oos entlangschlendere, vergaß ich mein Vorhaben und überließ mich beglückt dem Umgang mit den Parkbäumen. So bin ich denn auf Schätzung angewiesen und schlage rund drei Dutzend vor, von denen etwa sieben Achtel dem Fußgängerverkehr, manchmal überdies den Gästen bestimmter Hotels vorbehalten sind.

In diesen aimablen Anlagen ist gut promenieren. Alles gedeiht üppig unter einem zärtlichen Klima und unter pflegenden Händen, die von Weisheit gelenkt werden. Es ist ein Vergnügen, hier platonisch zu botanisieren. Von einem Messingschildchen erfährt man, daß der Unbewaffnete Lederhülsenbaum zur Familie der Leguminosen gehört und in Wirklichkeit Gleditschia Triacanthos Inermis heißt. Auch sieht der Ahorn in China, Japan, Korea wesentlich anders aus als der uns heimisch vertraute.

Ist kein Parkaufseher in der Nähe, so schlüpfe ich wohl unter die beiden großen Trauerbuchen. Vielleicht ist das dem Rasen ungewohnt, aber er wird sich schon wieder aufrichten, dafür ist er in Baden-Baden. Diese Trauerbuchen sind ganz und gar herrlich. Jede von ihnen bildet ein riesiges grünes Zelt, unter dem ein ganzer himmelfahrtlicher Ausflugsverein Schutz vor dem Regen finden könnte, säße er nicht längst beim Bier oder beim badischen Wein. Gern streckte ich mich in einem dieser Zelte auf dem Rasen zur Ruhe, aber das würde einem befremdete Blicke eintragen – Feigling, der man ist!

Nicht weit von den Trauerbuchen steht die Scheinakazie. Es entspräche dem Geist Baden-Badens, durch Pfropf-, Okulier-, Kopulier- und Kreuzungsmachenschaften – was weiß ich! – zu einer Synthese von Trauer- und Scheinbäumen zu gelangen und solchermaßen darzutun, daß alle Trauer im Grunde nur Schein ist.

Ein wenig flußaufwärts kommt man zu einem Tulpen- und Rosengarten mit verschnittenen Hecken. Sein hübscher altmodischer Name, in welchem etwas Liebenswürdig-Moralisches mitklingt, lautet: Gönneranlage. Gönner Baden-Badens und der Menschheit haben ihn gestiftet inmitten einer Welt, in der immer wieder Unfrieden gestiftet wird. Eine Gönner-Anlage steckt wohl in jedem Menschen, wir müssen nur diese Anlage in uns entwickeln. Einheimische freilich versichern, die Anlage heiße nach einem Bürgermeister namens Gönner, doch scheint es mir fraglich, ob man von dieser zweifellos richtigen Erklärung Gebrauch machen soll.

Es paßt zu Baden-Baden, daß Bürgermeister hier Gönner heißen dürfen, denn Baden-Baden ist eine Stadt der Milde. Die Kur ist milde, und mein Arzt ist es auch. Er hat einen Blick für Menschen und weiß, wieviel an Gesundheit er mir zumuten darf. Er gehört nicht zu denen, für die alle ärztliche Kunst mit Verboten anfängt und infolgedessen mit Schwermut und vorzeitigem Tode zu enden hat. (Diese hat Metternich im Auge gehabt, als er sagte: »Mit dem Belagerungszustand kann jeder Esel regieren.«) Mein Arzt aber weiß, daß bestimmte Verbote mich einem Zustande schwärzester Freudlosigkeit überantworten müßten, der keinem Genesungsvorgang förderlich sein konnte. Nach der ersten Untersuchung sagte er: »Die Gründe, aus denen man bei Ihnen Tabak und Kaffee gelten lassen, Alkohol hingegen empfehlen muß, sind die folgenden . . .« Gesegnet sei sein Andenken. Solche Ärzte wünsche ich allen, die mir (und sich selber) wohlwollen.

Das Brunnentrinken spielt eine bescheidenere Rolle als in Ems oder Vichy – mit einer Ausnahme, auf die ich noch zu sprechen komme. Wichtigkeit und Rang hat das Thermalbad, in meinem Falle mit Kohlensäure. So stelle ich mir – ich habe keine Erfahrung – Champagner, äußerlich angewendet, vor. Das Bad ist kühl, die Haare stehen ein wenig zu Berge, an jedes setzen sich perlende Bläschen an. Vermutlich sieht man aus wie ein von Natur bepelzter Urmensch, nur daß es bei diesem vielleicht mit der Spritzigkeit nicht weit her gewesen ist.

Zwischen dem Friedrichs- und dem Augustabad, ein wenig abgelegen, ein wenig versteckt, fließt in einer bescheidenen Grotte die Fettquelle. Sie rinnt kostenlos, es sind keine Schenkmädchen am Werke, und die ärztliche Wissenschaft nimmt von ihr keine Notiz. Doch wird diese Notiz durch Patienten genommen, die sich mehr aus der einheimischen Bevölkerung als aus den Kurgästen zu rekrutieren scheinen. Ich erkundige mich und erfahre, die Fettquelle sei gut »für Erkältungen und gegen den Hals, für oder wider die Verdauung, je nachdem«. Fast zu allen Tageszeiten findet man Leute, die hier mit ernster Angelegenheitlichkeit trinken oder ihre Thermosflaschen füllen, alte Weiblein, Schulkinder, junge Mädchen, doch auch seriöse Männer, denen man die Beamtenqualität oder das selbständige Geschäft ansieht. Ein zierlicher Greis wäscht sich mit dem heißen Quellwasser die Augen. Eine Dame sucht ihren schwarzen Pudel umsonst zur Brunnenkur zu animieren. Er ist jung, munter, lustig, wie es sich gebührt, und so kann es sich nur um eine prophylaktische Absicht handeln; für Prophylaxen aber geht das Verständnis ihm ab. Diese Brunnenkur hat etwas vom Reiz der Illegali tät, etwas Verschwörerisch-Familiäres. Viele von denen, die an die Quelle treten, begrüßen die bereits Trinkenden mit einem gemurmelten Gruß wie mit einem Losungswort. Unnötig zu sagen, daß ich mich mit Vergnügen auf die Seite der hier kurmachenden Dissidenten geschlagen habe. Das Wasser schmeckt nicht viel anders als das der Friedrichsquelle, doch soll die Zunge ein Element von Fettigkeit spüren. Vielleicht ist die meine abgestumpft, immerhin trinke auch ich gewissenhaft und voller Behagen. Mein Arzt hat es mir nicht verboten, freilich habe ich ihm von dieser einmal täglich vorgenommenen Abschwenkung zur volkstümlichen Heilkunde auch keine Mitteilung gemacht.

In Baden-Baden gehen viele Leute an Stöcken, und so falle ich nicht auf. Der Unterschied ist nur der, daß sie, wenn das Glück gut ist, eines Tages ihre Stöcke wegwerfen wie die Wallfahrer von Kevelaer, während ich, seit je ein Stocknarr, ja ein wenig ein Stocksammler, entschlossen bin, mich von keinem einzigen meiner Stöcke jemals zu trennen. Den Baden-Badener Stöcken sieht man es an, daß sie nur widerwillig und auf Zeit engagiert sind. Die meisten sind ordinäre Eichenknüppel, solche Stöcke verdienen nichts besseres, als eines Tages fortgeworfen zu werden.

Leider hat man es verabsäumt, aus dem Wegwerfen der Stöcke eine regelmäßig wiederkehrende Zeremonie zu machen. Ich dächte es mir hübsch: nächtliche Kurparkbeleuchtung, Umzug mit Musik, Rundfunkreportage, Ansprache. Wie nach studentischen Fackelzügen die Fakkeln, so werden nun unter den Klängen des Gaudeamus die Stöcke auf einen Haufen geworfen und verbrannt. Danach begibt sich alles zu einem Abschiedstrunk ins Kurhaus. Ich rate zu Affentaler. Die Lustbarbkeit ließe sich noch weithin ausgestalten. Ich empfehle allen Kurdirektoren der Welt, diese Anregung keinesfalls in den Wind zu schlagen.

Von Baden-Baden wäre noch viel zu erzählen: von der Spielbank, der Stiftskirche, dem Kloster Lichtental, den Schlössern und den Wäldern, den Kurgästen, Kaffeehäusern und Sperlingen; und von den alten Bekannten, denen man unversehentlich – und bisweilen auch versehentlich – begegnet. Die Hauptsache habe ich wohl bereits merken lassen. Um sie noch einmal zu bezeichnen: die Trauer ist nur zum Schein, es ist alles gar nicht so schlimm und wir wollen Gönner sein. Ich für meinen Teil, ich bin schon einer, und so gönne (und wünsche) ich Baden-Baden (wie auch der ganzen übrigen Welt) alles Heitere. Gönne und wünsche man mit mir!

Reinhold Schneider und Werner Bergengruen, 25. März 1958.

Reinhold Schneider und sein Städtlein

In einem der von Reinhold Schneider geliebten Eichendorffschen Romane findet sich das Wort: »Keinen Dichter ließ seine Heimat los.« Und doch ist, wenn wir sorgsamer betrachten, das Verhältnis zwischen Dichter und Heimat voller Problematik, voller Polaritäten. Das Wort Heimatdichter wird nicht immer gern gehört, es hat allzuoft den Beiklang einer Einschränkung; und schon hierin drückt sich etwas von diesen Spannungen aus. Es sind nur wenige Dichter, die ihr Leben in ihrer Heimat verbracht haben. Ja, man könnte die Behauptung wagen, für den Dichter sei der Verlust der Heimat fruchtbarer als ihr ungestörter Besitz. Wohl aber mögen die Dichter in höherem Grade als die anderen Künstler von ihrer Heimat geprägt sein.

Gedenkt eine Stadt eines ihr durch Herkunft und Geburt verbundenen Dichters, so stellt sich wohl die Frage nach der Art seines Verhältnisses zu ihr und nach den ihr geltenden Motiven, mittelbaren Äußerungen und unmittelbaren Bekenntnissen innerhalb seines Werkes. Blättern wir in diesem Sinne in dem überreichen Œuvre, das Reinhold Schneider hinterlassen hat, so begegnen wir einer auffallend großen Menge von Zeugnissen jener Empfindungen, die er seiner Geburtsstadt entgegenbrachte. Ich könnte es mir lohnend denken, wenn einmal alles, was er über seine Vaterstadt und seine Heimat, in die er mit Selbstverständlichkeit auch Rheinebene und Elsaß einbegriff, geschrieben hat, zusammengestellt und geschlossen dem Bewußtsein der Öffentlichkeit übergeben würde. Diese Zeugnisse beschränken sich keineswegs auf jenes Buch, das in seinem Untertitel die Stadt Baden-Baden beim Namen nennt: also auf den im vorletzten Winter seines Lebens entstandenen *Balkon* –, damals, als er nachdenklich, schwermütig und doch unverlassen von der Heiterkeit des Überwindenden die Abtragung seines Großeltern- und Elternhauses miterlebte.

Dies Haus in dieser Stadt ist die Stätte seines ahnungsvollen, halb verhüllten Kindheitslebens gewesen, in das der Schlachtenlärm von jenseits des Rheins vordeutend hineindröhnte. Von seinen Knabenjahren sprechend, nennt er sich selbst »unglücklich und dem Hause sich entfremdend, in das er niemals paßte; vor den Blicken der Gäste und der Angestellten fliehend und ihnen doch ausgeliefert, eine ganz einsame Existenz in der Herberge und doch im Vaterhaus, und im ersten Jahrzehnt des Lebens überantwortet der rücksichtslosen Fremdheit der Welt und doch hier zu Hause und nur hier – bis sich sachte, nach oben hin, der Raum öffnen wollte«.

Er leugnet nicht, daß diese beschattete Kindheit auch ihr Tröstliches gehabt hat. Sie empfing ihren geheimen Glanz aus der Welt der Dichtung, von der er jugendlich erschüttert und verzaubert wurde; und nur wenige Schritte von seinem Geburtshause entfernt, widerfuhren ihm beglückend die ersten Begegnungen mit der Welt des Theaters, der er gegen das Ende seines Lebens, fast überraschend, eine so leidenschaftliche Liebe zugewandt hat. Ich erinnere mich an mündliche Äußerungen von ihm, wonach er der Baden-Badener Atmosphäre manchen Dank schuldig sei. Die Offenheit der Kurstadt gegenüber allen Nationen und Sprachen habe schon frühzeitig sein eigenes Verhältnis zu den Völkern außerhalb der deutschen Grenzen und zu ihren Sprachen geformt. Er hatte ein Heimatgefühl für Spanien und in noch höherem Grade für Portugal, er liebte Frankreich und den skandinavischen Norden, und er war gewohnt, täglich sieben oder acht ausländische Zeitungen in den Originalsprachen zu lesen. Er, der Deutschland so heiß und schmerzlich geliebt hat, ist in der so leicht anfälligen Jugend vor allen nationalistischen Irrtümern bewahrt geblieben. Übrigens möchte ich etwas vom Geist des alten Weltbades auch in der weltmännischen Eleganz seiner Causerie wiederfinden, wie sie namentlich im letzten Jahrfünft seines Lebens hervorgetreten ist.

Als Fünfzehnjähriger erlebte er den Zusammenbruch der Alten Welt. Wie er ausdrücklich bezeugt, hielt er es für unmöglich, irgendeine Lebenseinheit wiederzugewinnen, und erst viel später, in einem Dasein voller Schmerzen und Lasten, hat er das schwere Werk einer Überwölbung des Auseinandergefallenen zu vollbringen gelernt. Als er die Schule, deren er sich unfreudig erinnert, hinter sich gebracht hatte, da war auch seine Seßhaftigkeit im alten Boden dahin. Von da an ist er nur noch ein Gast in seiner Stadt oder, wie er gern sagte, in seinem Städtlein gewesen. Und als er, schon an der Neige seines Lebens, eine neue Seßhaftwerdung in seiner Geburtsstadt erwog, da war es zu spät; nur noch seinen sterblichen Überresten war die Heimkehr in ihre Erde vergönnt.

In Aufzeichnungen aus seinem sechsundzwanzigsten Lebensjahr hat er sich einen ortsgebürtigen Fremdling genannt. Dies will nicht im Sinne einer Distanzierung und auch nicht im Sinne einer noch so leisen polemischen Wortfärbung verstanden werden. Eher möchte man dabei an das der alten Theologie entstammende Wort vom peregrinus in saeculo denken, vom Fremdling innerhalb der Zeitlichkeit, ein Wort, das ja bisweilen auch auf die Dichter angewandt zu werden pflegt.

Dieser Peregrinus, Pilger und Fremdling hat seine Gedanken und Commemorationen immer wieder der Vaterstadt zugewandt. Er liebte sie mit jener vergeistigten Liebe, mit welcher der erkennende Mensch sein Schicksal liebt – amor fati – und nicht nur dessen lichtere Seiten.

Wir kennen Reinhold Schneiders Liebe zu Landschaft und Geschichte, kennen die tiefe Pietät – »auf Erden will ich nichts mehr als verehren« – als einen Grundzug seines Wesens. Er liebte das Seiende, das nach Gottes Willen Vorhandene, er liebte die Welt schlechthin, unbeschadet seiner Einsicht in die Hinfälligkeit, ja, Vergeblichkeit aller irdischen Dinge. Und in diese Liebe zur Welt, die gepaart ist mit der Scheu, sich der Welt zu überlassen, in diese Liebe der Zurückhaltung ist als ein Teil der Welt – für ihn nicht der geringste! – auch seine Heimatstadt eingeschlossen.

Und doch werden wir in der Hinneigung zu seiner Geburtsstadt außer dieser allgemeinen Liebe noch eine ganz spezielle erblicken. Es ist die natürliche Wärme der Artverwandtschaft, der Angestammtheit und Ortsgebürtigkeit (und mag es selbst die Ortsgebürtigkeit des Fremdlings sein); es ist ein aus den Fundamentalfaktoren des menschlichen Daseins gewachsenes Gefühl, aus der Gemeinsamkeit der Luft, der Jahreszeiten, des Wassers, des Brotes, des Weines.

Wie unmißverständlich spricht dies Gefühl aus jedem Satz, jedem Wort, mit dem Reinhold Schneider sein Vaterstädtlein schildert! Er sagt: »Ich gehe durch das Städtlein und grüße dankbar die Schatten aller, die es sich hier einmal wohlsein ließen und nicht mehr sind ... Baden ist die Stadt der Fremden, durch die alle gehen, ohne zu bleiben. Die Koffer rollen, die Wagen eilen, die Zimmer stehen leer und mit offenen Türen da, bis sie der nächste besetzt, der auch nicht verweilt. Es ist die Stadt der Gäste, wo man selber zum Gaste wird, auch wenn man in ihr geboren wurde und aufwuchs. Es scheint, als ob Baden gar nicht Heimat sein könnte, Heimat als Umfriedung, als ein Tor, das sich schließt vor dem treibenden Wirrwarr der Welt, als die Erde, in der sich die Wurzeln ruhevoll sättigen. Und doch ist Baden Heimat: als Einkehr auf der immerwährenden Reise, die geheimnisvoll um diese Heimat kreist. Die Heimat ist nicht Ruhepunkt, sondern Mittelpunkt. Sie ist im Grunde nicht erreichbar, aber sie zieht immerfort an.« Und in einem anderen Zusammenhang heißt es: »Das Städtlein ist von Anfang an weise gewesen ... hat unter Entbehrungen und Freuden ein schönes Alter erreicht und das rechte Verhältnis zu seinen Mißgeschicken gefunden. Es hat eingesehen, daß die Gnade auf seinen Hängen und Bergen wie das Feuer in der Erdentiefe gar nicht auszulöschen ist und daß der sich Beklagende fast immer unrecht hat.«

Reinhold Schneider rühmt die Quellen, und mit Paracelsus weiß er, daß es sich hier um das Werk des salamandrischen Quellgeistes handelt, um Heimkehr zum Element: »Die Quellen, die dampfend um die Füße der alten Häuser sprudeln, vom Südhang des Schloßberges herab, haben das Städtlein immer wieder erfrischt, das Schlimmste hinweggespült und es vor Verbitterung bewahrt ... Das Städtlein, das geliebte, ist für den Unkundigen nicht sehr mitteilsam. Es weiß seine Geheimnisse so wohl zu verbergen wie eine seiner zierlichen Bewohnerinnen höheren Alters Bonbons und Schönheitsmittel in der Einkaufstasche – oder das Spitzhundchen, das, zum wolligen Knäuel zusammengerollt, im Beutel verschwindet, wenn die Herrin den Obus oder das Kino betritt.«

Nun, für Reinhold Schneider ist das Städtlein an Mitteilsamkeit nicht karg gewesen. Er war ein Kundiger auf jedem Boden, den er berührte mit seinem untrüglichen Schatzgräbergefühl für das Charakteristische, für die besonderen Genien der Örtlichkeiten, die ihm willig ihre Geheimnisse anvertrauen. Wie hätte er da nicht mit den Geheimnissen seiner Geburtsstadt den vertraulichsten Umgang haben sollen! Und doch gibt es wenige Menschen, die mit solcher Treue Geheimnisse zu ehren und zu hüten wußten wie er. Auch nicht der Schatten einer Indiskretion liegt jemals auf den von ihm beschriebenen Blättern.

Er hat, wie es ja die Dichter mit den Ortschaften ihrer Lebensreise machen, dem Bilde dieser Stadt neue Lichter aufgesetzt, neue Züge hinzugegeben, indem er sie mit seiner Individualität erfüllte und verschmolz. Er hat, liebevoll auch mancher Käuze und schrulligen Kleinstadtoriginale gedenkend, Blicke auf das Treiben der Stadtbürger geworfen, Blicke in die Vergangenheit von Jahrhunderten und in die selbsterlebten Jahrzehnte; und hinter dem Vergänglichen dieser Stadt hat er allenthalben ihr Unvergängliches spürbar zu machen gewußt. Das hat er getan, wie es nur ein Liebender tun kann. So möchte ich meinen, die Stadt Baden-Baden habe an ihrem ortsgebürtigen Fremdling nicht nur einen großen, sondern auch einen liebenden Sohn gehabt. Und die Liebe des Scheuen steht wohl höher im Wert als die des schnell bereiten Enthusiasten.

Dennoch aber bleibt es bestehen, daß Reinhold Schneider mit dem Letzten seiner Natur ein an keinem irdischen Ort gebürtiger Fremdling gewesen ist. Unvergeßlich sind die grandiosen Schlußverse jenes Sonettes, dem er den Titel *Reise* gegeben hat:

Doch schon vertraut hör ich die Antwort hallen,
die dunkle, daß ich in der Fremde nicht
und in der Heimat nicht vermag zu leben.

In jeder Stunde hat er gewußt, daß über seinem Leben das Wort des apostolischen Briefschreibers stand: »Denn wir haben hier keine bleibende Statt, sondern die zukünftige suchen wir.« 1962

Werner Bergengruen mit seiner Frau Charlotte und seiner Tochter, Dr. N. Luise Hackelsberger (im Hintergrund), am 70. Geburtstag in Baden-Baden, 16. September 1962.

Das Charakteristische meines Lebens

Versuche ich, das Charakteristische meines Lebens zu erkennen, so werde ich immer wieder darauf geführt, daß es nicht nur wie jedes Leben eine Mischung von typischen und individuellen Elementen zeigt, sondern daß auch das Typische auf die individuellste Art zu mir kommt. Aber wahrscheinlich ist gerade dies das Typische der peripherischen Existenzen zwischen zwei oder mehreren Stühlen.

Im Grunde habe ich all das erfahren und erlebt, was andere Menschen auch erfahren und erleben, nur bediente sich die Vorsehung, um mir Erfahrungen und Erlebnisse zu bescheren, ungewöhnlicherer Methoden. Und so erhält die scherzhafte Behauptung meiner Familie, ich machte immer alles anders als andere Leute, ihren durchaus seriösen Hintergrund.

Hierher gehören meine Konversion, meine verzwickten Staatsbürgerschaftsverhältnisse, die Adoption durch einen Großonkel, derzufolge ich den Familiennamen Brutzer annehmen mußte, der dann in Brutzer-Bergengruen umgewandelt wurde, bis ich schließlich die Genehmigung erhielt, zu meinem angestammten Familiennamen zurückzukehren. Es paßt dazu, daß ich eine Zeitlang ein falsches Geburtsdatum führte, nämlich den 17. statt des 16. September, und daß mein Name bald so, bald so geschrieben wurde – zur schwedischen Zeit Bergengren und Bergengreen, dann Bergengrün und Bergengruen, russisch Bergengrjun, lettisch Bergengrins, schweizerisch Bergengrüen.

Ich könnte mich mir selbst in einem normalen Beruf mit Dienststunden, Gehalt und schließlicher Pensionierung nicht vorstellen – ebensowenig wie ich mir vorstellen könnte, ich hätte jemals ein Examen außer der Abiturientenprüfung bestanden, eine Dissertation geschrieben und auf die übliche Weise promoviert. Dagegen erscheint es mir passend, daß ich mit fünfundsechzig Jahren zum Doktor honoris causae erhoben wurde. Ich habe ja auch nie ein Offiziersexamen gemacht, sondern in der Allerhöchsten Kabinetts-Ordre, die meine Beförderung aussprach (und noch von Kaiser Wilhelm II. persönlich unterschrieben wurde), hieß es »wegen Auszeichnung vor dem Feinde«. Nie bin ich Schöffe, Geschworener oder Vormund gewesen. Nie habe ich an einer richtigen Parlamentswahl teilgenommen. Es fällt mir auf, daß ich meistens nicht in, sondern bei Städten gelebt habe, in Hagensberg bei Riga, in Bachmann bei Memel, in Langfuhr bei Danzig, in Zehlendorf bei Berlin, in Solln bei München, in Oerlikon bei Zürich, ja, sogar nicht einmal in, sondern bei Achenkirch. Und auch mein letztes Haus steht zwar im administrativen und postalischen Sinne in Baden-Baden, in Wirklichkeit aber so abseits von der eigentlichen Stadt, daß ich selber es durchaus als bei Baden-Baden gelegen empfinde.

Kurz, meine Biographie scheint sich aus Abweichungen zusammenzusetzen, und doch erkenne ich in ihr jene Logik und Entelechie, die wir als den Ausdruck einer Führung empfinden und als das tiefste Geheimnis der menschlichen Existenz verehren müssen. 1960

Gegen viele Mißverständnisse

Gegen viele Mißverständnisse habe ich mich zu verteidigen. Diesen Mißverständnissen begegne ich gleichermaßen bei den mir Wohlgesinnten wie bei meinen Gegnern.

Da der elfenbeinfarbene Turm bekanntlich nirgends existiert außer in der Phantasie von Halbstarken und Halbgebildeten, bewohne ich ein normales Dichtergehäuse. Gäbe es ihn aber, so würde ich die Übersiedlung nicht um einen Augenblick hinausschieben.

Ich weiß nicht, von welchem Franzosen das Wort stammt: »Je ne travaille pas, je m'amuse«; ich mache es mir gern zu eigen. Das heißt, ich arbeite nicht im Dienst von Ideen, Thesen, Programmen, Absichten und Zwecken, sondern aus Leidenschaft und meiner Freude zuliebe. So habe ich denn auch nicht das Gefühl einer Mission; dergleichen vermöchte mein Unabhängigkeitsbedürfnis nicht zu dulden.

Auf der anderen Seite – und wohl kein Mensch ist von einer allein zu fassen – wird jeder aus der Gesamtheit des von mir Geschriebenen ohne Mühe herauslesen, daß er nicht ganz unrecht hätte, mich als engagé zu bezeichnen. Ja, ich bin engagiert, und die Herrschaft, in deren Dienst ich stehe, ist, kurz gesagt, was Goethe »das alte Wahre« genannt hat.

Aber doch nur scheinbar. In Wirklichkeit diene ich der eigenen Natur und ihren Bedürfnissen, und diese Natur, diese Bedürfnisse sind nun einmal an das alte Wahre gebunden, nicht an das jeweils Neueste, noch an das immer Ephemere. So darf man also auch nicht meinen, ich hätte mich etwa auf Grund von sogenannten inneren Kämpfen oder auch nur auf Grund von Erwägungen für diesen

Dienst entschieden oder zu ihm entschlossen. Nein, ich bin in ihn hineingeboren, wie man in einen Familiennamen und in eine Verwandtschaft hineingeboren wird.

Dennoch bin ich gewiß kein »Mann aus einem Guß«, und in der Provenienz aus einem solchen Gießprozeß könnte ich auch für einen künstlerisch bestimmten Menschen nichts anderes als die denkbar ungünstigste Aufbruchsposition erblicken.

Wiederum möchte ich mich nicht als einen Zerrissenen bezeichnen, wiewohl ich weiß, daß ich mit dem Verzicht auf diesen Namen mich allen Anspruchs auf eine Zugehörigkeit zur Kategorie des Interessanten oder Pittoresken begebe. Sondern was hier vorliegt, das ist die jedem Menschen auferlegte und zustehende Teilhaberschaft an der Doppelfaltigkeit der Welt, von der mich auszuschließen ich weder vermag noch wünsche.

So habe ich, aufs Ganze gesehen, immer eine Polarität in mir gefühlt und das Psalmwort geliebt: »Denn ich bin beides, Dein Pilgrim und Dein Bürger«, oder, wie ich es in dem Sonettenzyklus *Die Zwiespältigen* auszudrücken gesucht habe.

»Ich habe für den alten Schild gestritten,
die Dauer suchend mitten im Vergleiten,
und wär doch gern, Zigeuner zu begleiten,
auf struppigem Klepper nachts davongeritten.«

Pilgrim und Bürger, Zigeuner und Patrizier, Spaßmacher und Anbeter – sind denn das Gegensätz? Und gar Gegensätze im Sinne von Unvereinbarkeit? Vielleicht. Dann aber höben sie sich am Ende auf, wie es in der complexio die opposita tun. Zuletzt steckt doch wohl in mir ein Bedürfnis nach Übereinklang mit der eigenen Natur, so wie sie nun einmal ist, und danach, mich zu dieser Natur zu bekennen, mag sie nun heimlicherweise aus einem Guß sein oder aus zwei erst in der Unendlichkeit sich verschmelzenden Hälften bestehen. Diesen Verschmelzungsvorgang will ich getrost erwarten. Ich wäre außerstande, mich mir selbst anders vorzustellen, als wie Gott mich geschaffen hat.

1960

Vor allem interessiert mich die menschliche Individualität

Vor allem interessiert mich die menschliche Individualität vor dem Angesicht des Schicksals. Sie steht im Mittelpunkt meiner vielen Novellen, aber auch meiner Romane, für die von Literaturhistorikern der Terminus »Großnovellen« gefunden worden ist. Zu manchen meiner Bücher bin ich durch meine Lust am Reisen angeregt worden. Meine Gedichte beherrscht die Empfindung des Gleichnischarakters, den ich an allen Erscheinungen und Geschehnissen auf Erden wahrzunehmen meine. Daß mir die Natur nicht, wie einigen Jüngeren, eine langweilige alte Tante oder Gouvernante ist, sondern eine uralte und ewig junge Göttin, Geliebte und Mutter, wird mir auch die Jugend verzeihen, wenn ich verlegen darauf hinweise, daß ich aus einem agrarischen, waldreichen, dünnbevölkerten und an Städten armen Lande stamme, also, wenn man so will, ein Hinterwäldler bin.

1960

Gefangen in Registern und Tabellen

Gefangen in Registern und Tabellen
liegt unsre Welt. Sie rühmt sich als die freie
und ist doch längst ein Netz von Häftlingszellen.

Ein jeder ist an seinen Pfahl geschnürt,
die Lebenden, die Toten – Reih um Reihe,
auswechselbar und gleich. Und kaum verspürt

der Nacken das Gewicht der Dienstbarkeiten.
So trotten sie, in grauem Zug geführt,
doch Hand in Hand als wie in Festgeleiten.

Sie singen, Gläubige mit heller Miene
– und wissen nicht, daß sie den Kreuzweg schreiten,
verlobt zum Dienst der tödlichen Maschine –

ihr Lied von Freiheit, Glück und Wohlgewinn.
Wir, Vielbelächelte und Vielbeschriene,
gehn einer nach dem andern stumm dahin,

der alten Freiheit letzte Paladine.

1962

Immer größer wird die Abhängigkeit des Menschen . . .

Immer größer wird die Abhängigkeit des Menschen von Faktoren außerhalb seiner Selbst, immer schmäler der Unabhängigkeitsraum der Individualität als der eigentliche Raum, in welchem sich Schicksale vollziehen können. Wahrscheinlich werden dem Menschen die Verluste an der Freiheit durch Zuwachs an Umhegtsein vergolten werden.

1957

Auf ein Grab

Der hier begraben liegt, hat nicht viel Geld erworben
und außer dieser hier nie eine Liegenschaft.
Er ist wie jedermann geboren und gestorben,
und niemand rühmte ihn um Tat- und Geisteskraft.

Da er nichts hinterließ, ist er wohl längst vergessen.
Du, Fremder, bleibe stehn und merk auf diese Schrift.
Dann sag mir, ob sein Lob nicht manches übertrifft,
das in der Leute Mund und ihrem Ohr gesessen.

Daß jedes Jahr geblüht, war seine größte Lust!
Da schritt er ohne Hut gemächlich über Land.
Und wenn zur Winterszeit er erstmals heizen mußt,
dann hat er wie den Schlaf den Ofen Freund genannt.

Er teilte brüderlich sein Brot mit Hund und Meise
und wer es sonst begehrt. Hat niemanden verdammt,
hat niemanden gehaßt als nur das Steueramt,
sprach nie vom Börsenkurs und selten über Preise.

Versichert war er nicht und nicht im Sportvereine.
Er ging zu keiner Wahl, er diente keinem Herrn,
sang nicht im Kirchenchor. Zeitungen hielt er keine.
Doch daß ichs nicht vergeß: er hatte Rettich gern.

Er rauchte Caporal. Ist wenig nur gereist.
Dafür hats ihn gefreut, in jungem Gras zu ruhn.
Dann war er noch bemüht, gar niemand wehzutun,
und lobte Gottes Treu und Zuger Kirschengeist.

Du Wandrer, bitt für ihn. Und bleibe eingedenk,
daß Gott dein Kämmrer ist, dein Truchseß und dein
Schenk.

1947

Emil Staiger
Abschiedsworte für Werner Bergengruen

... Bergengruens Schaffen war nicht vom Geist der Zeit begünstigt, sondern von Anfang an genötigt, sich gegen den Zeitgeist durchzusetzen.

In einer Epoche, die an der Befugnis, klar zu erzählen, zu zweifeln begann, alle Schilderungen mit Vorbehalten begleiten zu müssen glaubte und jeden Charakter wieder zerstörte, bevor er feste Konturen annahm, hub Bergengruen mit elementarer Kraft zu fabulieren an in seiner stets um die Sache bemühten Prosa, fand er im Arsenal der Geschichte oder erfand er die Ereignisse seiner Novellen und hielt er die epische Fülle seiner Romane in Riesengefügen zusammen und modellierte er mit fester Hand die unvergeßlichen Geschöpfe seiner Einbildungskraft, von dem Starosten und dem Großtyrannen, Karl dem Kühnen und dem brandenburgischen Kurfürsten Joachim bis zu den kauzigen, frommen Gesellen und liebenswürdig armen Burschen am äußersten Rande des Weltgeschehens ...

Bergengruen hielt es für indezent, nur von sich selber zu reden, und für ungehörig, sich in geisterhafter Stille zu verwöhnen; er übernahm den Auftrag, der für alle Dichter älterer Zeiten selbstverständlich war, das Gültige auszusprechen ...

Zürich, 1964

Carl J. Burckhardt
Über Werner Bergengruen

...Werner Bergengruen steht uns vor Augen als ein unverwechselbares Individuum, umgeben von freier Luft, als eine durch Gewißheit gefestigte, völlig furchtlose Persönlichkeit. Zwischen Tod und Teufel erkennen wir in ihm nicht einen letzten, nein den ewigen Ritter, der durch alle Zeiten hochgemut hindurchreitet, umschlossen von seiner strengen Form.

Der Livländer, der Rigenser Bergengruen hat als Kind schon seine Heimat verloren... Damals wurde etwas Unersetzliches, der organische Übergang zwischen zwei großen Völkern zerstört, eine Zone der Vermittlung, an deren Stelle harte Grenzen traten. Aus der noch mittelalterlichen Vielfalt seines Ursprungslandes in den Westen versetzt, fühlte der Knabe Bergengruen sich vorerst durch ein Element von zivilisatorischer Enge bedrängt... Eine gewisse Proteststellung blieb ihm bis in die Hochschuljahre erhalten, in denen er das Angebot des Lehrstoffes ablehnte und sich sein großes, eigenständiges, vor allem historisches Wissen durch ausgedehnte Lektüren verschaffte. Dann kam der Erste Weltkrieg, da fand die von Abenteuerlust und einem genuinen Ehrgefühl geprägte Natur des Dichters den Weg zur Disziplin...

Sein so weites episches und lyrisches Werk der zwanziger Jahre wuchs aus dem Reichtum unerschöpflicher Anlage durch Fleiß und Wille zu der unverwechselbaren Ausdrucksstärke und der stilistischen Prägung, die in jeder Zeile, jedem Satz Bergengruens Signatur trägt, die Signatur eines Menschen, der die Kraft zur Überwindung besitzt und die Fähigkeit zu souveränem Aufschwung . . .

Am erstaunlichsten bleibt seine völlige Unanfälligkeit gegenüber Strömungen der eigenen Zeit und ihren Tagesbefehlen. Ein Grund dafür mag in der Bindung an seinen baltischen Ursprung liegen. In vielen erzählenden Werken Bergengruens ist ein letzter »Rittmeister« anwesend. Er ist der Vertreter einer ganz bestimmten Haltung, der man im Laufe der Zeit die verschiedensten Namen gegeben hat. Er ist ein stoisches Element in ihr, welches bedingt, daß man kein Aufheben mache, weder vom Leiden noch vom Genuß, weder vom Ernst noch vom Leichtsinn, weder von der Leistung noch vom Erdulden, und daß man die tiefste Liebe zum Menschen am stärksten ohne Anflug von Sentimentalität zum Ausdruck bringe . . . 1965

Leben eines Mannes

Gestern fuhr ich Fische fangen,
heut bin ich zum Wein gegangen,
– Morgen bin ich tot –
Grüne, goldgeschuppte Fische,
rote Pfützen auf dem Tische,
rings um weißes Brot.

Gestern ist es Mai gewesen,
heute wolln wir Verse lesen,
morgen wolln wir Schweine stechen,
Würste machen, Äpfel brechen,
pfundweise alle Bettler stopfen
und auf pralle Bäuche klopfen,
– Morgen bin ich tot –
Rosen setzen, Ulmen pflanzen,
schlittenfahren, fastnachtstanzen,
Netze flicken, Lauten rühren,
Häuser bauen, Kriege führen,
Frauen nehmen, Kinder zeugen,
übermorgen Kniee beugen,
übermorgen Knechte löhnen,
übermorgen Gott versöhnen –
Morgen bin ich tot.

1930

Lebensdaten

Geboren am 16. September 1892 im livländischen Riga als zweiter Sohn des praktischen Arztes Paul Bergengruen, dessen Vorfahren aus Schweden ins Baltikum eingewandert waren.

1903–1910 auf Wunsch des Vaters Besuch des Gymnasiums Katharineum in Lübeck.

1909 Umzug der Familie nach Marburg an der Lahn.

1911–1914 Studium der Theologie, Geschichte, Germanistik und Kunstgeschichte in Marburg, München, Berlin.

1914–1918 Teilnahme am I. Weltkrieg auf dt. Seite als Ulan, bis 1919 an den Nachkriegskämpfen der Baltischen Landeswehr.

1919 Heirat mit Charlotte Hensel.

1919–1925 überwiegend journalistische Tätigkeit in Tilsit, Memel, Berlin.

1922–1936 Wohnsitz in Berlin.

1924, 1928, 1930 Geburt der Kinder Luise, Maria, Alexander.

1936 Konversion zur katholischen Kirche.

1936–1942 Wohnsitz in Solln bei München.

1937 Ausschluß aus der Reichsschrifttumskammer.

1942 Zerstörung des Sollner Hauses durch eine Luftmine, Übersiedlung nach Achenkirch in Tirol in das Jagdhaus von Freunden.

1946 Übergabe der Buchrechte an den Verlag Die Arche in Zürich.

1946–1958 Wohnsitz in Zürich.

1948/49 Winteraufenthalt in Rom.

1948 Raabe-Preis der Stadt Braunschweig.
1956 Aufnahme in den Orden »Pour le mérite«.
1958 Rückkehr nach Deutschland, Bezug des Hauses in Baden-Baden.
1958 Ehrendoktor der Universität München.
1962 Schiller-Gedächtnispreis des Landes Baden-Württemberg.
Mitgliedschaft in der Bayerischen Akademie der Schönen Künste, der Berliner Akademie für Wissenschaft und Kunst, der Darmstädter Akademie für Sprache und Dichtung sowie der Mainzer Akademie für Wissenschaft und Literatur.
Gestorben am 4. September 1964 in Baden-Baden.

Quellenverzeichnis

Abkürzungen:
SE *Schreibtischerinnerungen,* Zürich: Verlags AG Die Arche 1961
HSA Handschriftliche Aufzeichnungen z. T. unveröffentl. im Dt. Literaturarchiv Marbach am Neckar
DG Handschriftliche Aufzeichnungen z. T. veröffentl. in: *Dichtergehäuse,* Zürich: Verlags AG Die Arche 1966
SmS *Schnaps mit Sakuska,* Baltisches Lesebuch, Zürich: Verlags AG Die Arche 1986
DdK *Der dritte Kranz,* Zürich: Verlags AG Die Arche 1962
DR *Deutsche Reise,* Berlin: Drei Masken-Verlag 1934, Neuausgabe Zürich: Verlags AG Die Arche 1959
DRJ *Die Rose von Jericho,* Gedichte, Berlin: Verlag Die Rabenpresse 1936, Neuausgabe Zürich: Verlags AG Die Arche 1946
DWB *Dank an Werner Bergengruen,* Zürich: Verlags AG Die Arche 1962
HA *Herbstlicher Aufbruch,* Gedichte, Zürich, Verlags AG Die Arche 1965
Wb *Der Wanderbaum,* Gedichte, Berlin: Verlag Die Rabenpresse 1932
BdH *Baedeker des Herzens. Ein Reiseverführer,* Leipzig: Verlag Breitkopf & Hartel 1933, Neuausgabe u. d. T. *Badekur des Herzens,* Zürich: Verlags AG Die Arche 1956
DvF *Die verborgene Frucht,* Gedichte, Berlin: Verlag Die Rabenpresse 1938, Neuausgabe, Zürich: Verlags AG Die Arche 1947
HW *Die heile Welt,* Gedichte, Zürich: Verlags AG Die Arche 1950
DI *Dies irae,* Gedichte, München: Zinnen Verlag, Kurt Desch, 1945 Neuausgabe Zürich: Verlags AG Die Arche 1946
RE *Römisches Erinnerungsbuch,* Freiburg: Herder Verlag 1949, Neuausgabe Zürich: Verlags AG Die Arche 1971
DRn *Die Rittmeisterin, Wenn man so will, ein Roman,* Zürich: Verlags AG Die Arche 1954
Mg *Mündlich gesprochen,* Zürich: Verlags AG Die Arche 1963
GfF *»Gestern fuhr ich Fische fangen . . .«,* Gedichte, Zürich: Arche Verlag AG, Raabe + Vitali, 1992

Werner Bergengruen. *Knurriculum vitae*, aus: *Das Geheimnis verbleibt*, S. 153, Zürich: Verlags AG Die Arche 1952 und aus: Werner Bergengruen. *Privilegien des Dichters*, Zürich: Verlags AG Die Arche 1957, 1962

Die Bezeichnung »Balten«, aus: HSA, SmS, S. 171
Das Haus, in dem ich geboren wurde ... Auszug aus: *Vorfahren und alte Häuser*, in: *Die Neue Literatur*, hg. v. Will Vesper, Berlin, April 1939 und SmS S. 7
Kindheit am Wasser, aus: *Kindheit am Wasser*, Erzählungen, S. 31, Verlags AG Die Arche, Zürich 1976
Mein erstes Gedicht, aus: DdK, S. 675
Die schwerste Verletzung meines Lebens, aus: HSA, SmS S. 108
In Lübeck, aus: DG S. 61
Die Stadt der Toten und *Abschied*, aus: *Der Tod von Reval*, S. 7 und S. 176, Hamburg: Hanseatische Verlagsanstalt 1939, Neuausgabe Zürich: Verlags AG Die Arche 1949
Alte Stadt der Jugend, aus: DR Neuausgabe S. 110
Nach der Räumung ..., aus: HSA 1945
Im rodensteinischen Spukland, DR Neuausgabe S. 129
Die Geschichte der drei Hopfenhändler, aus: Das Buch Rodenstein, Frankfurt am Main: Iris Verlag 1927, S. 61. Neue erw. Auflage, Zürich: Verlags AG Die Arche 1950
Große Städte, aus: DRJ S. 40
Bekenntnis zu Berlin, aus: SE S. 36 und GfF S. 23
Oda Schaefer, *Schnaps und Blutwurst*, aus: DWB S. 150
Das Freiheitsbändchen, aus: DdK S. 38
Das Warenhaus, aus: HA S. 15 und GfF S. 10
Wiegenlied für meinen Sohn, aus: Wb S. 25 und GfF S. 26
Das Abenteuer der Tauentzienstraße, aus: SE S. 39
Mythos, aus: SE S. 56
Die Guten Leute, aus: SE S. 59
Gestalten, aus: SE S. 73
Deutsche Reise, DR, Neuausgabe, Vorwort
Lanze für das Fahrrad, aus: BdH S. 73
Die Flöte, aus: DvF S. 11 und GfF S. 61
Die Entstehung des Großtyrann, aus: SE S. 160
Es war so still ..., aus: *Der Großtyrann und das Gericht, Nespoli*, 2. Kapitel. Hamburg: Hanseatische Verlagsanstalt 1935, Neuausgabe Zürich: Verlags AG Die Arche 1949
Das Dauernde, aus: GfF S. 52
Politica, aus: HSA 1942–59
Über Hermann Löns, aus: HSA 1946
Der Schreibtisch, aus: SE S. 19
Die Bombengaudi, aus: SE S. 211
Ballade vom Wind, aus: HW S. 5 und GfF S. 118

Der Wanderer, aus: HW S. 66 und GfF S. 93
Die endlose Nacht, aus: DI S. 23
Die letzte Epiphanie, aus: DI S. 9 und HSA und GfF S. 126
In der ersten Hälfte der vierziger Jahre, aus: HSA 1947
Das Nebelhaus, aus: HW S. 64
Die unordentlichen Staatsbürgerschaftsverhältnisse . . ., aus: HSA 1962
Ein Ortswechsel, aus: HSA 1946
Max Rychner, *Odeon, Freitagnachmittag*, aus: DWB S. 140
Robert Faesi, *Erzählkunst*, aus: DWB S. 104
Meine Freude an Raritäten, aus: HSA 1959
Der Ring, aus: HW S. 179 und GfF S. 145
Warum schreibe ich? Aus: HSA 1948
Was ist mir der Inbegriff Italiens? Aus: HSA 1950, 1949
Antikes Grab, aus: HW S. 83 und GfF S. 144
Rom, aus: HSA 1949
Römische Erinnerungen, aus: RE S. 1
In Florenz, aus: DRn S. 7
Südlicher Hafenmarkt, aus: HA S. 64 und GfF S. 176
Das Netz. Novelle, Zürich: Verlags AG Die Arche 1956
Robert Faesi, *Wer war der Rittmeister?* Aus: DWB S. 102
Laudatio für Peter Weiss, 1963, aus: Mg S. 209
Peter Schifferli, *Gruß der Arche*, aus: DWB S. 174
Abschied von Zürich, aus: Mg S. 260
Herbstlicher Aufbruch, aus: *Gestern fuhr ich Fische fangen*, Gedichte, Zürich: Arche Verlag AG, Raabe + Vitali, 1992, S. 174
Der wiedergefundene Schreibtisch, aus: SE S. 234
Die zweite Bergstraße, aus: DR S. 159
Baden-Baden, aus: BdH S. 53
Reinhold Schneider und sein Städtlein, aus: Mg S. 71
Das Charakteristische meines Lebens, aus: HSA 1960
Gegen viele Mißverständnisse, aus: HSA 1960
Vor allem interessiert mich die menschliche Individualität, aus: HSA 1960
Gefangen in Registern und Tabellen, aus: HA S. 82 und GfF S. 179
Immer größer wird die Abhängigkeit, aus HSA 1957
Auf ein Grab, aus: HW S. 79 und GfF S. 142
Emil Staiger, *Abschiedsworte für Werner Bergengruen*, aus: DG S. 425
Carl J. Burckhardt, *Über Werner Bergengruen*, Zürich: Verlags AG Die Arche 1968
Leben eines Mannes, aus: Wb S. 5 und GfF S. 18
Zitat auf dem Buchrücken, aus: *Kein Ort ohne Genius*, SE S. 33

Werke von Werner Bergengruen in der Chronologie ihres Erscheinens

Wenn nicht anders angegeben, sind Neuausgaben in der Verlags AG Die Arche, Zürich, erschienen, ebenso sämtliche Neuerscheinungen nach 1945.

Rosen am Galgenholz. Geschichten vom anderen Ufer. 1923.
Das Gesetz des Atum. Roman. 1923. Neuausgabe Frankfurt a. Main: Suhrkamp Verlag 1987
Schimmelreuter hat mich gossen. Erzählungen. 1923
Leo Tolstoi. *Chadshi Murat.* Roman. Übers. aus d. Russ. 1924
Das Brauthemd. Novellen. 1925
Der Retter des Zaren. Komödie in 5 Akten, zusammen mit Wilhelm Meyer-Förster. Urauff. Hannover 1925
Das große Alkahest. Roman. 1926. Neuausgabe u. d. T.: Der Starost. 1951
Das Buch Rodenstein. Sagen und Erzählungen. 1927. Neuausgabe 1950
Das Kaiserreich in Trümmern. Roman. 1927
Fedor M. Dostojewski, *Schuld und Sühne.* Roman. Übers. aus d. Russ. 1928, Neuausgabe Zürich: Manesse Verlag 1951
Die Woche im Labyrinth. Roman. 1930
Capri. Gedichtzyklus. 1930
Herzog Karl der Kühne oder Gemüt und Schicksal. Roman. 1930. Neuausgabe 1950
Der tolle Mönch. Novellen. 1930
Der goldene Griffel. Roman. 1931. Neuausgabe 1962
Zwieselchen im Warenhaus. Kinderbuch. Stuttgart: K. Thienemanns Verlag 1931. Neuausgabe: Ebenda 1986
Zwieselchen im Zoo. Stuttgart: K. Thienemanns Verlag 1931. Neuausgabe: Ebenda 1988
Zwieselchen und Turu-Me. Stuttgart: K. Thienemanns Verlag 1932
Zwieselchen und der Osterhase. Stuttgart: K. Thienemanns Verlag 1932. Neuausgabe: Ebenda 1987
Zwieselchens große Reise. Stuttgart: K. Thienemanns Verlag 1933. Neuausgabe: Ebenda 1989
Der Wanderbaum. Gedichtzyklus. 1932
Baedeker des Herzens. Ein Reiseverführer. 1932. Neuausgabe u. d. T.: *Badekur des Herzens.* Ein Reiseverführer. 1956

Die Ostergnade. Novellen. 1933
Die Feuerprobe. Novelle. Mit autobiographischem Nachwort. 1933. Neuausgabe Stuttgart: Reclam Verlag 1963
Semjon Rosenfeld. *Rußland vor dem Sturm.* Übers. aus d. Russ. 1933
Deutsche Reise. 1934. Neuausgabe 1959
Die Schnur um den Hals. Novellen. 1935. Neuausgabe u. d. T.: *Die Heiraten von Parma und andere Novellen.* 1955
Begebenheiten. Geschichten aus einem Jahrtausend. 1935
Der Großtyrann und das Gericht. Roman. 1935. Neuausgabe 1949
Die Rose von Jericho. Gedichte. 1936. Neuausgabe 1946
Die drei Falken. Novelle. 1937. Neuausgabe 1946
Der ewige Kaiser. Gedichtzyklus. 1937. Konfisziert und verboten 1938
Die verborgene Frucht. Gedichte 1938. Neuausgabe 1947
Der Tod von Reval. Kuriose Geschichten aus einer alten Stadt. 1939. Neuausgabe 1949
Die Leidenschaftlichen. Novellen. 1939
Am Himmel wie auf Erden. Roman. 1940. Neuausgabe 1947
Der spanische Rosenstock. Erzählung. 1941. Neuausgabe 1946
Das Hornunger Heimweh. Novelle. 1942. Neuausgabe 1948
Das irae. Gedichtzyklus. 1945. Neuausgabe 1946
Die Sultansrose und andere Erzählungen. 1945
Das Beichtsiegel. Erzählung. 1946. Neuausgabe 1968
Pelageja. Erzählung. 1947
Zauber- und Segenssprüche. 1947
Sternenstand. Novellen. 1947
Schatzgräbergeschichte. 1948
Dir zu gutem Jahrgeleit. Gedichte. 1949
Die Hände am Mast. Erzählung. 1949
Römisches Erinnerungsbuch. 1949. Neuausgabe 1971
Der Teufel im Winterpalais. Eine Erzählung. 1949. Neuausgabe Zürich: Sanssouci-Verlag 1971
Das Feuerzeichen. Roman. 1949
Die heile Welt. Gesammelte Gedichte. 1950
Die letzte Reise. Eine Novelle. 1950
Das Tempelchen. Eine Erzählung. 1950
Die Zigeuner und das Wiesel. Geschichten. Freiburg: Herder Verlag 1951
Lombardische Elegie. 1951
Jungfräulichkeit. Novelle. 1951
Der letzte Rittmeister. Roman. 1952

Der Rittmeister und sein Tessin. Erzählungen. 1952. Erweiterte Neuausgabe u. d. .T.: Lob des Tessins. 1972
Erlebnis auf einer Insel. Eine Novelle. 1952
Das Geheimnis verbleibt. 1952
Nachricht vom Vogel Phönix. Erzählung. 1952
Die Sterntaler. Eine Novelle. 1953
Der Pfauenstrauch. Eine Novelle. 1953
Leo Tolstoi, *Krieg und Frieden.* Roman. Übers. aus d. Russ. München: List Verlag 1953
Die Rittmeisterin. Wenn man so will, ein Roman. 1954
Die Zwillinge aus Frankreich. Erzählungen. 1954
Die Flamme im Säulenholz. Novellen. 1955
Das Netz. Eine Novelle. 1956
Die Kunst, sich zu vereinigen. Erzählung. 1956
Mit tausend Ranken. Gedichte. 1956
Privilegien des Dichters. Vorwort von Reinhold Schneider. 1957
Figur und Schatten. Gedichte. 1958
Zur Heiligen Nacht. 1958
Glückwunschgabe. Gedichte. 1958
Zorn, Zeit und Ewigkeit. Erzählungen. 1959
Bärengeschichten. 1959
Der Kaiser im Elend. Novelle. Zürich: Alpha Presse 1960
Titulus. Eine Geschichte des deutschen Buchtitels. 1960
Suati. Erzählung. 1961
Schreibtischerinnerungen. 1961
Hubertusnacht. Erzählung. 1961
Vater Jewgenij. Eine Erzählung. 1962
Der dritte Kranz. Erzählungen. 1962
Mündlich gesprochen. Reden und Aufsätze. 1963
Die schönsten Novellen. In der Auswahl des Dichters. 1963
Die Schwestern aus dem Mohrenland. Erzählung. 1963

Posthum

Räuberwunder. Erzählungen. 1964
Calibans Geliebte. Pelageja. Zwei Erzählungen aus Alaskas russischer Zeit. 1964
Herbstlicher Aufbruch. Gedichte. 1965
Dichtergehäuse. Aus den autobiographischen Aufzeichnungen. Ausgew. u. hg. von Charlotte Bergengruen. Nachwort von Emil Staiger. 1966

Die wunderbare Schreibmaschine. Zwei Erzählungen. 1967
Pferdegruß. Erzählungen und Gedichte von Pferd und Reiter. Hg. von Charlotte Bergengruen. 1967
Das Beichtsiegel. Eine Novelle. 1968
Die Glückliche. Zwei Erzählungen. 1968
Die Sultansrose und andere Erzählungen. Hg. von Hans-Urs von Balthasar. Basel: Schwabe & Co. Verlag 1968
Der Kranke. 1969
Und dein Name ausgelöscht. Erzählungen. 1971
Geliebte Siebendinge. Aus den nachgelassenen Aufzeichnungen. Ausgew. u. hg. von Charlotte Bergengruen. 1972
Spurnovellen. Hg. von Charlotte Bergengruen. 1973
Kindheit am Wasser. Erzählungen. 1976
Männer und Frauen. Liebesgeschichten. 1977
Magische Nacht. Gesammelte Liebesgedichte. Hg. von Charlotte Bergengruen. 1978
Leben eines Mannes. Neunzig Gedichte. Chronologisch geordnet. Hg. von N. Luise Hackelsberger. Mit einem Nachwort von Albert von Schirnding. Ebenhausen: Langewiesche-Brandt Verlag 1982
Die Greiffenschildtschen Damen. Geschichten von damals. Zürich: Sanssouci Verlag 1986
Schnaps mit Sakuska. Baltisches Lesebuch. Hg. von N. Luise Hackelsberger. 1986
»Gestern fuhr ich Fische fangen...« Hundert Gedichte. Hg. von N. Luise Hackelsberger. 1992

Bildnachweis

Bildarchiv Foto Marburg: Abb. S. 55. – G. A. Castagne, Haueneberstein über Baden-Baden: Abb. S. 218. – N. Luise Hackelsberger, Neustadt an der Weinstraße: Abb. S. 15, 22, 26, 28, 34, 41, 48, 56, 60, 62, 85, 88, 91, 95, 106, 107, 110, 114, 124, 133, 141, 144, 158, 171, 176, 190, 196, 217, 213, 220, 228, 232, 242, 269, 272, 285, 288, 295, 302, 310. – Rago T. Ebeling, Berlin: Abb. S. 2.